SOȚUL IDEAL, SOȚIA IDEALĂ

Părintele Nicolae Tănase

Editura Agapis
București - 2022

Asociația PRO VITA Sfântul Brâncoveanu
Sat. Valea Plopului, com. Posești, jud. Prahova CUI 8489426
IBAN: RO24 RNCB 021108992053 0001
BCR Sucursala Vălenii de Munte

***

Asociația Prietenul Sărmanilor Sfântul Ioan Maximovici,
CIF 24132831
IBAN: RO13 RNCB 02111076 9891 0001
BCR Vălenii de Munte

***

Asociația Pro Vita pentru născuți și nenăscuți,
CUI: 7250977
IBAN: RO76 BTRL RONC RT0P 2599 2903
Banca Transilvania - Vălenii de Munte

***

Parohia Valea Plopului, Cod fiscal: 7250870
IBAN: RO94 RNCB 0211 0118 4771 0001
BCR Vălenii de Munte
Cu mențiunea: Donație pentru Centrul Social Pro Vita al
Parohiei Valea Plopului

***

Preot Tănase Nicolae, email: preotnicolaetanase@gmail.com
Sat. Valea Plopului, str. Luncii nr. 50-54, com. Posești, jud.
Prahova, Cod poștal: 107449 Tel. 0746014605
Se distribuie în folosul Așezământului de la Valea Plopului

***

Comenzi: www.edituraagapis.ro
Tel. 0733580000

Descrierea CIP a Bibliotecii Naționale a României
TĂNASE, NICOLAE
Soțul ideal, soția ideală, București: Agapis, 2019
ISBN 978-606-8654-36-2

PREFAȚĂ LA EDIȚIA II -A

Prezenta carte în ediția I a fost o mare uimire și surpriză pentru mine!

Am fost mirat pentru că s-a găsit cineva să aibă atâta așarăbdare și îndemânare de a trece cuvântul vorbit la diverse Conferințe organizate de A.S.C.O.R., la care am fost invitat în ultimii 22 de ani, -în cuvânt scris.

Am fost surprins că o editură a considerat că e bine să apară cuvinte simple, neîndemânatice, după atâția ani, când unele aspecte păreau că și-au pierdut actualitatea.

Pentru ediția a II-a am încercat să adaug mici explicații care să readucă atmosfera din sălile de conferință de acum chiar 2 decenii. Această atmosferă nu se poate reda în cuvinte, cum nu se poate vedea azi preocuparea tinerilor de atunci pentru problemele lor și nici numărul imens al tinerilor din amfiteatru.

Neavînd o pregătire academică, expunerea o făceam la tema cerută de sală, uneori fixată de organizatori.

Întrebările ce surveneau nu erau întotdeauna la temă, dar își asteptau răspunsurile, așa că țineți azi în mână o carte interesantă prin felul întrebărilor, nu prin dexteritatea răspunsurilor.

Unde întrebările au fost identice, răspunsurile s-au repetat.

Cartea s-ar fi putut stiliza spre publicare, dar munca aceasta ar fi anulat atmosfera ce domina conferința.

Consider reeditarea ca un omagiu adus tinerilor preocupați de problemele lor sentimentale nedespărțite de Hristos, iar pentru soți un argument că se poate ajunge la starea ideală în căsnicie.

Preot Nicolae Tănase
-Valea Plopului -

PREFAȚĂ LA EDIȚIA III -A

Uimitor!

Se simte nevoia de reeditare a unei cărți valoroase nu prin autor, ci prin conținut și mai ales prin titlu.

Prezenta ediție a ordonat întrebările după teme și eliminat răspunsurile repetate la aceleași întrebări, cartea fiind de fapt, o transcriere a conferințelor susținute în diferite centre din țară și străinătate.

Răspunsurile erau arhicunoscute, poate neluate deajuns în seamă în societatea în care s-a uitat să trăim simplu și să înțelegem că „ajunge zilei răutatea ei" și nu e cazul să mai adăugăm probleme.

Mulțumim tuturor celor ce s-au ostenit inițial cu transcrierea și celor care au cumpărat-o ajutând financiar, astfel, copiii asistați la Parohia Valea Plopului, jud. Prahova.

Preot Nicolae Tănase
-Valea Plopului -

CUVÂNT ÎNAINTE

Creștinii știu că societatea ar trebui să fie ***hristocentrică.*** *Dintr-un anumit moment al istoriei, în unele părți ale lumii, s-a încercat construirea unei societăți* ***antropocentrice****, omul pentru sine însuși. Curentul s-a răspândit, s-a lărgit și și-a dezvăluit astfel slăbiciunea, grăuntele amar de otravă: societatea a ajuns* ***erotocentrică****. În prezent nu domină doar un materialism „en gros et en détail"; peste noi se prăvălește un val uriaș de erotism. Numărul erotomaniacilor pare a fi în continuă creștere. Chiar dacă este lipsit de eleganță și discreție trebuie să spunem lucrurilor pe nume:* ***sex fără frontiere.***

Fără frontiere! Nu se mai cunosc niciun fel de frontiere pentru erotism. Nici vârsta, nici sensibilitățile personale, nici tradițiile și în niciun caz religia, nici măcar igiena fizică și mentală. Nimic și nimănui nu i se mai îngăduie să stea în calea mareei roz-hazna. ***Globul pământesc este declarat Zonă Shengen pentru sex și erotism.***

Puțini sunt cei care trăiesc în trup ca și cum nu ar fi în trup, de aceea putem spune că vulnerabili suntem toți. Dar primejdia cea mai mare este pentru cei tineri. Tinerii sunt cei mai vizați, iar în ultimul timp ei sunt prinși în colimator de la vârsta zero. Dacă ținem seama de constatările psiho-fiziologiei prenatale, ***presiunea erotomaniacă începe chiar înainte de naștere! Zonă Shengen de la minus infinit la plus infinit!***

De aceea, o carte cum este cea de față se adresează tuturor fiilor și fiicelor lui Adam și ai Evei, dar în primul rând celor mai tineri. Ei trebuie să răspundă urgent, din fuga vieții uneori, la ispitele care-i asaltează. De altfel, într-o astfel de lume toți avem probleme, toți avem întrebări de suflet și pentru suflet și căutăm om care să ne răspundă în cuvinte inspirate de Dumnezeu.

Unii se duc la Sfântul Munte Athos sau la alte mânăstiri mai apropiate, geografic vorbind. Oameni ai Duhului se găsesc însă și lângă noi, alături de noi, în viața de zi cu zi. Părintele Nicolae Tănase este un astfel de om și preot al lui Hristos.

În termenii academici moderni, părintele Nicolae Tănase are o foarte bună expertiză în domeniu. Oricine își dă seama de aceasta când citește măcar o pagină din cele de față. Părintele răspunde răspicat și luminos la griji și îngrijorări din cele mai încărcate de povara veacului. Prietenie, iubire, căsătorie sunt abordate fără a ocoli teme precum iubire și senzualitate sau femeia dincolo de relația ei strict trupească. La fel și yoga, căsătoria de probă, dar și cea „albă", singurătatea și avortul, toate sunt tratate cu o spontaneitate și deschidere care ar mări tirajul oricărui jurnal care le-ar publica. Mai presus de orice, părintele știe să spună o vorbă formidabilă: „Nu știu!" Și aceasta după ce, până la acel moment, dezlegase magistral și desăvârșit ortodox probleme mult mai dificile decât cea pe care nu o ocolește cu citate sau metafore, ci o întâmpină cu un simplu și curat „Nu știu!" Citiți și vă veți convinge.

Au mers odată niște bătrâni la Avva Antonie și era și Avva Iosif cu dânșii. Și vrând bătrânul (Antonie) să-i cerce pre ei, a pus înainte un cuvânt din Scriptură și a început de la cei mai mici a întreba, ce este cuvântul acesta și fieștecare zicea după puterea sa. Iar bătrânul zicea fieștecăruia: Încă n-ai aflat. Mai pe urmă de toți a zis către Avva Iosif: Tu cum zici că este cuvântul acesta? Răspuns-a: Nu știu. Deci a zis Avva Antonie: Cu adevărat, Avva Iosif a aflat calea, căci a zis: nu știu ***(Patericul - ce cuprinde în sine cuvinte folositoare ale Sfin***ților Bătrâni, Institutul de Editură creştină al Sf. Episcopii a Râmnicului Noului Severin, 1930, Începutul slovei A. Pentru Avva Antonie, Cuvântul 19, pp. 10-11).

Noi am vrea aici să încercăm să răspundem la o întrebare ce ne-o punem: „De unde vine puterea de convingere a părintelui Nicolae Tă-

nase?" Firește, înainte de toate, din darul de la Dumnezeu și numai din acest dar. Însă unul sau mai mulți talanți primește fiecare din noi încă de la naștere. Părintele Nicolae a lucrat însă talanții! Lucrarea lui se numește „Parohia Valea Plopului". Rugăciunile de mulțumire pentru părintele Nicolae, murmurate de copii orfani sau părăsiți adăpostiți acolo, în parohie, se ridică în ceruri drept la Dumnezeu și de acolo El trimite înapoi o ploaie de har peste părintele și peste cei ce se străduiesc să facă și ei ceva cât mai asemănător și să-l ajute.

George Căbaş

DE LA PRIETENIE LA IUBIRE

Biserica suntem noi, oriunde am fi formăm o Biserică, o comunitate, centrul pentru noi este Însuşi Hristos. Trăim, deci, într-o societate pusă la punct de noi înşine: **hristocentrică**. Societatea în general, în puţine momente din istorie, a fost hristocentrică, adică să-L aibă în centrul preocupărilor ei pe Însuşi Hristos, Dumnezeu-Omul, Fiul lui Dumnezeu, întrupat din Sf. Fecioară Maria. Când vorbim despre societate, ne gândim şi la cea mai mică particică a ei, care este familia. În această familie ne-am născut fiecare dintre noi. Mai multe familii au format o comunitate mai mare, comunitate care doreşte să-şi ducă zilele în perspectivă eshatologică, adică a lumii de dincolo, a răsplăţii vieţii veşnice, a pregătirii pentru o viaţă care nu se mai sfârşeşte. În acest sens, an de an, încercăm să ne pregătim pentru sfântul şi marele eveniment al creştinătăţii: Sfintele Paşti. Dar **nu este Înviere fără Cruce**. S-a trecut de la viaţă la Înviere. Crucea este nedespărţită de Hristos Cel Înviat şi chiar dacă El n-ar avea în icoană pictată Sfânta Cruce, El este întotdeauna Cel răstignit pe Cruce. Noi nu credem că am ajuns într-o stare care să ne caracterizeze statistic, în sensul de doritori de cuvânt numai (cum făceau grecii antici - mergeau la Areopag şi se programau să vorbească, iar mulţimea se prezenta acolo a doua zi şi asculta expunerea). Noi am depăşit acest stadiu şi prelungim Liturghia şi suntem adepţii a ceea ce numim **Liturghie după Liturghie. Nu ne adunăm pentru că Liturghia nu ne-ar fi de ajuns, sau pentru că predica preotului nu a fost de ajuns de lămuritoare şi hrănitoare pentru noi, ci dorim ca Hristos să lucreze permanent în noi. De aceea venim şi la Conferinţe!...**

Așadar, această temă pe care ați ales-o este îndrăzneață, însă fiecare dintre noi poate a avut de-a face cu o situație când oamenii posteau, se rugau, dar nu era pace între ei. Sunt adesea oameni care fac toate câte se cer la Sf. Scriptură, dar pace și înțelegere între ei nu au și - sigur, prin aceasta se anulează valoarea și răsplata postului și rugăciunii. Așadar, Hristos ne cere să fim prieteni. El însuși se adresează Apostolilor adesea cu cuvântul *„Prietenii Mei"* și *„Voi sunteți prietenii Mei"* sau ca să cităm exact:. ***"De acum nu vă mai zic slugi, că sluga nu știe ce face stăpânul său, ci v-am numit pe voi prieteni, pentru că toate câte am auzit de la Tatăl Meu vi le-am făcut cunoscute."*** (SfântaEvanghelie după Ioan Cap. 15 v.15)

Prietenul are un statut deosebit în accepțiunea creștină. **Prietenul este acela care poate veni oricând în casa ta. Prietenul este acela care poate mânca oricând la masa ta. Prietenului i se permit toate.** De ce? Pentru că **prietenia** exprimă relația strânsă dintre două sau mai multe persoane, iar Dumnezeu ne iubește pe noi mai ales dacă și noi suntem cu El și adunați prin El și în El. **Prietenia este, în accepțiunea creștină, privită ca început și ca stare - în același timp - a iubirii. Oamenii mai întâi se împrietenesc, după aceea se iubesc.** Există și "un fel anume de iubire"- precedat de "un fel anume de prietenie".

Lipsa prieteniei creează conflicte, întrucât oamenii nu pot să trăiască la nivel zero, adică la nivel de indiferență. În cazul în care încearcă, greșesc. Oamenii pot fi, din păcate, sau dușmani, sau prieteni. Starea cea de-a treia nu se întâlnește pentru că Dumnezeu nu iubește pe cel căldicel. Ori suntem prieteni, ori suntem dușmani. Mântuitorul ne recomandă ca primele conflicte ivite să se rezolve pe loc, eventual peste mânia produsă să nu apună soarele. Poate fi foarte periculos să lungim conflictele. *„Împacă-te cu pârâșul tău degrabă, până ești cu el pe cale, ca nu cumva pârâșul să te dea judecătorului,* *și judecătorul slujitorului și să fii aruncat în temniță." **(Mt. V, 25).*** Versete biblice ce ne îndeamnă pe noi să credem că prietenia este începutul iubirii.

Două fete sunt prietene, trei băieți sunt prieteni, patru familii sunt într-o relație de prietenie, două sate, două orașe... **Prietenia cu cel mai puternic impact este însă, prietenia dintre soț și soție, precedată de prietenia caracteristică vârstei, pregătitoare căsătoriei.** Prietenie și exemplu de prietenie, în lumea în care trăim, rămâne prietenia Sfinților Capadocieni. Au existat și altele, **dar acestea au cea mai mare influență asupra vieții noastre, ca model în Biserică.**

De ce spunem că prietenia cu valențele cele mai mari există între soți și soții? Unii cred, în mod greșit, că noua stare de soț și soție anulează starea pe care până atunci am numit-o prietenie. Iată însă că Hristos ne-a iubit în așa fel și atât de mult încât și-a dat viața pentru păcatele noastre, pentru păcatul tuturor oamenilor, din toate timpurile. El a ales ca permanență veșnică, Trupul și Sângele Său, împărtășit oamenilor prefăcut din pâine și vin, pentru că la îndemâna tuturor sunt aceste elemente!.. **Sunt multe acte simbolice Hristos a făcut prima minune la o nuntă, deci și-a început activitatea Sa pământească rezolvând problema unei proaspete familii (a transformat apa în vin, datorie pe care mirele o are în permanență în familie). Bărbatul, în mod simbolic, încontinuu trebuie să transforme apa în vin. Adică, tot ce nu este consistent, în ce este consistent. Adică, să facă transmutarea a ceea ce nu pare de folos, în ceea ce este de folos, precum a fost transformată apa în vin.**

Sf. Ap. Pavel merge până acolo încât să asemene relația Hristos-Biserică cu relația bărbat-femeie, dar consacrată în Domnul, în Hristos și în Biserică. Atunci, realizând aceasta, noi zicem că Dumnezeu ne-a îndemnat să fim prieteni; pe asta ne bazăm când spunem că Hristos ne-a îndemnat să ne iubim unii pe alții și să ducem prietenia la acest apogeu al iubirii, iubire ce face să transpară prin celălalt, Însuși Dumnezeu; **acolo este Dumnezeu, în relația dintre doi oameni legați prin prietenie și prin iubire.**

Trăim într-o lume în care oamenii nu întrețin prietenii adevărate. Lipsa acestora influențează și prietenia cea mai valoroasă, relația soț-soție. Avem îndemnul la Slujba Cununiei: *„Iubiți-vă unul pe altul!". „Bărbaților, iubiți-vă femeile precum Hristos a iubit Biserica" (Epistola către Efeseni a Sfântului Apostol Pavel, cap. IV)* . Este adevărat că nu este acolo un îndemn de genul: *„Fiți prieteni!"*, însă prietenia nu este numai un început al fluxului de sentimente, ci este și un mod de permanentizare a acestei stări a sinelui. **Dacă o familie are probleme, sesizăm imediat că de fapt ei au uitat să mai fie prieteni. Au pierdut relația lor de prietenie.** Au intrat într-o **rutină**, nu au reușit să abordeze această temă permanent.

Aceasta este o problemă din cele mai acute cu care Biserica se confruntă. Pentru că în Biserica Ortodoxă, divorțul este interzis. Cu toate acestea, sunt familii ortodoxe care divorțează - cam una din zece, într-un timp mai mult sau mai puțin apropiat de momentul Unirii prin Taina Cununiei. Astfel, Biserica Orotoxă este silită să recunoască **de drept** ceea ce **de fapt** s-a petrecut: ruptura.

Și în familia creștin-ortodoxă apar păcate care fac să dispară legătura dragostei dintre cei doi, cum ar fi: adulterul, avortul, folosirea anticoncepționalelor, etc, iar Biserica se confruntă cu toate aceste rele, Biserica fiind noi. Și lucrurile nu merg bine, pentru că noi înșine nu mergem bine și pentru că Dumnezeu ne privește și cu dreptate, nu numai cu iubire. Cei de pe urmă pot să fie cei dintâi. Iar **prietenia trebuie să caracterizeze familia**.

Există și astăzi forțe, dinăuntru și dinafară, care vor să atace unitatea familiei, iar atunci este ușor să divorțezi, este "permis" să-ți împarți averea adunată. Eventual se ușurează totul predându-se copiii, fructul iubirii, la un orfelinat. De aceea ar trebui împreună să meditām cum ar fi mai bine să începem o prietenie sau cum să o transformăm pe cea existentă în acest chip ideal. **Când zicem „ideal" ne deranjează cuvântul, pentru că, de obicei, este considerat ca ceva de neatins. Însă sub aspect creștin totul este posibil. *„Toate sunt cu putință celui ce crede"*, ne-a spus-o Hristos.** Deci noi credem că putem întemeia prietenii, apoi căsnicii, noi credem că putem menține sau transforma prieteniile și, făcând așa cum ar dori Hristos, nu mai riscăm această ruptură interioară, care de multe ori ne seacă inima de durere atunci când se destramă căsătoriile.

Fiecare fată, cu puține excepții, își dorește un cămin. Cuvântul „cămin" exprimă mai mult decât căsnicie. Cuvântul „cămin" exprimă o stare intimă de comunicare cu ceilalți, dar mai întâi este locul unde există un soț, o soție, copii, unde există probleme, dar unde există și bucurii. De aceea, la nuntă la ocolirea mesei cântînd *„Sfinților mucenici, care bine v-ați nevoit...."*, și în sfârșitul slujbei (la otpust pomenim și un mucenic - Sf. Mare Mucenic Procopie): deci avertizăm pe cei doi miri ce au fost încununați că de acum pot duce cu binecuvântarea lui Dumnezeu o viață în doi, dar că această viață este o permanentă mucenicie.

Viața de familie este o viață superioară vieții călugărești din acest punct de vedere. De ce? Pentru că ceata mucenicilor este deasupra cetei călugărilor, pentru că mucenicul este acela care și-a dat viața sa pentru Hristos. Călugărul este acela care a expus viața sa lui Dumnezeu și a dus o viață austeră pentru Dumnezeu și sigur că el are plata lui binemeritată. **O fată știe, dar un băiat nu prea știe ce îl așteaptă. De ce? Nu are aceste preocupări, nu**

gândește de ajuns sau poate că îi lipsește ceva, ceva ce îi este caracteristic numai fetei: intuiția.

Intuiția este caracteristică femeilor. Dacă vrei să nu greșești, te duci la soția ta și o întrebi ce să faci în legătură cu problema respectivă, să acționezi așa sau nu, iar soția ta îți va cere niște date și din trei vorbe îți va spune cum să faci. De obicei spune nu. Spunând nu, tu trebuie să asculți. Dacă asculți ca bărbat, deja ai reușit să menți pace în familie. Dacă nu asculți și ies lucrurile pe dos, atunci o perioadă de timp (să zicem cât Postul Mare de lungă...) este foarte complicat să mai deschizi gura, nu știi ce și cum să mai vorbești. Ce nu facem noi bărbații, pentru femei este știut. Ce ar trebuie să facem, de asemenea, este știut. Nu știu din ce motiv, nu am găsit încă explicația de ce femeile (când spun femei mă refer la sex în sine, adică de la fetiță până la femeia adultă) de la o vreme, de vreo sută de ani, iubesc foarte mult florile. Dar nu le iubesc în chip obișnuit ca noi toți, căci și noi bărbații iubim florile, în sensul că ne plac **florile. Nu există cineva care să spună că nu-i plac florile sau că nu le poate suporta. Femeile, însă, le iubesc într-un chip anume: dăruite. Ele nu iubesc florile acolo unde cresc, ci ele iubesc florile oferite. De aceea ele iubesc florile rupte și dăruite de cineva anume**. Cum și de ce se întâmplă nu știm, pentru că, în secolul al II-lea, un Părinte bisericesc - Clement Alexandrinul afirma că ***„florile se cuvin morților"***. Dar a trecut așa de mult din secolul al II-lea până azi, iar sensul s-a schimbat. Îl luăm așa cum este acum. Ducem flori și morților, dar le ducem cu *număr par* și pentru a face o distincție, ducem femeilor cu *număr impar*.

Așadar, **cum să ajungem la căsătoria perfectă**? Pentru că există și cărți scrise cu asemenea titlu. S-au aventurat la asemenea teme: medici, psihologi, sociologi; fie au fost scrise aceste cărți de un colectiv, fie de un scriitor, fie de o scriitoare, însă soluții nu au avut. De ce? Pentru că **așa-zisa căsătorie perfectă nu există decât în Hristos și atunci despre familia creștină poate să vorbească numai Biserica**. Ceilalți pot aduce critici, eventual constructive. De ce nu merge sau de ce merge prietenia în căsătorie la unii și de ce nu, la alții? Sigur că se pot da răspunsuri rapide sau scurte. **Iată care este motivul ascuns:**

Nu „recunoaștem" în soția noastră Biserica însăși și nu „recunoaștem" în soțul nostru chipul lui Hristos. Astfel, relația nu este definită. Îl recunosc pe Hristos în soțul meu pentru că Sf. Pavel mi-a dat voie și m-a îndemnat să fac acest lucru. Biserica se supune lui Hristos ca Domnului. *„Femeilor, supuneți-vă bărbaților voștri precum și Biserica se supune lui Hristos" (* Efeseni 5,24***)*, al cărui Cap este! Dacă este Hristos Capul Bisericii, asemenea și capul micii Biserici a familiei este bărbatul *„în Hristos și în Biserică"*. Și spunem și noi: „Taina aceasta, mare este!"** (Efeseni 5,32).

Atitudinea răutăcioasă, necorespunzătoare sub aspect creștin, a bărbaților asupra femeilor a creat în istorie o gândire greșită despre relațiile și diferențele între cele două sexe. Întâmplarea nefericită din rai cu **Adam (în care a fost mai vinovat decât Eva)** a făcut ca, în timp, să se pronunțe numele de Eva în sens peiorativ. Dacă o femeie insistă prea mult într-o anumită acțiune gospodărească, bărbatul nu găsește mai mult de făcut decât a-i spune: ***„Taci, Evo!"*, uitând că avem de-a face în femeie și cu "Eva cea nouă", Sf. Fecioară Maria**.

Eva cea nouă anulează greșeala Evei, modifică gândirea ei. Cu toate acestea, chiar după 2000 de ani de la apariția Evei celei noi, oamenii nu și-au modificat gândirea despre femeie. Ba mai mult, au numit-o în fel și chip. Dacă pentru antici femeia era **lucru vorbitor *(res vocalis)***, apoi simplu **obiect de plăcere**, din Evul Mediu se spune despre ea ca ar fi ***"sexul slab"***, ceea ce este inexact și ireal pentru că femeia nu este sexul slab, ci **este sexul fin, pentru că principala caracteristică a femeii este finețea, finețea psiho-somatică și sufletească**. Bărbatul uită lucrul acesta și în această confuzie aruncă peste timp această dominare, în sens peiorativ, asupra ei. Apoi în tendința ei de emancipare, bineînțeles că **femeia a mers din greșeală în greșeală, dorind egalitatea cu bărbatul, egalitate recunoscută de Mântuitorul Iisus Hristos începând cu nunta din Cana Galileei și continuând cu atitudinea Sa față de femeile mironosițe ce-L urmau și față de Maria Magdalena**, inclusiv în dimineața Învierii.

Deci, în această tendință de a fi egală cu bărbatul, egalitate care nu mai trebuia cucerită întrucât fusese rezolvată problema aceasta de Însuși Hristos, femeia a alunecat într-o extremă groaznică și se manifestă în zilele noastre cu numele de "feminism". O parte dintre aceste femei afirmă și demonstrează că ele sunt cele mai frumoase, cele mai bune, cele mai puse la punct și se pot descurca și fără bărbați, ceea ce este adevărat, dar despre asta nu trebuie să facă mult caz. **De ambele situații sunt vinovați bărbații.** Trebuie să combatem și părerile unor bărbați și părerile unor femei despre starea lor.

Sunt și lucruri de amănunt: cunoaștem că **inima apare prima în zigotul format la conceperea unui om, mai cunoaștem că la moarte tot ea este organul ce se răcește ultimul**. Oricum, adesea zicem „Mă doare inima de necazul tău!". Dacă cineva zice „Mă doare sufletul de necazul tău!", este același lucru. Noi spunem că „animăm" un om care a căzut în neștire, care a leșinat și apoi spunem că îl reanimăm pentru că „anima" înseamnă suflet. Trebuie să înțelegem aceste relații între cele două sexe pentru că unitatea în familie survine în urma acestei înțelegeri.

Am vorbit despre inimă pentru că Însuși Dumnezeu a ținut cont de acest loc cald al omului, de acest organ esențial care pompează sânge, iar în sânge există viață. De aceea ne sfătuiesc Sfinții Apostoli în Fp. 15, **„să nu mâncați sânge", pentru că acela este viață.** Și atunci Dumnezeu a creat pe Eva din dreptul acestui organ, din coasta cea mai apropiată de inimă, iar femeia nu trebuie să uite niciodată acest lucru; și **ea nici nu uită pentru că poate să creeze pe mai departe această stare de căldură în inimă, care ajunge până la iubire. Iubirea este starea supremă în care Dumnezeu ne-a creat și starea în care noi trebuie să rămânem**. Sf. Ioan Evanghelistul ne îndeamnă în cele 3 epistole ale sale adesea să nu ajungem ca femeia să uite de unde este creată, din ce loc, căci atunci în familie nu va exista nici măcar o rază de iubire pentru că familia este dotată cu această putere de **iubire „perfectă"**. De obicei, evit să spun cuvântul „perfectă", dar îl putem folosi. **Perfecțiunea nu poate fi atinsă, întrucât numai Dumnezeu Însuși este perfect. Noi tindem înspre perfecțiune ceea ce se numește „asemănare"**. Anume, cu un chip asemănător Creatorului ni s-au dat rațiunea, sentimentul și voința, cele trei însușiri ale sufletului nostru. Dacă femeia nu uită acest lucru, s-ar putea să devină ceea ce anticii numeau „o preoteasă a iubirii", adică o „vestală" (preoteasă care întreținea focul sacru în templul zeiței Vesta) **întreținătoare a focului iubirii** (cum erau în antichitate cele ce mențineau focul sacru la temple). **Așa fiecare soție poate să fie înăuntrul familiei o vestală, „o preoteasă a iubirii".**

Cuvântul „iubire" rămâne totuși un cuvânt. Manifestarea iubirii este ceea ce mișcă sufletele celor doi soți. Orice s-ar spune, cei doi soți sunt mai întâi niște oameni ce se încadrează în **„Ego".** Sunt egoiști și individualiști până când se formează ca un cuplu, deci se eliberează de acest „ego" și chiar de dorința de a fi numai împreună (**până când apare copilul, care este fructul iubirii**). **De atunci, Sf. Treime are o reflectare în acea familie și trebuie**

să trăiască acea familie după modelul Sf. Treimi (cei doi soți, plus copilul).

Noi, dacă datorită conjuncturii în care trăim, neglijăm femeia și o orânduim într-un loc destul de precis, dar limitat, trebuie totuși să vorbim mai mult **despre ea, întrucât aici stă cheia viitorului unui popor. S-a văzut în istorie că până și marile imperii s-au distrus din pricina lipsei educației dată copiilor de către mame, pentru că femeia** (cu excepția celor care se călugăresc sau vor să-și dedice viața lucrării filantropice în Biserică) **nu își are justificare dacă nu naște, dacă nu este mamă, dacă nu crește și educă.** Ea nu poate să-și justifice existența printr-o viață egoistă, fără descendenți (cu excepțiile pe care le-am spus sau cu rânduielile lui Dumnezeu). Or, la ora actuală – anul mântuirii 1998 ***(conferința a fost susținută în 1998, actualmente, în 2022 statistica avorturilor chirurgicale a urcat la 30 000 000 în 32 ani... nota redacției)***, trebuie să amintim și de factorul acesta dezastruos pentru noi: am ajuns la 8 milioane de avorturi, ceea ce este enorm, grav și înotător până la glezne în sânge de care nu sunt vinovate numai femeile, ci și bărbații (***deci la numărul actual de locuitori înotăm în sânge până peste cap!... n. red.***). **În mare parte, probabil 80% din această stare de fapt, sunt vinovați bărbații, prin lipsa de ambianță ce există în familiile lor, prin viciile lor (fumatul, băutul și altele) care creează în sufletul femeii un gol și o determină să facă avorturi.**

Să amintim și de ceea ce poate zdrobi prieteniile. De ce? Pentru că din moment ce unul din oameni se sinucide sau o ia pe o cale foarte greșită (consumul de droguri, satanismul, muzica rock ca precursoare a satanismului), înseamnă una din acestea: ori a fost lăsat acesta singur și fără prieteni, ori a reușit să-și atragă prietenii pe calea lui foarte greșită, ori „prietenii" l-au atras în anturajul lor. Noi propovăduim însă, o prietenie trainică ce începe și se continuă în orice moment al vieții. Noi, în Biserica Ortodoxă, prin tot ceea ce putem, trebuie să propovăduim **această prietenie, această iubire. Vrem să recomandăm tinerilor să se placă după criterii fizice, apoi după criterii morale, și după aceea, dacă mai este loc, și după criterii intelectuale**. După aceasta considerăm că este de ajuns (căci așa ne-a învățat Sf. Ioan Gură de Aur în "Cele 11 Reguli Canonice ale Nunții Creștinești") **și apoi recomandăm împrietenirea. După aceea le recomandăm să se îndrăgostească unul de altul. După aceea le recomandăm să se iubească. După aceea le recomandăm iarăși să se îndrăgostească și iarăși să se iubească și tot așa până la mormânt.....** La o vârstă înaintată (de exemplu la 86 ani) se poate face un bilanț a ceea ce s-a petrecut.

Am fost acum câțiva ani la ziua Patriarhului Teoctist (împlinea 90 ani)și, după ce i s-au cântat imnele, s-a întors cu fața către mulțime și a spus: *„mulțumesc lui Dumnezeu că am început împreună următorii 20 ani".* Aceasta se poate lua în seamă, pentru că vedem uneori pe stradă sau în parc un bătrânel și o bătrânică care își vorbesc și nu-i deranjează nimic din ce este în jur, din ce se întâmplă, ei tot continuă discuția.... **Ei sunt îndrăgostiți într-un anumit fel. Ei au știut să comunice mereu ca să-și mențină prietenia**. Cum facem, fetelor, să menținem prietenia și după 56 de ani și după 69 de ani? Asta este foarte complicat, însă pomul se cunoaște după roade, dar în același timp cunoaștem că vine primăvara dacă înmugurește pomul.

Așadar, la ora actuală, totul se poate studia, chiar și comportamentul celui care ne place. **Este el cel cu care eu pot să-mi duc zilele? Pentru că în niciun caz nu doresc să întemeiez o prietenie cu un om care, după doi ani, dorește să rupă relația pentru că și-a planificat alta. Își termină studiile și apoi pleacă de aici, pentru că dă la master altundeva, sau pentru că**

merge cu o bursă în străinătate. Este o înșelare a sufletului, e nedrept, iar în univers există echilibru și Dumnezeu va face echilibru. Poate că băiatul acela va rămâne neînsurat pentru că a făcut nedreptăți în prieteniile pe care le-a avut sau poate că s-a purtat ușuratic! Nu știm! Dumnezeu e Bun, dar e și Drept... Reface echilibrul distrus...

Întrebări și răspunsuri

Î-1. Apropo de ceea ce ați spus mai devreme, cum se împrietenesc doi tineri și criteriile după care se aleg. De ce ați pus pe prim plan aspectul fizic și nu cel moral sau intelectual. Vă întreb din pură curiozitate?

R-1. Biserica Ortodoxă este realistă. Noi avem moștenire de la Sf. Ioan Gură de Aur *11 reguli canonice ale nunții creștine.* **Prima regulă ce trebuie împlinită este ca să nu fie rude, iar a-II-a să se placă.** De aici concluzia că în alegerea unui prieten în perspectiva căsătoriei și a dorinței de a avea copii, (căci despre această prietenie am vorbit noi), primul criteriu este aspectul fizic, adică cel cu care vrei să te împrietenești trebuie să-ți placă. Dumnezeu a creat toate fetele frumoase și toți băieții frumoși, dar unor băieți le plac anumite fete, iar unor fete doar anumiți băieți.

Dacă nu pornim de la acest criteriu, în primul rând nu vom reuși să întemeiem o prietenie sau va trebui să așteptăm ca „pofta să vină mâncând", cum se zicea în trecut în perspectiva căsătoriilor „aranjate". Ori azi nu trebuie să fie așa! Dacă tot suntem în postura să alegem, atunci să alegem. Putem să ne împrietenim uneori - accidental - când niște calități morale (mai rar intelectuale, dar în general morale), niște afinități fac în mod neașteptat să se nască prietenia. Nu în același fel se pune problema într-o prietenie care nu dorim să conducă la căsătorie, în aceasta contează în primul rând criteriile morale și intelectuale. De exemplu, pentru doi băieți, nu trebuie să țină cont neapărat de aspectul fizic, dacă vor să se împrietenească. Două fete, la fel. Chiar un băiat și o fată se pot împrieteni, nu în perspectiva căsătoriei, fără să țină cont de aspectul fizic, ca să studieze împreună la fizică sau istorie. Se pot împrieteni fără să țină cont de cum arată. Dar în vederea întemeierii unei familii trebuie ținut cont de criteriul acesta. În secolul al IV-lea, Sf. Ioan Gură de Aur se pronunța așa: *„nu vom ajunge să facem pașii numărați"* fără de pasul numărul 1, ca cineva să-ți placă, să te atragă într-un fel. Pentru că omul este un unicat în lume, fiecare dintre noi avem un punct de vedere. Mie îmi place o fată, ție îți place o altă fată. De fapt, alt fel de fată. Mie îmi place soția mea, ție îți place soția ta. De ce? Și fiecare aducem argumente. Deci, pornim de aici. Asta nu înseamnă că respectiva fată, pe care dorești să o contactezi în vederea prieteniei, trebuie să treacă printr-un concurs "Miss". Nu!... **Să-ți placă ție!** Părerea celorlalți nu contează. **După aceea, nu urmează calitățile intelectuale, ci urmează calitățile morale. Trebuie analizat și dacă avem niște puncte comune în vederea practicării unor virtuți**.

Cine are calități morale poate să ajungă și la practicarea virtuților. Pe de altă parte, ca orice om, prietenul sau prietena ta are și defecte. Întrebarea pentru tine este dacă poți suporta aceste defecte. Cum ar fi cazul unei fete, se împrietenește cu un băiat și acela fumează, bea și se poartă nepoliticos. Ea stă și se întreabă: pot eu să suport acestea în viața mea când mă voi căsători cu el? Dacă da, întemeiez o prietenie, dacă nu, mă las păgubașă, pentru că așa ne-a creat Dumnezeu, frumoși, **dar trebuie să ținem cont de specificul și afinitățile fiecăruia**. Este de preferat mai întâi să ne placă omul și cu defectele lui, dar dacă nu ne place, dacă nu ne îndrăgostim încât să se dărâme „stâlpii cerului" peste noi, nu trebuie să ne căsătorim; trebuie să mai așteptăm, să mai studiem, pentru că în căsnicie se rezistă doar așa. Și toate aceste hopuri, aceste probleme care apar în căsătorie, copii, uneori copii bolnavi, boli, lipsuri materiale și financiare, conflicte cu vecinii, cu rudele, **toate se pot suporta dacă trăiești lângă o ființă de care îți place "la nebunie" în cam toate aspectele**.

Î-2. Ce înseamnă să te îndrăgostești?

R-2. Înseamnă să trimiți un flux de sentimente către persoana iubită. Problema în cazul unei fete este dacă primește înapoi ceva, altfel în sufletul ei se produce un gol. De aceea, **este foarte important să iubim (sub aspect erotic, vorbesc) doar dacă suntem iubiți. Aspectele erotice, desigur, în limitele bine definite și acceptate de Biserică, transcend, cu timpul și experiența, într-o stare pe care noi o numim „agape"**. Aceasta este o iubire caracteristică lui Dumnezeu către noi, a noastră către Dumnezeu, așa Îl iubim, și între cei doi prieteni **și apoi între cei doi soți, la vremea potrivită, apare această stare în care totul este dezinteresat și devine o unire perfectă. Până la această unire noi ne folosim de hormoni și de stările sădite de Dumnezeu în noi și ne îndrăgostim trimițând „flux de sentimente"**.

Î-3. Cum rămâne cu acele femei care nu pot naște copii?

R-3. Este o foarte mare și interesantă problemă. Eu am vorbit și de ceva excepții. Adică acele persoane care dintr-o rânduială dumnezeiască nu pot fi altfel, nu au ajuns să poată să nască copii: fie sunt căsătorite și nu pot să nască copii, fie s-au călugărit, fie nu s-au căsătorit încă. **Este bine să acceptăm ceea ce Dumnezeu vrea să facă cu noi.** Este în Vechiul Testament un exemplu:Rahela. Ea a născut doi copii și nu mai putea să nască. Dumnezeu știa că nu mai putea să mai aibă copii. Ea însă s-a rugat insistent să nască. **„Dacă nu, Doamne, să mor!..."** Dumnezeu i-a ascultat rugăciunea și ea, nemaiputând să nască, la naștere a murit. Murind, fiul s-a numit Veniamin, adică "fiul durerii". **Dumnezeu i-a împlinit dorința, dar consecința a fost inevitabilă. Deci, Dumnezeu știe cel mai bine ce să facem și cum. Noi nu suntem datori decât să acționăm în sensul voinței Sale.**

De exemplu, dacă vreau să mă căsătoresc,... mă rog: *„Doamne, facă-se voia Ta în legătură cu ceea ce eu doresc!"*, pentru că Dumnezeu le rânduiește în folosul nostru. El a promis așa: ***„Cere și ți se va da! Caută și vei găsi! Bate și ți se va deschide!"*** *(*Luca 11, 9*)*. Deci, dacă vom căuta, vom găsi, dacă vom cere, ni se va da, dar dacă nu vom cere după voia Lui zicând: ***„Facă-se Doamne voia Ta, Tu care vezi în perspectivă!...",*** **riscăm ca El să ne asculte rugăciunea, pentru că așa ne-a promis, dar de viitorul nostru să răspundem numai noi.**

Prin nașterea de prunci femeia este superioară bărbatului. Precum prin sacerdoțiu, prin preoție, bărbatul este superior femeii, deci fiecăruia i s-a dat un rol foarte important și bine definit. Nașterea de prunci este binecuvântarea lui Dumnezeu. Nașterea de prunci nu poate să aibă loc decât înăuntrul căsătoriei. Dacă are totuși loc în afara căsătoriei, riscurile ni le asumăm, întrucât noi **la cununie încununăm mirii ca pe niște biruitori ai păcatului**. Și atunci este o greșeală ca, în timp ce ei n-au biruit păcatul, totuși să fie încununați. **Știți că rânduiala canonică este ca, în cazul în care, din greșeală, ca o excepție, cei doi au trăit împreună, să nu li se pună cununile pe cap, pentru că ei nu pot fi răsplătiți pentru o biruință care de fapt nu a existat.** Din păcate azi nu mai ținem această rânduială.

Dacă ne dorim copii, datoria noastră este numai să ne dorim. Asta înseamnă că urmează căsătoria. Deci, Dumnezeu știe și cunoaște inima noastră, știe ce ne dorim și cum ne dorim, și atunci sigur El ne va rândui ceva. **Dacă nu ne va rândui în urma acestei**

rugăciuni și sincerității inimii noastre, atunci înseamnă că Dumnezeu vrea altceva cu noi sau ne ferește de altceva, poate mai grav. Cam acesta ar fi răspunsul. Vreau să vă dau un exemplu cunoscut de mine în care o fată a acceptat prietenia cu un bărbat căsătorit, care era foarte „sus-pus" și avea familie cu copii. A dorit să rămână gravidă cu el intenționat, n-a luat anticoncepționale și atunci am întrebat-o:

-*„Bine, și acum ce faci? De ce ai făcut așa?"*

-Pentru că l-am iubit."

-*„Bine, dar el are nevastă și copii, tu nu te poți căsători cu el."*

-*„Nici nu am avut de gând, nu am vrut să stric o căsătorie. Dar am vrut să prelungesc iubirea mea pentru el... prin copil".*

Partea negativă din istoria asta este că a făcut un lucru ce nu se încadrează în normele creștine. **Partea pozitivă** este acest aspect al iubirii și de perpetuare a iubirii. Pentru că ea nu a spus: *Bine, dacă ești căsătorit, atunci zic la revedere și stau și mă gândesc la tine toată viața.* Ea și-a asumat această stare de fapt pentru că a urmat să poarte în pântece copilul nouă luni, pentru că a urmat să nască, neavând unde locui, apoi conflictul cu părinții, etc. Deci, partea pozitivă trebuie sesizată aici, deoarece ca și fruct al iubirii (al iubirii ei păcătoase venită într-un cadru imoral) s-a perpetuat așa, prin **aducerea pe lume a pruncului dorit doar de ea**.

Î-4. O prietenă se desparte de tine după ce i-ai greșit cu ceva anume. Ea se desparte. Încerci să te apropii de ea, dar totul este un eșec. Până unde să meargă încercarea de restabilire a legăturii?

R-4. Punem de fiecare dată rugăciunea înainte și apoi acționăm. **Dumnezeu sprijină acțiunea omului!..** și e bine să încercăm să refacem relația. Nu se poate? Este greu? Renunțăm. Este întotdeauna ceva care ne arată nouă că nu este de la Dumnezeu aceasta, sau că trebuie să tragem o greșeală săvârșită în trecut.

Nu putem insista la nesfârșit. De ce? Timpul trece. Viața trece. Am cunoscut fete rămase așa, ”nedesprinse” și după doi ani de despărțire de prieten, încă se mai gândeau la o revenire!... Or, acești doi ani au curs, în acești doi ani ea trebuia să refacă sentimentele ei. Greu, știu asta. Și în acești doi ani trebuia să cunoască un alt bărbat care să fie studiat în timp util de ea, nu în grabă. De aceea **băieții fac o mare greșeală dacă încurcă fetele vreo 2-3 ani, iar după aceea renunță și ele nu pot reface ușor altă prietenie**. O fată poate să se dăruiască total, în timp ce un băiat nu poate. Este firea lui ”mai nefinisată”și nu poate...., nu poate să facă o dăruire totală ca o fată. De aceea fata trebuie să fie foarte atentă când, cui și cum se dăruiește. Reamintesc cuvintele Sf. Vasile Cel Mare care zicea: **„Femeie nu cunosc, dar feciorelnic nu sunt.”** Cu alte cuvinte, putem discuta despre o feciorie fizică și una psihică, distincte.

Î-5. Ce șanse credeți că poate avea o relație în care el este de religie ortodoxă, iar ea face parte din cultul adventist? Se pot gândi ei la căsătorie?

R-5. Se pot gândi la căsătorie, dar ce fel?...Cu Cununie sau fără?...Bineînțeles că fără Cununie. Din moment au accptat relația de prietenie ... încet-încet se înfiripă iuberea, și e firesc să se studieze situația. Or, în cazul de față, ei nu se mai studiază moral, fizic și intelectual, ci fac un studiu după părerile lor. Se studiază ce gândesc în acest sens și aleg un arbitru,... poate și poartă discuții. Și arbitrul acesta va stabili clar și precis cine pe cine trebuie să înghită. Cu siguranță nu se va găsi argumente contra Ortodoxiei și atunci ea va trece la ortodocși și se vor căsători. Nu-i așa greu!.. Este foarte simplu. Cunosc un caz când s-au împotrivit și și-au dus fata câțiva ani departe de această perspectivă. Atunci..., lacrimi și atât...

Î-6. Persoana cu care ne vom căsători este aleasă de noi sau de Dumnezeu?

R-6. Și,.. și... Și de noi, și de Dumnezeu!.. De noi prin acțiunea noastră, și de Dumnezeu prin voința Lui. **Pentru că El vrea ceea ce noi vrem, asta dacă noi vrem după El.**

Î-7. În călugărie nu există oare o pornire erotică asemănătoare cu cea prin care se întemeiază familia, dar de data aceasta dorința ar fi de unire cu Mirele Bisericii Ortodoxe, Hristos?

R-7. Există o pornire, dar nu o putem numi erotică. Erosul este caracteristic numai relațiilor de cuplu. Acest sens, însă, este foarte adânc. Putem merge la Sf. Părinți și asculta amănunte despre această trăire interioară a unirii cu Mirele Hristos, însă nivelul este cu totul altul, planul este cu totul altul și atunci avem de-a face cu altceva decât erotismul.

Ne întrebăm: Momentul în care ne îndrăgostim este întâmplător sau ales de Dumnezeu?

Și răspunsul este: Nimic nu este întâmplător, dar nimic nu este ales de Dumnezeu, pentru că dacă este întâmplător se numește hazard, iar asta nu corespunde cu concepția noastră despre lume, iar dacă este ales de Dumnezeu înseamnă că avem de a face cu predestinația, ori noi nu acceptăm că există decât **preștiința** lui Dumnezeu.

Î-8. Ați afirmat că o femeie necăsătorită este neîmplinită.

R-8. Cu excepții. Nu-și are rostul de a vorbi la modul general. Fiecare om se poate împlini prin modalități diferite. Nu există doi oameni la fel.

Î-9. Sf. Părinți consideră că fecioria, ca stare, este superioară căsătoriei. Părintele Stăniloaie afirmă că dacă cineva consideră că ar putea să trăiască necăsătorit să o facă negreșit, indiferent dacă la mânăstire sau nu. Dumneavoastră aveți altă părere?

R-9. Eu nu am altă părere, ci spun numai că sub aspect al dăruirii până la mucenicie, căsătoria este superioară călugăriei. În rest, bineînțeles că sunt de acord cu ce zice nu numai Părintele Stăniloaie, ci și Sf. Pavel: *„Cel ce poate să stea necăsătorit ca și mine, să rămână, iar cel ce nu poate, decât să ardă, să se căsătorească* (Corinteni *7,9.)".* Priviți icoana Înfricoșătoarei Judecăți sau icoana în care se arată stările de o parte și de alta și veți vedea: ceata cuvioșilor, ceata mucenicilor, ceata apostolilor și așa mai departe, deci veți vedea că ceata mucenicilor este superioară cetei călugărilor.

Problema este că, în timp ce călugării se silesc să împlinească voturile monahale (jurămintele lor) - ***fecioria, ascultarea necondiționată, sărăcia de bună voie*** - mergând pe o linie pe care s-au angajat, noi, cei căsătoriți, nu reușim acest lucru, întotdeauna. Să împlinim nu voturile lor, chemările lor, ci jurământul nostru, care pe Sf. Cruce și pe Sf. Evanghelie l-am făcut la Cununie înaintea lui Dumnezeu, garanți având pe nașii noștri, de față fiind și nuntașii.

Deci, este **căsătoria superioară, dacă cei căsătoriți împlinesc chemările căsătoriei, în timp ce călugării se silesc să-și respecte cele 3 făgăduințe**. Monahii sunt mucenici de bună-voie prin tăierea voii. Se pot numi și așa, dar întrucât nu au o ceată identică cu cea a mucenicilor, atunci îi categorisim (tot din îndemnul Sf. Părinți, că lor li s-a descoperit asta) în ceata cuvioșilor.

Cunoașteți că dacă o femeie urmează să se ducă la maternitate să nască și, deși dacă este sub canon, totuși ea se poate împărtăși, chiar dacă ea este oprită de la Sf. Împărtășanie. De ce? Pentru că există perspectiva morții. **O femeie care moare născând este o femeie care se trece în rândul mucenicilor și moștenește Împărăția Cerurilor**, spălându-i-se toate păcatele.

Î-10. A da naștere unui copil este un lucru minunat, dar în același timp presupune o mare responsabilitate. Având în vedere acest lucru, dacă totuși o femeie se simte responsabilă de acest lucru din motive pur obiective (adică lipsa unei ambianțe adecvate creșterii copilului), de ce mijloacele de contracepție sunt considerate un păcat? Nu credeți că o ființă lipsită de perspective, sortită poate eșecului și în final nefericirii constituie un păcat mai mare decât cel al contracepției?

R-10. În primul rând, trebuie să lămurim ce este contracepția?: Contracepția este metoda prin care oprim pe Dumnezeu să sădească sufletul în corpul nou format, care se numește științific "**zigot**". Este o opoziție clară pe care o facem lui Dumnezeu. În cazul acesta noi, bărbații, folosim femeia ca pe un obiect și din starea de egalitate cu bărbatul, din starea ei de finețe la care a ridicat-o Hristos, noi o coborâm la *res vocalis*, „**lucru vorbitor**" sau obiect „**de plăcere**", iar acest lucru nu ne este permis. Femeile ar trebui să se simtă jignite dacă ar folosi ***contraceptivele, care de fapt sunt contrgestive.***

Deci, aceasta este contracepția. Adică o luptă contra concepției. Cine poate să stabilească perspectivele unui om încă nenăscut? Nimeni. Cine poate să stabilească perspectivele unui om deja născut? Poate cineva să stabilească perspectivele unui om deja realizat? Cineva este prim-ministru. Poate cineva să facă aprecieri la adresa perspectivelor lui? Nu. Pentru că nu se știe ce face până mâine, ce se întâmplă în inima lui, ce se întâmplă în fizicul lui, și poate nu mai are nici o perspectivă. Are **perspectiva morții**. Așadar, pentru că nu ne putem permite să discutăm despre perspectivele unui om, nu putem face o asemenea afirmație.

Patriarhul Iustin Moisescu provenea dintr-o familie săracă, din jud. Argeș, iar războiul l-a făcut să fie orfan. Deci, aveam la vremea aceea de a face cu un om fără perspectivă și, cu toate acestea, perspectiva lui a fost de apreciat și de invidiat. Așadar, la capitolul perspective, nu putem să ne pronunțăm, **iar dacă invocăm lipsurile materiale, financiare, lipsa de ambianță și celelalte,**

atunci de ce nu suprimăm viața celorlalți copii pe care-i avem pentru că și așa nu le putem oferi mare lucru! Ori, noi nu facem așa! O să zicem: *„Bine, dar aceia s-au născut deja!"*, dar sub aspect științific, omul este om din secunda conceperii, cu codul genetic deja stabilit, cu tot ceea ce urmează să se dezvolte în el. Este un om încă nedezvoltat, care timp de nouă luni se dezvoltă, cum și după aceea, timp de 18 ani, se dezvoltă și se formează, ca adult.

Î-11. Cei ce se iubesc mult în această viață vor fi împreună și după moarte?

R-11. Vor fi ca îngerii în ceruri, pentru că acolo nu vor mai fi bărbați și femei. Așa ne învață Hristos. Vor fii împreună dacă au lucrat la mântuirea lor!...

Î-12. Sunt scrieri ale Sf. Părinți care să arate aceasta?

R-12. Sunt. Dar nu cred că trebuie neapărat să fie, pentru că așa citim în Noul Testament și este deajuns. Vom fi toți ca îngerii din ceruri. Iubirea din această viață se va perpetua în viața de dincolo la alte dimensiuni, dacă ne putem exprima așa.

Î-13. O femeie înzestrată fizic, moral și intelectual este inevitabil pretențioasă.

R-13. Da!... este pretențioasă!... Cât de evitabil, sau inevitabil... se va vedea pe fiecare caz în parte.

Î-14. Îi este rânduită oare singurătatea dacă cere și de la ceilalți cel puțin cât cere de la ea însăși?

R-14. Ei, vedeți, o femeie înzestrată fizic, moral, intelectual este o femeie, să o numim „superioară", iar o femeie superioară trebuie sa fie pretențioasă cu ea însăși, **dar de la ceilalți să ceară ce pot da**. "De unde nu este, nici Dumnezeu nu cere".

Î-15. Ce părere aveți despre apropierea fizică dintre doi îndrăgostiți, nu neapărat mergând până la o apropiere totală, adică tangențială? Cei doi își doresc ca în momentul căsătoriei fata să fie „albă".

R-15. Dacă ai vrut să spui ca fata să fie fată, atunci aici este o problemă de subconștient, chiar de inconștient în capul băiatului. De ce? Pentru că fetei i se cere acest lucru. Paradoxal, băiatului nu i se cere, sau dacă s-ar cere aceasta, poate ușor să spună: „da, bine". Este într-adevăr, o problemă aceasta!... De ce? Băieții doresc să se căsătorească cu fecioare. Și răspunsul l-am dat mai înainte. Pentru că el nu prea știe, dar are undeva rămas în subconștient și probabil a trecut în inconștient și din inconștient mai revine în subconștient, **faptul că fata care s-a dăruit odată, s-a dăruit total**. Dăruirea aceasta totală a făcut ca ea să se „golească". Cu alte cuvinte, această golire are loc (nu numai, dar în mod special) printr-un act sexual. Adică, dacă pleci astăzi de acasă, chiar cu voia părinților, pe la ora cinci și te întorci peste trei zile pe la ora trei de la o onomastică unde ai fost cu prietenul tău, **este foarte discutabil cât de fată mare mai ești tu psihic. Fizic este posibil să fii...**

De aceea, băieții care doresc să se căsătorească știu aceasta în subconștientul lor. Din păcate, ei sunt pretențioși cu alții și nu cu ei înșiși.

Totuși, între o femeie căsătorită legal și cununată religios, dar care face avort, folosește contracepția mecanică sau chimică, evită nașterile făcând din casa ei "bordel" și o fetiță care, necăsătorită civil, necununată la Biserică, fără promisiune că tatăl copilului o va lua cândva de nevastă, cu presiuni din partea părinților și rudelor, cu sfaturi din partea prietenilor de a avorta la 2-3 luni sau fiind chiar în 7-8 luni, dar care luptă eroic, păstrează copilul, se chinuie cu el, termină facultatea și "cască" bine ochii la felul în care își va reface viața în Biserică și cu Dumnezeu,... eu cred că e de preferat aceasta din urmă și lupta pentru a recâștiga ceea ce a pierdut va fi încununată de Dumnezeu.. **Copilul îi va asigura viitorul. Va fi "al II-lea înger păzitor" al ei.**

Dacă ați observat, și la duhovnici se întâmplă uneori: duhovnicul aspru cu el însuși nu este aspru cu ceilalți! Un duhovnic aspru cu ceilalți nu prea este aspru cu el însuși. Te trezești cu canoane peste canoane și poate el le-a dat bine după carte, dar nu știi ce să crezi despre această asprime.

Î-16. Dacă te îndrăgostești de cineva și persoana aceea nu-și dă seama, poate din cauză că nu știe, sau pur și simplu are pe altcineva, ce să faci?

R-16. Dacă are pe altcineva, trebuie să o lași în pace. Dacă nu are, trebuie să-i spui. Dacă ești fată trebuie să procedezi într-un fel. Dacă ești băiat, în alt fel. Dacă ești fată, după ce trece Postul Mare (să zicem) faci gestul ca în chip regulat, săptămânal, sau zilnic, sau la două zile, cum poți, cum stabilești tu, să îl inviți la cofetărie. Zic după Postul Mare căci acum este mai complicat, pentru că, în afară de alune americane, nu găsești cu ce să-l tratezi. Și dacă faci lucrul acesta de câteva ori, el fiind mai sensibil, va sesiza starea de fapt.

Dacă ești băiat, este mai simplu. Aștepți primăvara (pentru ca să se înzestreze câmpurile cu flori), aduni mai multe flori și îi oferi câte una zilnic (sau cumperi mai multe și îi oferi câte una zilnic). Deci, în orice anotimp, după cum este situația. Și până la urmă ea o să te întrebe: „De ce îmi dai atâtea flori?" Iar tu o să spui: „Pentru că vreau să simbolizez prin aceste flori „fluxul meu de sentimente!..."

Î-17. Este adevărat că fiecare om ar avea o „jumătate" pe care trebuie să o găsească, cu care trebuie să se potrivească?

R-17. Da, dar nu în forma deja rânduită în scrierile clasice. Deci, orice discuție o putem purta până la ideea de predestinație. Dacă este vorba de predestinare, atunci nu suntem de acord. **Cineva a**

zis că omul se trage din maimuță, iar altul a venit și a spus: „Dacă așa este, să știți că dumneavoastră nu v-ați tras îndeajuns!" Dacă ți se pare că este de la Dumnezeu, omservăm că Dumnezeu va sprijini acțiunea ta în mod evident.

Î-18. Intuiția femeii nu greșește?

R-18. Rareori.

Î-19. Ce părere aveți despre concepția că o fată trebuie să aibă experiențe idilice cu mai mulți băieți pentru a ajunge în final la căsătorie?

R-19. Nu trebuie să se întâmple așa ceva, decât dacă este neapărat necesar. În sensul că o prietenie începe, iar din motive clare și precise se sfârșește uneori. Noi nu spunem că o prietenie începută trebuie neapărat dusă la bun sfârșit, dacă nu sunt împlinite niște cerințe. Începi o prietenie în perspectiva căsătoriei, dar după câteva luni ajungi la părerea că este bine să stai locului. Atunci foarte frumos spui:

- *„Trebuie să întrerupem, pentru că se pare că nu prea avem puncte comune".* Dacă, totuși, ești pus în această situație, trebuie să reiei și atunci se pot aduna idile peste idile. Însă, nu neapărat trebuie să ajungem acolo, pentru că nu urmărim doar o experiență. Experiența, în acest sens, este foarte intimă și ceea ce se numește intim atinge și inima, iar ea nu trebuie să devină ceva comun. Exagerând chestiunea, în Occident știți că s-a ajuns la căsătorii de probă (această observație a fost făcută în 2008. n. red.).

Î-20. Ce rugăciuni este bine să facă o mamă care așteaptă un copilul?

R-20. Rugăciunile obișnuite de dimineață și seară, acatistul Sfântului Stelian și alte rugăciuni și acatiste când are timp, dar foarte important este să se spovedească des, să se și împărtășească, dacă are dezlegare și mai ales să nu lipsească de la Sf. Biserică. Dacă nu lipsește de la Sf. Biserică, copilul se

dezvoltă în această bună ambianță pe care o simte în felul lui, iar copilul crescut în Biserică la naștere va avea un anumit comportament, mai ales dacă mama a și postit. Știți că gravidele pot să nu postească, fie că au vreo poftă, fie că starea sănătății nu permite. Acum, soții își plătesc multe din păcatele lor, făcând „ascultare" de ele, pentru că sunt puși chiar noaptea să alerge în luna iulie după un măr sau după cine știe ce. Poftește copilul din pântece,... poftă care se transmite și mamei!...Acesta este un mod de a-și arăta grija și iubirea lor față de soții.

Î-21. Cum trebuie îndrumat un copil pentru ca el să aleagă calea creștină? Vorbiți-ne despre eventualele piedici în educarea lui și despre legătura copil-părinte. Cum ar trebui nuanțate pentru a nu se mai naște conflicte între generații?

R-21. Iată o problemă dintre părinți și copii, ca să nu vorbim despre problema dintre noră și soacră, care este cea mai mare problemă din câte a avut omenirea din punct de vedere social! **Noi trebuie să educăm un copil în mod firesc de când se naște. Îi facem Cruce pe fața lui. După aceea, încet-încet, facem cu el închinăciuni, pe la 3 ani, pe la 5 ani, îl învățăm rugăciuni și așa mai departe...**

Problema care trebuie sesizată este următoarea: conflictul dintre generații apare din prea mare grijă a generației mai în vârstă și din puternica personalitate pe care încearcă să și-o manifeste generația tânără. De fapt, noi trebuie să-i înțelegem pe copiii noștri și să-i iubim, dar să nu-i întărâtăm; să înțelegem că vom trăi ani mulți și buni pe pământ dacă vom fi ascultători părinților noștri.

Părinții și socrii vor înțelege dorința noastră, lupta noastră pentru formarea personalității noastre, iar noi vom înțelege grija lor. Desigur că un copil nu trebuie lăsat de capul lui. Dar nu trebuie bătut la cap continuu cu aspectele religioase, dacă el încă n-a început să perceapă acestea. Însă, nici nu trebuie lăsat să nu se manifeste deloc religios.

Sunt foarte mulți care mărturisesc că și-au dorit să meargă la Biserică, dar nu mai merg. Și-au dorit să se roage, dar nu se roagă pentru că mama lor îi bate continuu la cap. Și ei au rămas mai săraci sufletește ca înainte când făceau metanii în ascuns, când se rugau, când făceau un acatist. „Și acum, părinte, nu mai fac nimic!" „De ce?" Este o reacție inversă.

Deci, este aici o diplomație, un tact pe care trebuie să-l aplicăm cu copilul care încă nu dorește să meargă pe drumul pe care dorim noi. Să nu uităm că **omul se naște religios, dar religiozitatea lui totuși se cultivă**.

Î-22. Cum să fac dacă se îndrăgostește de mine cineva pe care nu-l doresc ca prieten apropiat, dar nici nu vreau să-l resping total?

R-22. Asta, dacă s-ar împărți în două, ar fi bine. Am putea răspunde, dar pentru că nici nu vrei, nici nu refuzi, asta nu se poate întâmpla! Ori, ori! Pentru că îndrăgostirea asta nu vine așa oricum. Sunt foarte puțini aceia care se îndrăgostesc numai din ochi și gata. Nu! Trebuie niște tangențe, niște discuții și atunci se evită acestea. Dar dacă totuși nu vrei să-l respingi total, totuși vei vedea că, de ce-ți este frică, de-aia nu o să scapi!

Î-23. Ați zis: „Toate sunt cu putință celor ce cred!" Ce anume să creadă?

R-23. Să creadă în Dumnezeu și în împlinirea de către Dumnezeu a ceea ce își doreștesi să zică: "după voia Ta, Doamne!..."

Î-24. Toți avem defecte. Dați-ne un sfat, ce să facem cu defectele celuilalt. Să le suportăm sau să încercăm să le transformăm în calități? În general, care variantă este de preferat?

R-24. Nici, nici. **Calitățile celuilalt trebuie puse alături de păcatele și de greșelile noastre în doi desagi în față, iar greșelile**

celuilalt și calitățile noastre în alți doi desagi în spate. În felul acesta nu vom vedea în fața noastră decât calitățile celuilalt și defectele noastre. În spate vom avea calitățile noastre, căci este bine să nu le cunoaștem prea mult și defectele celuilalt. Pentru că noi ne îngrijim mai întâi să scoatem "bârna" din ochiul nostru și apoi "paiul" din ochiul aproapelui nostru. Dacă vrei să faci o transformare în prietenul tău, în aproapele tău, acest lucru presupune o diplomație foarte complicată, pentru că acest lucru trebuie să fie insesizabil. Dacă devine sesizabil, nu se știe cum reacționează celalalt și poate să nu iasă bine.

Î-25. Vorbeați mai devreme despre intuiția feminină. Această intuiție ne face să vedem lipsa de perspectivă a celui ce ar trebui să vină pe lume.

R-25. Cred că dacă această intuiție ar fi funcționat, nu cred că ar mai fi existat copii ai străzii, căci adevărata intuiție ne face să vedem mai curând șansele pe care Dumnezeu le dă oricărui suflet pe care îl cheamă la viață.

Î-26. Nu prea reușiți să convingeți de faptul că nu putem noi stabili perspectivele viitorului copil.

R-26. Sunt de acord că nu prea reușesc!... Reușiți dumneavoastră să convingeți invers? Care este proba? Ce-i cu copiii străzii? Câți sunt copiii străzii? Un număr infim. Sunt foarte multe asociații caritative. Vreo 12.000. Copii ai străzii sunt 6.000. Un copil la 2 asociații. Iar dacă n-ar fi fost aceste asociații, ar fi fost un copil la 2 parohii. **Copii ai străzii există pentru că noi nu ne ocupăm de acești copii, pentru că noi tolerăm familiile din satul nostru, din orașul nostru, care-și neglijează copiii**. Există copii care n-au ce mânca. Este adevărat. Dar ei n-au ce mânca pentru că ai noștri copii mănâncă prea mult. Este adevărat. Și ai noștri copii se hrănesc cu mâncăruri prea fine și scumpe.

Nu putem să ne dăm cu părerea asupra viitorului. Dacă da, care sunt argumentele? Eu am dat un exemplu practic, din cele ce cunosc. Probabil sunt și altele. Eu mai știu altele și dumneavoastră știți altele. **Oare noi putem să luăm dreptul de a veni pe lume al unei ființe omenești? Odată, în America, un medic a recomandat un avort unei femei. Acest avort nu s-a săvârșit pentru că în momentul avortului copilul a lovit cu un piciorus în chiuretă. Medicul s-a emoționat și a renunțat. De ce se săvârșea avortul? Pentru că copilul nu avea un picior, iar cu singurul existent îl lovise în chiuretă. Și au trecut 36 de ani. Același medic a fost invitat într-un oraș de un prieten de-al său, la un spectacol de harpă. Și a zis:** ***„Vino!"***

„N-am venit de ani de zile la un spectacol! N-am fost. Am fost ocupat." **Era cercetător științific în domeniu și ginecolog. I-a mulțumit prietenului său la sfârșitul spectacolului.**

„Ai observat ceva?"

„Ce?"

„Când s-a ridicat cortina, harpista era deja la harpă. Deși, în mod normal abia după ridicarea cortinei apare interpretul".

„Da, dar de ce nu s-a întâmplat așa?"

„Pentru că harpista are doar un picior și este penibil să apară șchioapă pe scenă". **Era vorba de cea mai mare harpistă din lume la moentul acela**. Atunci doctorul șocat a mers câteva sute de mile în statul în care el fusese medic de circă, a căutat în registru în urmă cu 36 de ani și a constatat că el renunțase la un avort dintr-o banalitate (considerată atunci), din acest gest de a lovi cu piciorul în chiuretă și astfel lăsase perspectiva acestei fetițe să ajungă cea mai mare harpistă a lumii. Vreți să continuăm cu asemenea exemple? Suntem în 1998. Între cele 8 milioane de avorturi făcute din decembrie 1989 în țara noastră, s-au omorât cel puțin

8.000 de genii şi sute de mii de oameni cu tărie spirituală şi intelectuală. Asta putem spune!...

Î-27. Cum vedeţi antiteza dintre căsătoria destul de prematură din punct de vedere al vârstei spirituale a tinerilor absolvenţi de seminar şi afirmaţia din Sf. Scriptură că bărbatul se socoteşte desăvârşit la 30 de ani?

R-27. Nu există afirmaţia în Sf. Scriptură că bărbatul se socoteşte desăvârşit la 30 de ani. Într-adevăr, Mântuitorul a ieşit la propovăduire la 30 de ani, dar nu pentru că atunci era vârsta bărbatului desăvârşit, ci pentru că aşa era rânduiala la evrei, să poţi să ieşi să spui ceva, să ai ucenici, să prezinţi un sistem, la peste 30 de ani. Şi Mântuitorul Hristos s-a supus acestei reguli, El fiind oricum desăvârşit în toate. Iar căsătoria elevilor seminarişti la terminarea seminarului nu este atât de prematură. Este, dimpotrivă, cam târzie, dar n-au încotro, că trebuie să termine şcoala. Sf. Ioan Gură de Aur recomandă căsătoria băieţilor la 14-16 ani. Cam devreme, putem zice pentru zilele noastre, cam prematur. Iar fetele la 12-14 ani. Nu se ajunge în zilele noastre la căsătorie la aceste vârste, totuşi este bine să ne căsătorim la timp, pentru că în Sf. Biserică mirele şi mireasa trebuie să intre curaţi prin biruinţa păcatului. Şi este foarte greu să birui păcatul stând aşa necăsătorit până la 26, 29 de ani. Este complicat. Nu este imposibil, dar este complicat. Deci să fim foarte atenţi, că aceasta constituie temelia viitoarei noastre căsnicii şi Sf. Ioan Gură de Aur merge cu această - ni se pare nouă - exagerare până acolo încât să ne recomande acest lucru. Problema cu elevii seminarişti nu este problema căsătoriei, problema canonică este că se diaconesc înainte de 25 de ani şi se preoţesc înainte de 30 ani, împotriva canoanelor Bisericii, dar în România, din lipsă de preoţi, se practică acest lucru, prin iconomie.

Î-28. Ați afirmat că **băiatul care-și planifică căsătoria cu o fată, dar renunță, este posibil că va rămâne neînsurat, pentru că a făcut nedreptate.** V-aș ruga să dezvoltați ideea de răsplătire a nedreptății făcute.

R-28. Să stabilim ce se numește nedreptate în cazul discutat. **Nedreptateeste atunci când tu ții o fată încurcata 1-2-3 ani și după aceea spui „la revedere", fără să ai un motiv precis,- fata rămânînd încurcată în sufletul ei. Rămâne undeva suspendată și cu gândirea și cu sentimentele și cu preocupările. Nu vorbesc de situația în care tu ai motive clar și precis exprimate să sfârșești prietenia. De altfel, dacă ai motive, totul se rezolvă normal, pentru că și fata înțelege că a făcut ceva ce nu trebuia și totul se limpezește. Nedreptatea constă în faptul că ea te-a iubit și nu poate acum să iubească pe altul. De ce nu mai poate acum să iubească pe altul? Pentru că pe tine te-a iubit așa cum ei îi este caracteristic. Deplin. Și atunci avem de-a face cu o asemenea stare de golire a ei și nu se poate ca un asemenea băiat să nu plătească. De obicei, rămâne neînsurat sau se însoară foarte greu și atunci cu o fată care are alte calități pe care le căuta, dar exact pe acelea nu le are, pe care le găsise la prima lui prietenă, prietenă pe care a părăsit-o și atunci își trage păcatele prin propria procedură.**

Î-29. Foarte multe dintre fetele (cuminți) cu care am discutat despre prietenia dintre un băiat și o fată nu știau că sărutul înainte de cununie este un păcat.

R-29. Asta este de discutat pentru fiecare situație în parte.

Cred că ar trebui să se pună în discuție și acest aspect la Spovedanie.

Și acest aspect se poate spune la Spovedanie, în măsura în care conștientizezi acest lucru ca un păcat și explicând de ce este un păcat în cazul tău. Sărutul,... precum e și firesc... excită!... și atunci este greu de rezistat presiunii fireşti care se iveşte!... De aceea, ...poate fi greu de înţeles o asemena interdicţie!... Nu sărutul este păcat, ci consecinţele ce se pot ivi!..

Î-30. Pornind de la canonul 13 al Sf. Ioan Ajunătorul, potrivit căruia femeia care a fost sărutată înainte de căsătorie primește canonul malahiei, vă rugăm să vorbiți despre limita până la care se poate merge între băiat și fată.

R-30. Aici este o problemă spinoasă. De ce? Pentru că a aborda lucrul acesta nu se poate decât în limita celor abordate mai înainte, și anume despre ce zice Sf. Vasile cel Mare, și anume: ***„Femeie n-am cunoscut, dar feciorelnic nu sunt."***

Sfinții Părinți ai Bisericii foarte puțin se amestecă în problemele intime, și când se amestecă, sunt foarte atenți în acest amestec. De ce? Pentru că aspectele intime sunt aspecte proprii fiecărui cuplu. Și atunci o fac din inspirația pe care au avut-o de la Duhul Sfânt, dar și din experiența pe care au avut-o. Pentru că noi zicem ușor: „Eh, ce știu călugării?". Preoții-călugări au experiență mai mare decât noi, preoții de parohie. De ce? Ei au spovedit mai cu răbdare oamenii. Ei au spovedit mai mulți oameni. Ei au ținut mai mult cont de canon, deci limitele trebuie stabilite la capitolul „intimitate" și în această perspectivă ei pun în balanță ceea ce este permis și ceea ce nu este permis.

De obicei, noi îndepărtăm pe Hristos din intimitățile noastre. Zicem adesea: *"Dumnezeu nu-și are loc în intimitățile noastre!..."*. Astfel, nu vrem să recunoaștem că Dumnezeu, în momentul concepției, sădește sufletul în corpul nou apărut, ori concepția are loc într-un moment de maximă intimate. Vedeți, este foarte greu să discutăm asemenea probleme, datorită terminologiei și concepției închise în sufletul nostru.

De aceea am zis la început că, sub aspect procedural, Biserica trebuie să se amestece în toate.

Așadar, Biserica trebuie să fie în toate problemele. Iar pentru că Biserica nu a fost în toate problemele din viața oamenilor, comunismul a putut să pună mâna pe noi. Și de ce nu a fost în toate problemele? Pentru că nu i s-a dat voie să fie. La ora actuală, dacă Biserica nu este în tot, pătrunde yoga, pătrunde satanismul, pătrunde rockul, pătrunde tot ce este rău.

Î-31. Dacă un tânăr, după terminarea teologiei, consideră că lucrul cuvenit este de a fi preot celib și urmează aceasta, este lucrul cel mai potrivit?

R-31. Dacă asta crede și poate, este cel mai potrivit.

Î-32. Sau ar fi mai bine să fie preot căsătorit?

R-32. Dacă nu consideră aceasta, n-ar fi cel mai potrivit.

Î-33. Dacă se poate, să faceți o scurtă prezentare cu privire la cele două preoții, de celibat sau de căsătorie.

R-33. Romano-catolicii au preoți numai necăsătoriți. Noi, ortodocșii, avem preoți călugări, preoți căsătoriți și preoți celibi. Avantajul în ortodoxie este că preotul căsătorit poate oferi un exemplu de căsătorie în parohie, însă preotul celib are avantajul că se dedică total slujirii preoțești, fără să mai fie reținut de aspecte ale familiei, etc. Deci toate cele trei sunt bine primite.

Î-34. Ce se întâmplă cu o familie care nu poate avea copii din motive medicale?

R-34. Trebuie să înfieze copii sau să nască copii spirituali, adică sub aspect spiritual. Asta se poate și dacă noi întoarcem pe cineva de la păcat sau de la indiferență! Nu se numește că l-am născut? Ce este nașul? Nu este acela care l-a născut din nou, *din apă și din Duh...*, prin apă și prin Duh pe cel în cauză? Să nu facem o tragedie din faptul că nu avem copii. Nu

avem, ne mai rugăm. Sunt mai rare cazurile când Dumnezeu nu ascultă și atât. Dumnezeu rânduiește pentru noi și pentru mântuirea noastră ce ne este mai de folos.

Î-35. Dacă unul dintre parteneri, feciorelnic fiind, are îndoieli asupra feciorei celuilalt, dar acesta afirmă că nu și-a pierdut fecioria, ce trebuie să facă? Să se încreadă total și să se căsătorească?

R-35. Dacă se iubesc, da. Iubirea presupune încredere totală. Dacă nu există încredere, înseamnă că s-a afectat deja iubirea și atunci afectăm și căsătoria ce ar urma.

Î-36. Tinerii evită deseori spovedania în legătură cu problemele lor despre care am discutat. Fac acest lucru pentru că uneori nu au încredere în preot și în credința acestuia. Ce trebuie să facă?

R-36. Să schimbe locul de spovedanie sau să încerce totuși să aibă încredere în acesl preot.

Î-37. Să meargă în biserică și doar să se gândească sincer la păcatele lor ca și când ar cere o justiție divină?

R-37. În primul rând, trebuie să știm că spovedania se poate face numai la preotul duhovnic. A merge în Biserică și a te gândi la ce ai greșit și chiar a spune tare sau în gând, nu se numește Spovedanie. În al doilea rând, trebuie să știm că în teologie funcționează ceea ce numim „ex opere operator", adică indiferent de vrednicia săvârșitorului, taina este valabilă! Dovadă: un preot, să ne închipuim un preot bețiv, care face sfeștanie și apa se sfințește, ea nu se strică. Cu alte cuvinte, harul lui Dumnezeu lucrează prin el. Pentru păcatele lui va fi pedepsit doar el. Dacă tu nu ai încredere în preot este problema ta personală, însă dacă vrei să faci caz de credința lui, cine poate să-i verifice credința lui? Nimeni. Nici măcar tu. De discutat este cât de lucrător poate să mai fie harul printr-un preot nevrednic!.... Deci nu trebuie să pleci de la un duhovnic din motivele acestea. Poți să pleci dacă nu te satisface sub aspect de canon, dacă nu stă de vorbă cu tine, dacă nu te ascultă și dacă nu te ajută în niciun fel. Atunci de la doctorul neiscusit,... pleci.

Î-*38.* Ce trebuie să facă o fată care s-a îndrăgostit de un băiat mai mic cu 3 ani decât ea, mai frumos și mai înzestrat spiritual, iar el nu știe nimic despre acest lucru?

R-38. Simplu. Îi spune cum am învățat mai înainte. Mai ales că este mai mic, mai ales că e frumos, mai ales că este mai înzestrat intelectual. Îi spune, iar dacă nu îi spune ea,... greșește.

Î-39. Ce părere aveți despre căsătoria unui băiat cu o fată mai mare decât el? Dar despre situația inversă?

R-39. Despre o fată căsătorită cu un băiat mai mare decât ea, ca și despre cealaltă situație, putem spune doar părerea Bisericii că diferența dintre cei doi poate să fie de 4 ani. Dacă este cazul, Biserica merge până la 8 ani. Dacă se trece peste 8 ani, Biserica nu se împotrivește. Sigur, să nu fie impediment de vârstă maximă pentru căsătorie. Asta este o altă poveste. **Dacă se trece peste această vârstă, Biserica tot nu se împotrivește, dar îți asumi tu responsabilitatea relațiilor existente sub toate aspectele în căsnicia ta. Așa spune Biserica despre vârste**.

Î-40. Este bine și normal ca o tânără de 20 de ani să aibă o relație de prietenie cu o persoană mai în vârstă, de 40 de ani?

R-40. Este bine, dar nu prea este normal.

Î-41. Și chiar să spere la o căsătorie?

R-41. Să spere este bine. Să o facă, nu.

Î-42. Menționez, părinții fetei nu sunt de acord.

R-42. Trebuie să spună de ce. Din cauza vârstei? Mi se pare vârsta totuși destul de mare ca diferență, dar nu se poate nimeni opune. Părinții se pot opune și căsătoria nu se poate face fără părinți, dar episcopul poate regla această situație. Dacă te duci la episcop și spui „Eu vreau să mă căsătoresc! Eu am sentimentele mele!” Nu există impedimente, ci părinții spun că impedimente sunt acestea. Atunci episcopul cheamă părinții, părinții sunt lămuriți sau nu și atât. Trebuie să fim totuși atenți cu vârstele. Să nu facem caz, dar totuși să nu exagerăm.

Î-43. Părinții tinerilor simt dacă ei sunt potriviți pentru căsătorie?

R-43. Simt, datorită experienței lor și datorită legăturilor spirituale și psihosomatice cu copii lor. Simt asta. De aceea, o altă regulă a nunții canonice este să nu se facă fără voia părinților. Dar, sigur, părinții să nu fie absurzi cu părerile lor.

Î-44. Aș dori să insistați asupra iubirii ”agape”.

R-44. ”Agape” este acea iubire care urmează ”erosului”, cu limitele permise, cum a fost în perioada de prietenie dintre soți și continuată cu acest eros specific căsătoriei și apoi mers până la dăruire și iubire dezinteresată pe care o numim ”agape”, iubire ce ne apropie de Dumnezeu, căci este chiar iubirea Lui.

Î-45. Despre simbolismul verighetei.

R-45. Verigheta n-are început, n-are sfârșit. Este un cerc. Iubirea noastră trebuie să înceapă, dar să nu știm unde începe și unde se termină, întocmai ca acel cerc perfect.

Î-46. De ce se trece verigheta în timpul slujbei de pe o mână pe alta?

R-46. Nu de pe o mână pe alta, ci de pe mâna unuia pe mâna celuilalt. Pentru a simboliza relațiile. Nu scrie undeva să facem asta. **Este o practică ce nu dăunează și are acest simbolism.**

Î-47. Dacă partenerul sau partenera cu care vrei să te căsătorești nu prea este religios/religioasă, (nu prea merge la Biserică), ce sfaturi dați?

R-47. Să aplici diplomația de rigoare și să-l (o) faci să meargă. Dacă îi dai o întâlnire la o biserică.

"Unde vrei să ne întâlnim mâine?"

"Mâine ne întâlnim la Biserica Sf. ... strada, numărul".

"Eh, nu vin. Lasă, altădată". **Și se anulează. Duminica viitoare se repetă. Iar la un moment dat se și verifică relațiile dintre voi, pentru că cine nu iubește pe celălalt, clar că atunci când îi ceri luna de pe cer nu ți-o aduce!... (a se vedea istoria cu făt -Frumos căruia i se cere LUNA de pe cer!....) Și dacă nu face acest lucru mic... nu va face nici pe cele mari!...**

Î-48. Cum putem convinge un bărbat care este căsătorit doar civil să se cunune și religios, știind că el refuză acest lucru?

R-48. Dacă știm că refuză, încercăm să-l convingem cu argumentele religioase, dar mai ales cu argumentele logice. Să știe că acei copii ai lui ajung să moștenească trăsături neconforme cu ceea ce își dorește el. Căci necăsătoria sfidează pe Dumnezeu și atacă vlăstarele celui ce-L sfidează!

Î-49. Care sunt limitele creștinești ale iubirii prieteniei înainte de căsătorie?

R-49. Limitele acestea le stabilește fiecare în conștiința sa, că Hristos este prezent în toate actele noastre și că nu trebuie să facem nimic de care să ne fie rușine.

Î-50. *Poate exista pe termen lung o prietenie între un băiat și o fată, dar fără ca cei doi să dorească să se căsătorească?*

R-50. Poate, dacă nu este erotică.

Î-51. Sau unul dintre ei, sau ambii ajung la această dorință în cele din urmă? **În ce măsură sunt permise apropierile fizice între un băiat și o fată care sunt îndrăgostiți?**

R-51. În măsura în care am amintit-o cu puțin timp înainte. **"Să nu ne fie rușine de ceea ce facem!"**

Î-52. Dacă o fată primește inel în deget de la un băiat care îi spune că o iubește... *...și ea acceptă, deși afirmă că nu-l iubește*

R-52. A primi un inel de la un băiat e un gest, nu e o logodnă. Cu toate acestea, o răzgândire ar arăta o neseriozitate din partea fetei.

Î-53....Ce credeți?... Trebuia să-l primească?

R-53. Avem părerea că nu trebuia să-l primească...

Î-54. Dacă latura materială este importantă pentru întemeierea unei căsătorii, este necesar să o mai întemeiezi dacă nu o ai?

R-54. Latura materială nu este așa importantă. Ceea ce ai în cap este important pentru că materia mai poate veni după aceea. Relațiile bine stabilite între cei doi contează.

Î-55. Există doi prieteni, fată și băiat, care vor să se căsătorească, dar sunt împiedicați de părinți pentru că aceștia nu sunt de acord cu băiatul. Este un păcat dacă fata renunță la părinți pentru a se căsători cu băiatul? Ce să facă totuși pentru a rămâne în bune relații și cu părinții?

R-55. Să facă ce am zis mai înainte. Să pună întrebarea: de ce vă opuneți? Și am văzut argumentele. Au dreptate? Ce zice ea despre argumentele lor? Dacă au, atunci trebuie să fim cu luare aminte, pentru că ei urmează să regleze înaintea lui Dumnezeu relațiile dintre ei. Dacă n-au, atunci apelează la episcop. Mai întâi la preot, la duhovnic, iar mai apoi se apelează la episcop. Și totul se rezolvă în vreun fel. Dacă nu se vor convinge părinții, atunci se face nunta fără voia lor, pentru că ei se opun fără argument solid.

Î-56. Multe fete au făcut greșeala să se împrietenească cu băieți.

R-56. Nu-i adevărat. Nu este o greșeală.

Î-57. S-au îndrăgostit.

R-57. Nici asta nu este o greșeală.

Î-58. S-au iubit.

R-58. Nici asta nu este.

Î-59. Iar fata a fost dezvirginată.

R-59. Abia acum este un păcat.

Î-60. Apoi s-a împrietenit din nou cu un alt băiat. Acesta, însă îi cere să fie virgină.

R-60. El îi cere imposibilul.

Î-61. Pentru aceasta ea recurge la o operație de refacere a himenului.

R-61. Am auzit că există și această dexteritate chirurgicală.

Î-62. Aceasta nu pentru a-i demonstra că ea a fost pură, ci pentru ca băiatul să nu-i reproșeze că nu a fost. Este aceasta un păcat?

R-62. Este un păcat pentru că tu nu înțelegi ce s-a întâmplat cu tine prin dezvirginare. Vă dau un exemplu. O fetiță la 5 ani se joacă pe câmp și i se întâmplă același lucru. Ea obține un certificat medical și gata, dacă de asta este nevoie. La un moment dat ajunge la momentul căsătoriei. Se dovedește acest lucru cu certificatul medical, eventual cu martori. Tu, ca băiat, dacă ești cu cap, nu ții cont de ce s-a întâmplat, pentru că a fost un accident. Dezvirginarea nu este periculoasă prin ceea ce se întâmplă. Este tragică prin ceea ce fata descarcă sentimental. Asta este marea problemă.

Deci, tu trebuie ori să rupi cu băiatul acela relațiile, ori să-i spui exact starea ta. De ce? Pentru că reproșurile nu vor mai fi când se realizează operația asta perfect, cum spui aici, dar atunci este riscul să apară o lipsă de comunicare sentimentală. Și atunci tu toată viața ta trebuie să joci teatru. Atunci, tu trebuie să vezi dacă el, în iubirea pe care ți-o mărturisește, este în stare și de iertare. Dacă nu, nu ai nevoie de un asemenea om. Chiar dacă tu ai problema ta. Te-ai spovedit, Dumnezeu nu este absurd. El iartă. O să ai niște probleme tu. Îți va fi mai greu, dar asta este!...

Î-63. Ce trebuie făcut când îți place o persoană cum arată, dar nu poți trimite „flux de sentimente” din timiditate?

R-63. Eh, nu există timiditate!... Se anulează totul.

Î-64. Sau din teama că nu vei primi un răspuns afirmativ din partea lui.

R-64. Asta-i treaba lui, nu treaba ta!..

Î-65. Iar mai târziu apare o altă persoană care îți place după calitățile morale, îți trimite și un flux de sentimente, dar nu-i răspunzi, pentru că îl ai pe celălalt în minte.

R-65. Atenție! Cuvintele acestea „flux de sentimente" sunt cuvinte proprii, pe care eu le-am folosit ca să exprim ceva. Dacă veți face din aceste cuvinte ceva prea consacrat, o să ne trezim cu întrebarea ce este "fluxul de sentimente"? Trebuie să știți ce este, adică ceea ce v-am descris mai înainte.

Î-66. Unei femei sensibile îi este frică de căsătorie și chiar de iubire, dar în același timp știe că fără iubire și fără copii, toată cariera ei strălucită, toată cultura pe care a strâns-o sunt în van. Cum va rezolva Dumnezeu acest conflict interior?

R-66. Să ne rugăm și să nu mai avem frică de ce nu trebuie să avem frică. Trebuie să avem frică doar de ceea ce trebuie să avem frică.

Î-67. Se poate face o comparație între holocaustul nazist și ceea ce se petrece prin avalanșa de avorturi, zi de zi, în țara noastră? Ce putem noi face ca simpli cetățeni pentru ca autoritățile să rezolve această problemă?

R-67. Ca simpli cetățeni puteți acum să faceți o hârtie de aderare la asociația Pro Vita, care luptă contra avortului, și atunci când ne ducem la domnul președinte și la domnul prim-ministru să zicem că noi suntem o asociație puternică, ce avem 2000 de membri și nu 300 câți avem până acum. Asta ar fi un lucru simplu, de care nu vă doare mâna și nici nu vă implică prea mult. După aceea, să sprijiniți aceste acțiuni de convingere a mamelor să nu mai avorteze și să și oferiți al-

ternativă. Eventual, dacă nu aveți unde să-i țineți, să-i trimiteți la Valea Plopului unde deja avem zeci. Comparație între holocaustul nazist și ceea ce ați văzut la noi se poate face. De ce? Ce se întâmplă la noi în țară suportă comparație. Noi suntem fundul iadului prin felul în care procedăm la ora actuală. Chiar ieri discutam cu o studentă, care a fost într-o clinică și a rămas tablou cum se făceau 8-10-12 avorturi prin aspirație. Foarte grav.

Î-68. Doi tineri se iubesc și hotărăsc să se căsătorească.

R-68. Bine fac că se iubesc. Bine că se hotărăsc.

Î-69. Părinții sunt împotrivă, motivând criteriul material.

R-69. Părinții n-au dreptate.

Î-70. Dacă se căsătoresc în aceste condiții este păcat?

R-70. Consultați preotul, rudele, prietenii, episcopul. Apoi, asta este. Nu te duce capul să înțelegi că cei doi se iubesc, chiar dacă tu ești mamă, tu ești tată, asta este, chiar Hristos a zis să-ți lași părinții pentru propria familie.

Î-71. Ați spus mai înainte că **două persoane trebuie mai întâi să se cunoască, să se placă, să se împrietenească și apoi să se iubească**.

R-71. Așa am spus, așa susțin.

Î-72. Nu credeți în dragoste la prima vedere?

R-72. Cred. Dar nu în dragoste, ci într-o chestiune de moment. Nu se numește dragoste. Dragostea se pregătește, se modelează și apoi se manifestă.

Î-73. Care este diferența dintre prietenie și iubire?

R-73. Mare este diferența, dar și mare este asemănarea. Prietenia este un început, iubirea este o continuare, prietenia în iubire este o stare, iar iubirea este consecința.

Î-74. Un băiat poate iubi la fel de mult două fete?

R-74. Poate iubi două fete, dar nu la fel de mult. **O fată nu poate iubi de două ori din cauza dăruirii ei**. Am explicat aceasta mai înainte.

Î-75. Dacă un om, iubind cu toată inima un alt om, hotărăște să se căsătorească, totuși înseamnă că este mai puțin sincer în iubirea pentru Dumnezeu? Împarte iubirea?

R-75. Nu împarte iubirea, pentru că într-un fel își iubește mama copilul, într-un alt fel soțul soția. Într-altfel bunica nepotul, într-altfel vecinul vecinul și așa mai departe.

Î-76. Dacă ne place un băiat fără prea multe preocupări religioase, ne putem gândi la întemeierea unei prietenii?

R-76. Da, dar cu multă atenție, pentru că prietenia aceasta trebuie să aibă satisfacţii, ori dacă tu eşti o fată religioasă, în sensul că te manifeşti, mergi la biserică etc, cu cine o să te bucuri? Pentru că el nu va fi lângă tine. De aceea încearcă mai întâi o atragere a lui spre aceasta. Nu la modul: „Vino la Biserică!", ci la modul: „N-ai vrea să discutăm despre..." Despre Steinhardt, să zicem. Și el zice: „Despre cine?" Despre Steinhardt. „Cine este?" „Nu-i nimic. Îți dau eu să citești." Și atunci el va citi și atunci el va putea discuta. **Și atunci înseamnă că ai făcut ceva care se poate verifica în timp**.

Î-77. Care credeți că ar trebui să fie relațiile corecte și normale într-un grup de tineri creştin-ortodocşi care sunt la vârsta căsătoriei?

R-77. Nu așa. Întrebarea ar fi trebuit să fie: „Care credeți că trebuie să fie relațiile între ...?", iar răspunsul meu ar fi „corecte și normale".

Î-78. Cum vede Biserica perversiunile sexuale?

R-78. Le vede ca pe un păcat, ca pe Sodoma și Gomora, despre care știți cum au fost tratate în Vechiul Testament: cu moartea!

Î-79. Explicați sensul cuvintelor: „De la prietenie la iubire este sau un pas, sau o prăpastie." Ce ați alege: o căsătorie bazată pe atracție fizică sau una morală, spirituală?

R-79. Aș alege o căsătorie bazată pe atracție fizică, urmată de o atracție moral-religioasă. Problema cu pasul (că este un pas, sau o prăpastie) este așa: noi trebuie să ne prezentăm precum suntem. Trebuie să nu ne prefacem și mai ales să nu ne ascundem. Or, noi ce facem? Ne punem masca continuu. De aceea românul și zice: „sita nouă". Această mască nu trebuie să existe la creștini. Vă dau un exemplu de cum am fost eu dedublat. După ce m-am căsătorit, m-am dus la socrul meu care făcea un gard și eu am luat tesla și cuiele să-l ajut și asta a fost odată. Altă dată, m-am dus și i-am mai făcut ceva. Altă dată m-am dus și n-am mai făcut nimic. Aveam de scris, de citit, mai și dormeam, iar la un moment dat soacra mea mă întreabă: „Să nu te superi, dar cum se explică că atunci ai făcut atâtea ... și acum...?" Deci i-am spus: „Sita nouă", iar ea a râs și a înțeles proverbul pe pielea ei.

Deci, trebuie să înțelegem să ne prezentăm așa cum suntem. Că mai facem o glumă, că încercăm să explicăm stările noastre, dar nu trebuie să fii foarte pus la punct până în căsătorie și atunci să-ți arăți fața. **Ți-o arăți de la început, căci cine te iubește, te iubește cu starea aceea în care tu ești și pe care o ai.**

Î-80. Poate exista o iubire sinceră între un bărbat și o femeie, care la rândul lor sunt căsătoriți?

R-80. Poate exista o iubire, inclusiv sinceră, dar nu și bună. Asta se numește adulter.

Î-81. Este vorba de doi oameni care nu au pace și iubire în familia lor. Este permisă o astfel de iubire în afara familiei?

R-81. Am întâlnit aseară un caz foarte dur: o femeie foarte cuminte și care avea aceste scăpări tocmai din starea de "nebunie" din casa ei și din lipsă de iubire. Avea de toate, mai puțin iubire.

Vedeți, de aceea trebuie să creăm ambianță în familie, altfel se ajunge la asemenea stări de refulare.

Î-82. *S*untem în Postul Mare și Biserica oprește apropierea dintre soți.

R-82. Așa este, dar nu opreste!... ci recomandă!...

Î-83. Soții se iubesc foarte mult, dar nu există o compatibilitate între cei doi în ținerea postului în acest sens. Cum trebuie procedat ca relația între cei doi să nu se stingă?

R-83. Foarte simplu. Ascultându-l pe Sf. Ap. Pavel: ***„Femeia nu este stăpână pe corpul ei, ci bărbatul." „Bărbatul nu este stăpân pe corpul lui, ci femeia".*** Trebuie stabilit puțin la începutul postului într-o discuție ce ar trebui să se facă. După aceea spun: „o să facem ceea ce putem", iar ceea ce nu pot, să spună: „Doamne, ajută-ne să putem!" Și ceea ce tot nu pot, Dumnezeu va trata ca atare după conștiința lor. Aici trebuie să nu exagerăm, pentru că dacă citiți toată pravila bisericească nu veți găsi niciun canon care să interzică aceste relații. În schimb veți găsi recomandări pentru. Vedeți, Sf. Părinți s-au amestecat atât în aceste relații. Atât și numai atât. Mai ales în cazul în care dorești să-l câștigi pe soțul tău pentru o viață religioasă. Ori **dacă vei proceda cu el dur, atunci el o să calífice aspectele religioase ca habotnice, ca frustratoare. Și atunci, nu este bine.**

Î-84. Dacă o fată nu este prea îndrăzneață, cum poate să-și găsească un prieten, având în vedere că a depășit o anumită vârstă?

R-84. Prima problemă este că nu trebuie să-și găsească, ci să se lase găsită. Faptul că a depășit o anumită vârstă, depinde ce înseamnă o anumită vârstă, pentru că 26 de ani nu este nici mult, nici puțin. 29 nu este nici mult, nici puțin. **La orice vârstă se poate face ceva după Dumnezeu. Nimeni nu este bătrân. Cine este bătrân? Este puțin născut mai înainte**!...

Î-85. Ce părere aveți despre doi tineri care se plac și vor să se căsătorească? Cât trebuie să dureze perioada lor de prietenie pentru ca să se cunoască, pentru a se lua în căsătorie?

R-85. Biserica recomandă 8 ani. Pentru cei mai bine orientați,... 4 ani. Pentru cei și mai bine orientați, adică cei ce pot sesiza exact lucrurile, un an, iar pentru excepții foarte rare, chiar o zi.

Î-86. A fi îndrăgostit înseamnă a avea o patimă?

R-86. Nu.

Î-87. Cum poți fi îndrăgostit și liber în același timp?

R-87. Nu se poate.

Î-88. Dar a fi îndrăgostit nu înseamnă și a fi împătimit?

R-88. Nu înseamnă a fi împătimit dacă nu te închini la iubit(ă) ca lui Dumnezeu) Dar e clar că nu mai poți fi liber. **Te-ai îndrăgostit, gata cu libertatea!**

Î-89. Ce părere aveți despre yoga?

R-89. Părerea mea despre yoga este alta decât anii trecuți, pentru că aproape a dispărut din România. Oamenii s-au luminat la cap, și-au revenit, au avut exemple practice de nebunie, de ospiciu, de cazuri dure, au avut exemple practice de imoralitate și,... așa mai departe.., iar oamenii și-au format o părere și s-au lepădat de asta. Poate mai există așa sporadic, ici și colo, doar între cei mai neputincioși. Yoga și sectarismul, neoprotestantismul de pe stadioane au făcut Bisericii Ortodoxe un mare serviciu. A luat tinerii din necredință, i-a trecut pe ici pe colo și apoi n-a putut să-i țină, iar ei s-au întors la botezul lor. Și sunt activi, merg la Biserică, se spovedesc, se miră împreună cu duhovnicul, stau și se miră la Spovedanie cum au făcut ocolișul ăsta.

Î-90. Vă rugăm frumos să menționați și calitățile bărbaților, nu numai pe cele ale femeilor.

R-90. Este foarte adevărat că un bărbat trebuie să aibă niște calități ca să fie plăcut de sexul opus. Ca și condiții în cadrul

unei prietenii, iar pentru căsătorie și mai mult: nebețiv, nefumător, nezgârcit, negelos, neafemeiat și cu frică de Dumnezeu. Șase calități mari!... Iar după cum știți, femeia trebuie să fie bună. În rest ea are restul calităților **dacă are bunătatea ca izvor al virtuților**. Adică ea este și finuță, este vrednică, se ocupă de mâncare, de creșterea copiilor, ea face totul, ea poate să facă totul **și trebuie să facă totul, ajutată de soțul ei. Numai ajutată de soțul ei. Nu are voie să facă nimic fără ajutorul soțului ei. Se poate pune chiar un afiș: Interzis ca soția mea să facă ceva singură.**

Î-91. Cum să-l iubești pe prietenul tău cu iubire dumnezeiască?

R-91. Trebuie să-l vedem pe Dumnezeu prin cel pe care îl iubim. Despre asta trebuie să citiți la Părintele Stăniloaie într-unul din volumele sale de dogmatică ortodoxă despre căsătorie. Acolo am citit eu cândva, vorbește frumos și explicit cum.

Un părinte spunea că **dacă nu reușești să-ți iubești aproapele, măcar să nu îl urăști. Parcă ar fi totuși o manifestare de iubire, măcar să nu îl urăști.**

IUBIREA

Vom vorbi despre **„iubirea ce nu poate fi înlocuită cu nimic, dar care înlocuiește totul".**

Cuvântul iubire, din păcate, este prea des folosit, cam fără consistență; știm cum în Vechiul Testament numele Domnului Dumnezeu nu era pronunțat și tot așa, în Noul Testament, ar trebui cu multă grijă să pronunțăm acest cuvânt. Aceasta datorită unui text pe care Sfântul Ioan Evanghelistul ni-l transmite nouă, și anume: ***„Dumnezeu este Iubire".*** Deci numele lui Dumnezeu este Iubire. Sf. Ioan a spus așa, iar când a depășit suta de ani, a avut greutate să se exprime și atunci apostolul pronunța numai „iubire", (așa a și trecut la Domnul, pronunțând cuvântul „iubire"). Noi spunem cam des „te iubesc " și încă mai des vorbim de iubirea lui Dumnezeu și mai des avem tendința să credem că iubirea lui Dumnezeu covârșește totul. Ei bine, așa este, **în virtutea bunătății lui Dumnezeu, dar în virtutea dreptății Lui, să știm că această iubire nu numai încălzește, ci poate și arde**.

Din iubire, la sfârșitul lumii, la Înfricoșata Judecată, **iadul se va înghesui, iar raiul se va goli,** așa ne învață Sfinții Părinți și așa credem și noi. Tâlcuirea acestei afirmații este aceasta (o dau tot ei): Atâta iubire arată Dumnezeu, încât cei din rai părăsesc raiul ca să îl întâmpine și ei pe norii cerului pe Mântuitorul Hristos (și știm că asta e după învierea trupurilor, învierea cea de obște). Iar iadul se înghesuie pentru că dacă pedeapsa de până atunci a fost provizorie pentru cei care nu au săvârșit binele, de atunci încolo, ei bine, urmează pedeapsă veșnică pentru că n-au avut iubirea ca răspuns la Iubirea Lui.

Tot Sfinții Părinți ne spun că dacă o clipă privirea lui Dumnezeu s-ar abate către iad, iadul s-ar transforma în rai; și astfel ne dăm noi seama ce înseamnă iubirea lui Dumnezeu. După ce vorbim de Iubirea lui Dumnezeu, putem apoi să stăm de vorbă și despre felul în care ne iubim aproapele, despre felul în care ne iubim pe noi înșine, de felul în care dorim să ne manifestăm iubirea față de soț, soție, copii, părinți, semeni, etc. În asemenea condiții, **dacă avem îndrăzneala să vorbim despre iubirea lui Dumnezeu, înseamnă că undeva am fost și pătrunși de ea și chiar avem dovezi în viața noastră că Dumnezeu ne iubește.**

Dumnezeu a trimis pe Unicul său Fiu ca să-și arate iubirea Sa. Prăznuim aceasta în nopatea de Crăciun și în noaptea Sfintelor Paști.

Le prăznuim noaptea (are creștinătatea două nopți sfinte, noaptea de Crăciun și noaptea de Paști); în noaptea sfintelor Paști,

Dumnezeu ne va arăta iubirea Lui, practic şi pipăibil, pentru că după jertfa Fiului Său pe Cruce n-am rămas numai la răscumpărare, ci totul a mers mai departe, şi anume la **restabilirea relaţiei omului cu Dumnezeu**. Iar aceasta s-a făcut pentru că Hristos a înviat şi nu mai trăim degeaba. El e şi garanţia învierii noastre, căci dacă a înviat, apoi s-a înălţat la ceruri, de unde ne-a trimis pe Duhul Sfânt. Astfel, toată problema omenirii a fost rezolvată. Asta prăznuim noi an de an, duminică de duminică, zi de zi.., Liturghie de Liturghie...

Pentru cei contemporani cu El, prezenţa Mântuitorului Hristos a fost un favor; poate şi noi am avut vreodată ispita să gândim ce bine pentru aceia care au trăit atunci, ce bine ar fi fost ca şi noi să fi trăit atunci... să-L fi văzut pe Hristos în persoană sau la faţă, să ne fi văzut şi El, să ne fi atins de hainele Lui... S-a gândit Dumnezeu în iubirea Lui şi la lucrul acesta: pentru că Sfânta Liturghie nu este amintire (cum zic unii, care de fapt nici nu au liturghie), **este trăirea aievea a ceea ce Hristos a săvârşit pentru noi**. Cu El ne naştem, cu El trăim, cu El ne răstignim, cu El înviem, ne înălţăm la ceruri şi primim Duhul Sfânt. Lucrul acesta arată iubirea lui Dumnezeu pentru noi. Pentru noi, cei care am trăit peste timp, peste perioada în care El a fost cu trupul pe pământ. Şi a rămas veşnic cu noi, cu posibilităţi extraordinare. Avem posibilităţi mai mari decât cei de atunci. De ce asta? Pentru că **noi ne împărtăşim cu Însuşi Trupul şi Sângele Lui. Adică nemărginitul este cuprins de mărginit**, noi suntem cei mărginiţi şi nemărginitul, Dumnezeu, binevoieşte în iubirea Lui ca prin taina Sfintei Împărtăşanii, sub forma pâinii şi a vinului, să vină în noi. Însă aceste lucruri le ştiţi, le ştiţi pentru că preoţii de la altare asta propovăduiesc, asta citim în sfintele cărţi, asta simţim, pentru asta ne pregătim.

Dar putem spune toate acestea ca să subliniem cum iubirea lui Dumnezeu nu este mărginită nici măcar de timp. Prin iubirea Lui avem minuni în toată istoria mântuirii noastre: când Dumnezeu a îngăduit și să se scoată suflete din iad ca să meargă în rai, a făcut aceasta pentru pocăința acelor rămași în viață și pentru zidirea celor care vroiau să se convingă de prezența Mântuitorului Iisus Hristos în lume. Ca să vedem intensitatea cu care Dumnezeu a vrut să ne insufle nouă această poruncă, precum și felul în care să iubim pe aproapele, să medităm la textul acesta evanghelic: „iubește pe aproapele ca pe tine". Asta înseamnă că trebuie mai întâi să te iubești pe tine, ca să existe termen de comparație, iar după aceea să îți iubești aproapele. **Să nu îți iubești aproapele mai mult decât pe tine, ci ca pe tine. Dumnezeu n-a cerut mai mult.** A cerut această limită. Și această limită trebuie să ne îndemne pe noi la pocăință, la iertarea aproapelui (de unde se vede și iubirea noastră).

Iubirea e un cuvânt sec dacă nu se manifestă în realitate. Când spunem „Dumnezeu ne iubește", acesta este un cuvânt plin pentru că se vede că ne iubește. Când spunem că Dumnezeu a lăsat puterea omului de a iubi, acest lucru, din păcate, nu prea se vede întotdeauna. Iubirea lui Dumnezeu nu poate desigur să caute decât răspunsul la ea și anume: iubirea noastră către El. Iar atunci înseamnă că ați zis bine, în afiș **„iubirea nu poate fi înlocuită cu nimic, dar ea înlocuiește totul"**. Adevărat este și pentru ce am vorbit până acum, (iubirea lui Dumnezeu) dar adevărat și pentru noi, atât cât noi reușim să iubim.

Numim masa de după liturghie, masa dragostei, cu cuvântul grecesc *„agape"*. Dacă vrem să arătăm cât iubim noi pe aproapele ca răspuns la iubirea lui Dumnezeu, înseamnă că de la biserică, de la Sfânta Liturghie, întotdeauna ne vom întoarce acasă cu cineva străin de casa noastră, pe care o să îl invităm la masă, nu neapărat un sărac, deși ar fi bine un sărac. De ce? Pentru ca să arătăm iubirea noastră, pentru că iubirea se materializează. ***„Te iubesc",***

repet, este cuvânt searbăd. Băieții de clasa întâi, deja în semestrul al doilea, scriu pe o hârtie „te iubesc", se semnează și în timpul orei zboară asta către o fată, dar ajunge la alta. Aceasta desface, încântată de ce vede, silabisește, învățătoarea sesizează lucrul acesta... în sfârșit. Băiețelul folosește un cuvânt, dar acest cuvânt nu are acoperire, de ce? Pentru că iubirea este cu totul altceva. De ce îl folosește?

Tot Sfântul Ioan ne spune așa: **„nu fiți copii la minte"** și noi trebuie să dovedim că nu suntem copii; nu scriem bilețele, nu aruncăm vorbe goale. Sigur, copilul o face în nevinovăția lui. A auzit el, crede el că e bine; sunt etape prin care trece un copil. Cel mai mult după ce învață să scrie se manifestă el, dar nu trebuie să rămânem copii la minte. Or, noi am redus această agapă, să fie numai la hram (la ziua bisericii); facem acolo o masă, se împart pachete, ceea ce este o altă problemă, întrucât nu mai suntem împreună, ci mâncăm doar separat, acasă sau pe drum. **Ar trebui ca Liturghia să nu fie despărțită de agapă**. Asta ar însemna să ne manifestăm, deși nu știm ce și câtă intensitate are iubirea noastră, nu știm asta. Poate nu îl iubim pe celălalt. Dacă iubești pe cineva, îi spui foarte multe lucruri și în față. Îi spui că: ***„nu te iubesc, uite, nu te iubesc. Vreau să te iubesc, dar nu te iubesc. Pe de o parte, nu știu când mi-ai făcut ceva neplăcut, dar încă nu pot asta".*** Împărtășirea acestui gând, însoțită cu rugăciune, face ca iubirea să se intensifice și prin această simplă manifestare ea să înceapă să lucreze între oameni.

Ce urmărim noi prin cadou? Urmărim să producem celuilalt bucurie, urmărim să-i transmitem iubirea noastră. De aceea și cadoul îl alegem, așa după cum credem că este cel ce îl primește, ca să îl aprecieze, uneori chiar ne interesăm ce îi place și imediat cumpăram ca atare. Uneori mergem mult pe simbolism și este bine; asta este o exprimare doar a iubirii, nu este chiar iubirea

- iubirea este atunci când ne asemănăm lui Dumnezeu prin ceea ce facem față de semenii noștri. Există și iubirea care este numai pentru ai tăi. Te iubești pe tine și pe ai tăi. E bine și asta, întotdeauna cămașa a fost mai aproape decât haina, niciodată nu o să vedem un om întreg la minte că pune întâi haina și pe urmă cămașa peste haină. Nu, întâi cămașa și pe urmă haina. Atunci zicem: întâi familia, întâi apropiații, prietenii, după aceea ceilalți, dar trebuie neapărat să existe „și ceilalți".

Multe femei au făcut avorturi. Nu singure, nu din alegere proprie, ci din cauza bărbaților (aproape 80% din femei fac avorturi din cauza bărbaților). Le sfătuim: „crește un copil" și răspunsul este „părinte, îl cresc pe al fetei mele". Să ajuți la creșterea unui copil, la fiica ta este o datorie, pentru că e o relație de părinte și de bunic; dar eficient și mântuitor ar fi: crește un străin sau ajută-l. Unii înțeleg și alții nu înțeleg: căci iubirea nu poate fi înlocuită, foarte mulți încearcă să înlocuiască iubirea cu ceea ce nu este consistent și ar da orice să facă comerț cu ea; foarte mulți se pricep astăzi la comerț și ar dori și să se mântuiască, dar fără să iubească, doresc împărăția cerurilor (sunt destul de cinstiți și simte sufletul lor că cere ceva ceresc), din păcate nu se pot despărți de această legătură. Alții doresc să se mântuiască tot fără iubire, plătind. Sunt darnici, dar ei fac în continuare păcate și continuă să fie darnici. Au bani și dau la biserici, la oameni necăjiți. Chiar și plâng când văd un om amărât și îl ajută, dar nu îl iubesc. O să zicem: dar atunci de ce plâng și de ce îl ajută? E destul de discutat și aici, așa că nu generalizăm; vorbim de aceste cazuri care sunt negative în închistarea lor. Plânge de bucurie că el nu e așa, sau plânge de durere pentru felul în care n-a înțeles viața, poate plânge și pentru el. De ce îl ajută? Pentru că dorește și acceptă ca un comerț: ***„fă bine ca să ți se facă bine",*** deși iubirea nu presupune asta. Iubirea presupune: *„fă bine și Dumnezeu, văzând binele, va rândui cele de folos pentru tine".* Iov făcea binele și a primit răul, iar în cele din urmă, la sfârșitul durerii sale, a avut răsplata. Tot ce Iov pierduse a recâștigat și încă de două ori, doar pe copiii care muriseră i-a câștigat numai o dată (semn că Omul are suflet viu, unic, nu reîncarnabil în vieți succesive).

Noi suntem adepții hristocentrismului: **Hristos în centrul vieții omului. A trecut o perioadă peste noi, până la 1989, în care omul era în centru,** antropocentrismul. **Acum este o tendință teribilă de îndepărtare a omului din centrul atenției spre Dumnezeu, a atenției la iubirea lui Dumnezeu. Dovada celor afirmate acum este ce se întâmplă în lume și în țara noastră cu cățeii. Iubim cățeii și e bine că iubim animalele, dar nu în detrimentul iubirii noastre față de oameni.**

Să producem o moarte frumoasă celor care trebuie să moară, întrucât sunt bătrâni. În limba greacă se numește *eutanasiere*. Cum se face asta? Se injectează în sângele animalului ceva care îi creează o stare euforică, până se omoară, ca să nu simtă durerea.

Dar cum se omoară copilul în pântecele mamei? Cred că n-ați auzit vreodată că un doctor injectează fătul sau anesteziază ca să nu simtă trauma. Cred că nu ați văzut, nu ați auzit ca vreun doctor să fi făcut vreodată așa. De ce? Pentru că copilul țipă, dar nu se aude, este așa-zisul „strigăt mut". E bună așezarea animalelor în centrul atenției? Este o respingere a iubirii lui Dumnezeu, pe care oamenii, în loc să o manifeste față de oameni și față de apropiați, o manifestă mai întâi față de animale și doar ce mai rămâne disponibil ca atenție e față de oameni. De aceea, iubirea înlocuiește tot și ea nu poate fi înlocuită cu nimic, **pentru că noi iubim prin oameni în primul rând chipul lui Dumnezeu în noi și ne deosebim de**

animale prin rațiune, sentiment și voință. Făcând așa, vom avea această satisfacție că am primit și am răspuns la iubirea lui Dumnezeu. Dacă sfinții n-ar fi răspuns la iubirea lui Dumnezeu, corpurile lor ar fi putrezit până acum, dar corpurile sfinților rămân neputrezite, ca cinstire a lui Dumnezeu pentru ei și ca răspuns al lor la iubirea Lui.

Un exemplu (și este foarte cunoscut acesta) este Sfântul Serafim de Sarov, care atât de mult a iubit, atât a răspuns cu iubirea Lui la iubirea lui Dumnezeu, încât Dumnezeu l-a învrednicit să moară în genunchi, cu Evanghelia în mână, citind în Evanghelie. L-au găsit mort cu capul pe Evanghelie. Așa de puternică era iubirea lui ca răspuns la iubirea lui Dumnezeu, încât veneau în jurul lui animalele, care desigur nu se rugau, dar rămâneau ca încremenite. Am cerut odată unui pictor să facă în jurul sfântului Serafim, pe care l-am pictat în biserică, un urs privind cu uimire, dar el a râs și a spus că nu se poate asta (și mi-am dat seama ulterior că totuși nu se poate, pentru că e greu să strecori în ochii unui urs așa uimire față de cineva care se roagă). Deci, nu putem reproduce asta, dar ne putem închipui cum veneau animalele. **Iar atunci când omul n-a mai răspuns cu iubirea lui Dumnezeu, animalele s-au sălbăticit și când Adam a încălcat porunca, animalele au început să urle, să muște, să prade. După aceea, pomii de unde oamenii urmau să mănânce a trebuit să fie săpați, tăiați, legumele plivite, îngrijite. De ce? Pentru că omul a dereglat prin nerăspunsul lui cu iubire "prin neascultare" față de iubirea lui Dumnezeu. Căci Dumnezeu a creat lumea doar din iubire și a vrut ca și omul să participe cât de puțin, prin ascultare, la această operă.**

Sunt așa de mulți sfinți care ne stau nouă mărturie, că se poate să răspundem cu iubire la iubirea lui Dumnezeu!

Dar noi, cum suntem noi?

Ei bine, noi suntem niște oameni deosebiți, deși păcătoși, dar deosebiți: **păcătoși pentru că avem păcate și deosebiți pentru că ne preocupăm de ele.** Asta este diferența dintre cei ce vin la biserică și cei ce nu vin, sau dintre cei ce vin la conferință și cei ce nu vin, sau dintre cei care citesc din sfintele cărți și cei care nu citesc. Nu sunt neapărat unii mai buni decât ceilalți, aceasta este iubirea lor, răspunsul lor la iubirea lui Dumnezeu. Ei bine, noi, care tot dorim această iubire înaltă, ne-am schimbat viața pentru că dacă nu ne-am schimbat viața, nici nu putem să convingem pe alții să și-o schimbe și ei. Iar dacă nu convingem pe alții, înseamnă că nu putem să ne manifestăm iubirea față de aproapele și dacă nu, atunci înseamnă că nu răspundem la iubirea lui Dumnezeu.

Spune Evanghelia: **„Cine sminteşte pe aproapele său sau pe cel mai mic ca el, mai bine i-ar fi fost dacă și-ar fi legat o piatră de gât și s-ar fi aruncat în mare"**, adică mai bine dacă s-ar fi sinucis. Iar de sinucis știm că nu este deloc bine. Dar până acolo este păcatul smintelii, grav ca și acesta. Deci ne întrebăm: totuși, prin ce facem, noi smintim sau nu smintim? Mișcăm și pe alții sau nu? Comunicăm aproapelui nostru, într-un fel sau altul, că Dumnezeu ne-a iubit și ne iubește și modul cum El ne iubește și că suntem datori cu iubire pentru iubirea Lui? Noi, când cineva ne supără, spunem *„mă duc să plătesc acatist"* și constatăm că după ce plătim acatiste respectivul ori se îndreaptă ori i se întâmplă ceva. De ce i se întâmplă ceva? Pentru că acolo am scris așa: numele nostru..... se roagă pentru.... numele celui care ne face probleme, pentru luminarea minții lui și pentru binele casei lui. Dumnezeu aude rugăciunea noastră la acatist (prin gura preotului și prin noi înșine) și atunci luminează mintea vrăjmașului nostru, rău-făcătorului nostru, ca să ne lase în pace. Iar în această iluminare vrăjmașul nostru alege: ori continuă, ori se oprește. Dacă se oprește, toate bune, de continuă, **atunci iubirea noastră intră în el, iar**

pentru că el nu răspunde cu iubire, el explodează. Explodează într-un fel sau altul. Iată ce înseamnă fluxul de iubire. Cum făceau acei mucenici care nu renunțau la Hristos și imediat soldații care îi chinuiau se botezau și spuneau „și noi vrem să murim". Așa făceau, își manifestau iubirea și celălalt nu mai rezista să nu facă la fel, cu orice risc.

Cum e iubirea? E așa cum citim la Victor Hugo în cartea „Mizerabilii", când episcopul acela căruia i se bate la ușă spunându-i-se: *„Eminență, uite, am găsit un hoț cu două sfeșnice de valoare,... furate de la tine ".* Episcopul, în loc să ia sfeșnicele și să zică „Arestați-l", se duce într-o altă cameră mai ia și alte 2 sfeșnice și zice: *„Fiule, vezi că le-ai uitat pe astea două, du-le unde ți-am spus".* Ei bine, iubirea acestui episcop îl determină pe personajul principal, pe Jean Valjean, să-și schimbe viața lui, așa că iubirea poate să înlocuiască totul.

Observați, că cei care sunt amatori de lucruri deosebite, de trăiri și iubiri deosebite, aceștia o iau razna: ori se duc la vrăjitori, ori aleargă după un preot care deschide cartea, ori idolatrizează ceva care nu merită nimic, ori altceva necreștinesc. Și de ce? Pentru că vor paranormalul. Noi nu vrem paranormalul, noi vrem normalul, pentru că Hristos a venit ca noi. El ne arată firescul. Nu ne-a arătat deosebitul. Ne-a arătat starea omenească firească, ne-a învățat cum să ne înălțăm (*cazul Sfintei Maria Egipteanca*). Ea se înălța când se ruga și apărea așa, ca în flăcări de foc, ca în lumină. Ea, care avusese o viață decăzută, merge cu vaporul de pelerini la Ierusalim. Acolo, când a văzut că nu poate intra în biserică, a schimbat toată viața ei, a promis și a reușit să trăiască în pustiu 47 ani cu ceva boabe de linte și câteva pâini. Închipuiți-vă, deci, de la starea normală și păcătoasă de oameni obișnuiți putem să

pornim după Hristos, dar de la starea de exaltare, de nebunie, nu ajungem departe, căutând stările paranormale.

Întrebări și Răspunsuri

Î-1. Îi este Bisericii răsăritene mai proprie suferința, umilința, smerenia, iar Bisericii apusene iubirea față de aproapele, prin activitatea practică a fiecăruia?

R-1. Nu! Aici este o alta problemă și de obicei este o confuzie generală. Se spune că Biserica romano-catolică este mai aproape de om, mai implicată în social. Este implicată în social, dar nu este „mai" implicată în social. Biserica noastră hrănește anual, își manifestă dragostea pentru **un miliard de oameni.** Un miliard de oameni mănâncă la masa Bisericii Ortodoxe. Socoteala se face așa: 547 de mii de morți au fost acum un an, rotund 500 de mii. Pentru un om mort se fac cel puțin 10 parastase, cu capete cu tot, sau conform fiecărei zone. Și la fiecare parastas, dacă numărăm cam câți vin și scădem rudele avem 1 miliard de guri hrănite, ceea ce nu are nici romano-catolicii, nici celelalte culte la un loc, nici toate societățile de binefacere din lume. Nu numai Biserica Ortodoxă din România, dar și celelalte Biserici surori, faceți socoteala și veți vedea că e așa.

Asta nu este puțin, este mult și noi credem că prin asta suntem implicați în social. Cine se duce la spitale? Nu noi? Cine se duce la orfelinate? Noi, credincioșii cu preot, fără preot... Dar până acuma cine s-a dus? În comunism orfelinatele și azilele erau total neglijate, tot noi ne-am dus. Asta nu înseamnă că suntem mulțumiți de ceea ce facem. Dar dacă tot trebuie să răspundem, atunci spunem că noi credem că facem activitate socială. Că mai trebuie să facem, este adevărat, dar dacă cineva încearcă să ne compare (că asta este o lege generală - „uite cum se ajută cei de alte credințe!...") cu modul de a se ajuta al acestora (ei bine: cu ce bani, de unde, cum, pentru ce?). Iar în ceea ce privește capitolul acesta, suferință, noi alegem să suferim la căpătâiul bolnavului..., așa înțelegem noi să ne flagelăm!...

Î-2. Care este diferența între iubirea autentică și pietism?

R-2. Iubirea autentică este ceea ce se cere de către Hristos, iar pietismul este o formă denaturată. Trebuie văzut cum se manifestă omul, pentru că, dacă ești tu la nivelul normal, tu poți aprecia dacă cineva a căzut în pietism sau nu, dar dacă tu privești cu frivolitate tot, atunci tu nu ți dai seama cum stau lucrurile. Spre exemplu, cineva nu fumează, dar i se pune întrebarea:

- De ce nu fumezi, ești sectant, ești pocăit?
- Nu, sunt ortodox.
- Nu cred!

Dacă acesta este nivelul discuției, nu mai ai cum să apreciezi corect. Uneori sunt acuzați de pietism cei care de fapt nu sunt deloc căzuți în asta.

Î-3. Din perspective creștine, cum ar trebui să fie dragostea dintre doi tineri?

R-3. Chiar dacă ne-ar acuza cineva că se vorbește în post despre dragostea dintre doi tineri, personal consider că este cel mai de discutat și cel mai bine ales subiect în post. De ce? Pentru că dragostea dintre cei doi dacă este cum trebuie, poate să conducă în viitor la post. **Pentru că dragostea se manifestă și în post și în afara postului, de fapt, și a posti împreună este o dragoste pe care încercăm împreună să o dăm lui Dumnezeu**. Așa că eu răspund: dragostea între doi tineri să fie așa cum trebuie să fie! Intensă, sinceră, curată. Dar nu putem, din moment ce folosim cuvântul dragoste sau iubire, să zicem „iubire curată", pentru că iubirea curată este curată, ea nu poate fi iubire necurată. Ea nu este nici iubire falsă, pentru că atunci nu mai este iubire. Iar intensă, nici asta nu poți să-i spui, pentru că iubirea dărâmă munți, urcă și coboară etaje, etc.

Î-4. Este bine să credem în clarvăzători?

R-4. În clarvăzători putem să credem, dar ce să credem? Că sunt clarvăzători? Dacă sunt, atunci sunt! Însă clarviziunea se dă anumitor oameni, anumitor preoți, anumitor călugări, anumitor pustnici și nu mereu. **Oricum, clarviziunea se folosește în iconomia divină**. Spre exemplu, acela a văzut că se dărâma zidul peste semenul său, i-a apărut în vis și s-a trezit, a fugit și apoi a căzut zidul. Viziunea lui i-a folosit. În momentul în care clarviziunea se manifestă în alt fel, înseamnă că nu este clarviziune. Eu l-am întâlnit pe părintele Cleopa în aceste două stări. Când a avut o viziune clară asupra celor de față și altă dată când habar n-a avut.

Odată m-am dus cu niște intelectuali la el și am poposit la o mănăstire unde am dormit și ne-am sculat dimineața la 5 să plecăm și le-am spus doamnelor intelectuale:

„Doamnelor, mergem la mânăstirea Sihăstria, stăm la Liturghie cât mai apucăm, luăm anafură și mergem repede la părintele Cleopa". Eu vorbisem mai dinainte cu dânsul:

„Părinte Cleopa, vin cu niște intelectuali care sunt cam "zăpăciți" la cap și trebuie repuși în ordine, căci sunt oameni buni, dar le merge mintea cam strâmb ", iar el a zis:

„Bine, să mă anunți". M-am dus, l-am anunțat și i-am spus că am venit.

„Știu, știu, adu-i aici!" și m-am dus acolo și a vorbit două ore acestor paisprezece oameni. Ce credeți că a vorbit? Despre tonele de trotil care atârnau deasupra fiecărui locuitor al Terrei și spunea așa cu exemple. De unde luase asta? Cineva îi adusese ziarul sau unde citise el, nu știm! Era un ziar „Scânteia", care spunea pe prima pagină toate datele acestea, toate calculele acestea, căci era cu ocazia luptei pentru pace pe care Ceaușescu o promova, și se

publica așa. Și el a vorbit două ore despre asta, apoi am plecat, iar ei m-au întrebat: *„Pentru asta ne-ai adus aici?"*, iar eu am spus că nu înțeleg nimic. Iată cum fusese situația:

După ce ne-am trezit, (era zi de vineri), le-am spus: *„Hai să nu mâncăm!"* dar câțiva au spus: *"Trebuie să mâncăm, pentru că ni se strică mâncarea".* Deci au mâncat conserve de carne sau de dulce (de frupt, cum spun moldovenii), tot ce aveau. Atunci eu am văzut că părintele Cleopa, datorită acestei atitudini a lor, a cunoscut cu duhul nebunia noastră și a vorbit ca atare. Pe urmă am plecat, iar până seara i-am băgat pe toți în spital la Piatra Neamț, căci au făcut intoxicație.

Altă dată am mers cu cineva și i-am spus: *„Uite, dacă nu vrei să mă asculți pe mine, nu vrei să mă crezi pe mine, nu îți ajung argumentele mele, trebuie să mergem la părintele Cleopa, crezi în ce spune el?"* Și el a răspuns: *„Da".* Eu i-am spus: *„Du-te!".* El s-a dus și iese foarte bucuros și spune: *„Vede ca mine, părinte"*.

„Cum, ca tine?" și îl iau de mână și mergem înapoi la părintele Cleopa:

„Părinte, ce l-ați sfătuit pe acesta, căci are problemele acestea?" și spun eu ce și cum. Părintele îmi zice: *„El mi-a spus trei lucruri, nu șapte, cum zici. Dacă este așa cum spui, este altceva".* El ce făcuse? El nu spusese totul și părintele l-a sfătuit ca atare. Doar după ce a spus totul, desigur că l-a sfătuit altfel. Atunci am înțeles că părintele Cleopa nu cunoscuse cu duhul nimic din ce omisese musafirul. Asta vreau să spun, că n-a văzut nimic cu duhul, n-a cunoscut cu duhul, căci dacă cunoștea, atunci îi spunea ce trebuie sau îi spunea: *„De ce nu spui tot?".* Adică, în anumite momente, clarvăzătorii cunosc cu duhul, iar în anumite momente, nu. Însă vederea cu duhul nu este tot una cu clarviziunea, pentru că dacă cineva pretinde că vede prin om îți spune dacă ți-ai scos apendicita sau nu, sau altele. Acestea sunt apă de ploaie, dar de ce? Cine le-a dat

lor această putere? Dacă le-a dat-o Dumnezeu, atunci trebuie să știm și cum. Cine are clarviziunea adevărată, nu face caz de ea, nu spune „Veniți la mine să vă prezic eu, să văd eu prin voi", nu! Clarvăzătorul este acel trăitor autentic, de care știu puține persoane că are acest dar, sau știu multe persoane, dar care nu **își folosește acest dar de la Dumnezeu decât când Dumnezeu consideră că este necesar să-l folosească**.

Am insistat mai mult asupra acestui aspect pentru că, în zilele noastre, foarte mulți **vor să meargă la clarvăzători și asta este o greșeală**.

Î-5. Vă rugăm să explicați ce se înțelege prin spiritualizarea iubirii conjugale și cum se poate ajunge la ea?

R-5. Cum se poate este mai greu de explicat, **dar spiritualizarea iubirii conjugale înseamnă să vedem prin iubirea de soț/soție, iubirea lui Dumnezeu și atât; înseamnă să nu facem caz de nimic din tot ce este omenesc. Trebuie să uzăm de tot ce este omenesc, dar care nu este păcat**. Sunt foarte multe familii despărțite din cauza asta, din cauza neînțelegerii acestora. Să cunoaștem și să înțelegem ce înseamnă viața conjugală, ce înseamnă că suntem împreună, iar nu pe urmă ne trezim că unul este mai însemnat și uităm de celălalt. Nu vedem neputința lui de a se ridica, iar pe noi ne apucă **postul, ne apucă rugăciunea, ne apucă tămâierea, ne apucă mersul la mănăstiri și apoi disprețul față de celălalt** care n-a vrut să meargă la mănăstire, n-a vrut să țină post, etc. Aceasta nu este iubire, ci dimpotrivă.

Î-6. Sunt momente în viață când slăbim în râvnă, în rugăciune, în iubire. Cum putem trece peste această stare de cădere?

R-6. Odată, un părinte mi-a spus că este bine să mai facem și pauză, dar este pericolul să nu mai putem relua, să ne prindă moartea în pauză. Deci, dacă slăbim în râvnă trebuie să continuăm, căci revine ea, este doar o încercare, o ispită mai puternică. Noi continuăm și râvna revine.

Î-7. Cum putem ierta și apoi să iubim pe cei care fac mult rău?

R-7. Având mereu în fața ochilor minții sau chiar în fața noastră icoana Răstignirii, privind cum Hristos i-a iertat pe toți, iar nouă nu ne-au greșit oamenii chiar așa de mult cum i-au greșit Lui.

Iubirea depinde de voința omului. De exemplu, mă pot strădui să iubesc pe cineva pe care la un moment dat îl antipatizez. Nu, nu trebuie să îl iubești în felul în care iubești pe cel care îți este simpatic. Pe acesta trebuie sa îl iubești așa cum este el antipatic, căci apoi vine și celălalt fel de iubire. Pentru că a iubi numai ceea ce îți place înseamnă plăcere. Asta este forma de alegere a soției. Așa îți alegi soția. Dacă ea îți place, continui discuția, mai studiezi ceva și zici: „Bine, vreau să mă însor cu tine!”. Aceasta este după „a plăcea”.

Iubirea vine mult mai târziu, este așa numai o formă de manifestare, ori pe cel care îți este antipatic poți face proba iubirii tale. Dar ce înseamnă antipatie? Antipatia este o formă micuță a urii, adică este, într-o oarecare masură, inversul iubirii. Omul se naște cu o capacitate de a iubi. Se naște cu capacitatea de a iubi, dar dacă se pervertește conștiința lui,... atunci e grav!

Î-8. Se poate vorbi de „dreapta socoteală” în iubirea aproapelui?

R-8. Se poate, desigur, adică să nu îl iubești mai mult decât pe tine. De multe ori când te jertfești spre binele altora ajungi să te neglijezi pe tine însuți, da! Este un lucru bun, dar trebuie să existe un echilibru în iubirea față de aproapele, adică să îi punem niște limite. Spre exemplu, dacă pierzi o noapte la căpătâiul unui copil bolnav care nu este copilul tău, este clar că te-ai neglijat pe tine, dar asta nu înseamnă că ești departe de această formă de a te iubi pe tine, căci apoi ai tu grijă și de tine. Se cere o dreaptă socoteală, dar nu o mângâiere cu ideea. Nu de genul: „Știi, pentru dreapta socoteală eu nu pot să te iubesc mai mult de atât, ci doar atât". Nu poți să faci asta. Trebuie mers până la jertfă. Eroul se iubește pe sine, dar se jertfește pentru o cauză, asta este definiția eroului. Nu este un sfânt, este un erou.

Î-9. Comentați puțin felul în care tinerii din ziua de astăzi înțeleg iubirea.

R-9. Depinde care tineri, unii o înțeleg cum trebuie, alții cum nu trebuie. Noi nu putem vorbi de iubire decât înăuntrul Bisericii. **Biserica înseamnă totalitatea sufletelor botezate. Aceasta este Biserica**. Aici, în această sală, noi formăm o Biserică, dar nu ne aflăm într-o biserică de zid.

Î-10. Unii când fac rugăciune în comun se trezesc că folosesc pluralul și zic "miluiește-ne, Dumnezeule" și după aceea "pe noi păcătoșii..."

R-10. Toate rugăciunile sunt la singular, „miluiește-mă, Dumnezeule...". Eu când zic rugăciunea, chiar dacă aud toți, spun „miluiește-mă pe mine, păcătosul", iar fiecare o aude și se consideră pe sine păcătos. Eu nu am dreptul să mă pronunț asupra celorlalți ca fiind păcătoși (toți suntem păcătoși); nu știm dacă toți, dar eu știu numai de mine, de tine nu pot să știu dacă ești sau nu păcătos, nu trebuie vorbit în numele tuturor.

... „Doamne Iisuse Hristoase" este partea dogmatică a rugăciunii, „miluiește-mă pe mine păcătosul" este partea morală, iar această rugăciune se zice pe respirație în general. Deci, și „miluiește-mă pe mine, păcătosul, și pe Cristina, prietena mea", deja o lungește și nu mai ai timp să respiri sau poate trebuie exersat. Dar n-am mai auzit până acum pe cineva să practice rugăciunea lui Iisus în felul acesta.

Î-11. De ce băieții sunt atrași de fetele pe care nu le pot avea? De ce unii băieți când simt că sunt iubiți își pierd interesul pentru fata respectivă?

R-11. Unii băieți, este foarte bine cum ai zis. Unii fac așa..., unii numai.., nu toți. Nu știm de ce, sunt slabi, sunt needucați. Nu te întrista, nu merită. Dacă acesta este răspunsul lor la iubire, atunci nu merită. Fii mulțumită că Dumnezeu prin aceasta ți-a arătat situația adevărată.

Î-12. Cu ce te vindeci de o iubire neîmpărtășită? Îți spui că ai ales prost, asta e! Dar, acum, ce faci? După..., la ce meditezi?

R-12. Trebuie să fim atenți. Observați că discuțiile noastre sunt destul de deschise, creștinismul presupune deschidere, dar creștinismul presupune și claritate. Trebuie să avem obișnuința ca de la început să încadrăm undeva ceea ce ni se întâmplă. Să ne întrebăm: „Oare este omul acesta potrivit?" Și bine ar fi ca imediat să pot să mă rog lui Dumnezeu astfel: „Luminează-mă, Doamne, cum este mai bine!", iar Dumnezeu ne dă un semn.

Î-13. Cum ar trebui să se manifeste normal iubirea dintre doi tineri necăsătoriți și dintre doi oameni căsătoriți?

R-13. Primii n-au viață conjugală, iar ceilalți au o viață. Își manifestă iubirea pentru a se cunoaște în perspectiva căsătoriei, asta este diferența.

Î-14. Ce părere aveți despre săruturile și îmbrățișările dintre necăsătoriți?

R-14. Am o părere bună, dar depinde până unde ajung. Un părinte spune că este păcat pentru că sunt mai mult decât cele frățești. Există o feciorie fizică și una psihică, să o numim așa. Ei bine, dacă nu suntem așa cuminți, este foarte greu să stăpânim hormonii, substanțele astea chimice care au fost sădite în noi, iar atunci trebuie să fim foarte atenți, căci fizic poți să rămâi fecioară, dar în realitate tu nu mai ești fecioară. De ce?? Datorită acestor descărcări. Cred că vă referiți la ce văd eu noaptea în fuga mașinii pe stradă. Dar putem vedea și ziua acum, iar asta nu este bine, este o aiureală, mai ales că totul se amestecă, în sensul că s-a pierdut intimitatea. **Dacă ne iubim, ne iubim, dar nu renunțăm la intimitate**.

Î-15. Cum să se comporte un tânăr care a fost îndrăgostit, dar acea persoană nu i-a putut răspunde la iubire?

R-15. Nu merită să ne îndrăgostim de o persoană care nu poate să răspundă cu iubire.

Î-16. Cum se poate ajunge la adevărata iubire pentru Dumnezeu?

R-16. Nu știu asta, nu știu! Trebuie cercetat cum. Oricum, minimul de efort trebuie făcut și atunci Dumnezeu dă și alimentează intenția noastră și lucrarea noastră.

Î-17. Ne-ați vorbit despre iubirea lui Dumnezeu, răsplata veșnică și osânda veșnică. De ce Dumnezeu dă osânda veșnică? După judecată, nu rânduiește aducerea la neființă, la nonexistență a sufletelor condamnate până atunci?

R-17. Sunt neoprotestanți care învață lucrul acesta: că după Judecată sufletele se distrug. Gata, nu mai exiști. Dacă este așa, numai dacă ar fi așa, atunci n-ar mai exista niciun principiu moral. Adică ar fi ceva de genul: fac rău cât vreau, îmi trăiesc viața după bunul meu plac, dar fără să îmi pese de nimeni, iar apoi mă chinuiesc ce mai mă chinuiesc și în final Dumnezeu mă distruge definitiv. **Dumnezeu nu poate să distrugă ceva pentru că Dumnezeu este iubire și nu își distruge Creația**. Dumnezeu ar putea salva sufletele, dar nu Îl lasă Atotdreptatea din El, pentru că distrugerea sau aducerea la nonexistență nu înseamnă pedeapsa omului, pentru că aceasta ar fi chiar binele pentru omul păcătos. Cei ce se tem de pedeapsă, în loc să stea în închisoare 20-40 de ani, pe viață, imediat înghit otravă, de ce? Pentru că preferă distrugerea lui decât acest chin temporar.

Î-18. Părintele Porfirie, un mare sfânt contemporan al Greciei, spune: ***„Unii oameni se orientează cu iubirea lor numai către oameni, pierzându-L astfel pe Dumnezeu. Și sfârșind în a-i pierde și pe oameni, iar alții se orientează cu iubirea lor către Dumnezeu numai, pierzându-i pe oameni și sfârșind prin a-L pierde și pe Dumnezeu".*** Ce ne puteți spune în acest sens?

R-18. Spunem un lucru simplu: dacă suntem atenți, câștigăm și cele ale lui Dumnezeu și cele ale oamenilor. Numai că iubirea către Dumnezeu este într-un fel, iar iubirea către oameni este în alt fel. Noi putem iubi pe oameni, transferând iubirea la Dumnezeu, dar nu putem iubi pe Dumnezeu și transferând iubirea la oameni. Cum zice și în Sfânta Scriptură: ***„Cum spui tu că iubești pe Dumnezeu când tu urăști pe aproapele?".*** **Până nu îl iubești tu pe aproapele pe care îl vezi, cum să crezi că-L iubești pe Dumnezeu pe care nu îl vezi?** Deci, la asta ar trebui să avem luare aminte.

Î-19. Cum ne putem da seama că suntem pentru mănăstire sau pentru lume în societatea de azi? Există vreo diferență între iubirea din lume și iubirea de mănăstire?

R-19. În ambele iubiri cei din jur, părinții, frații, prietenii, surorile nu se mai înțeleg cu tine, căci tu te preocupi doar de cel iubit. Există o "săptămână oarbă" a căsătoriei și o săptămână oarbă" pentru la mănăstire, dar aceasta nu trebuie să fie „oarbă", adică în necunoștință de cauză (de aceea se numește așa, pentru că nu mai vezi nimic decât asta). Este bine să dăm frâu liber la această iubire, care face să nu se mai înțeleagă nimeni cu tine. Este clar că este bună și una și alta, te căsătorești sau te duci la mănăstire. Ați observat că nimeni nu se mai înțelege cu o fată care vrea să intre la mănăstire, părinții spun: „mai stai", dar nimic.

Eu am mers cu un coleg de-al meu vreo doi ani prin țară că tot aveam treabă și îl luam cu mine să mai vedem fete (acum vreo 20 de ani), dar în cele din urmă n-am găsit, dar mergeam tot așa și mai vorbeam despre una și alta. Nu se însura, era un băiat bun, dar nu se însura. Și în cele din urmă am găsit foarte aproape de parohia mea,... o fată (adică, Dumnezeu a făcut o minune!...). Dar după ce el a căutat și a umblat vreo doi ani. Și asta s-a întâmplat de Bobotează, iar el mi-a spus că-i place fata. Atunci eu am accelerat aspectele de apropiere între ei. Apoi a spus părinților: „Mâine este Sfântul Ioan, veniți la mine?" Și părinții fetei au spus*: „Cum așa, azi vezi fata și mâine deja să venim la tine?"* Iar a doua zi i-am întrebat: *"Cum de v-ați dus totuși a doua zi în vizită, căci dumneavoastră sunteți oameni în toată firea?".* „Părinte, știți ce a spus fata noastră? *A zis: dacă voi nu mergeți, merg singură!".* Astfel s-au dus părinții cu fata, iar tinerii s-au și căsătorit într-o lună. Deci, înțelegeți că trebuie rezolvate lucrurile fără grabă, cu socoteală și la momentul potrivit, cum trebuie și când trebuie. Dumnezeu lucrează.

Î-20. Ce faci dacă ai cunoscut o fată și îți place de ea? Dacă te rogi lui Dumnezeu, ea te poate accepta?

R-20. Poți să îi spui aceasta, dar ea s-ar putea să nu te înțeleagă, să vadă în tine un simplu amic și atunci îi spui așa: *„Ce vezi tu în mine? Un simplu amic? Te înșeli! Eu sunt un amic deosebit!"*

Nu este vorba numai de rugăciune la Dumnezeu, problema este cum îi intri în grație. Fetelor le place să le faci figuri, surprize, să le duci flori, etc.

Î-21. Poporul zice că *"bărbații sunt cruce întreagă, iar femeile jumătate de cruce"*, de ce?

R-21. Ce se zice nu are nicio legătură cu adevărul. Este adevărat că bărbatul este capul femeii, dar în sensul în care Sfântul Pavel. Femeile nu se smintesc de bărbați, însă bărbații, chiar aceia normali în gândire și sminteli..., da. Din această cauză a pus Biserica bărbații în față și femeile în spate, de unde ele nu îi văd pe bărbați cum le zboară ochii. În Sfântul Munte Athos viețuiesc numai bărbați, la fel ca și în mânăstirea Frăsinei în România. Nu există nicăieri o mănăstire în care să fie interzisă intrarea pentru bărbați, nicăieri în lume, de ce? Nu este nevoie, bărbații nu produc sminteală, dar femeile produc sminteală pentru că ele sunt construite mai fin, au o anumită finețe și frumusețe pe care au primit-o de la Dumnezeu. **Femeia nu trebuie să renunțe la finețea ei și la tot ce are ea, dar nici să exteriorizeze asta pe stradă, căci nu-i folosește. S-au făcut studii și s-a constatat că femeia este un „ocean" necercetat, dar această dezgolire a femeii continuă și în filme, afișe, reviste sau nu mai știu unde, iar asta nu face altceva decât să creeze dezinteresul bărbatului, dezinteresul total**. Bărbații n-au interes, le plac și atât, iar după aceea urmează impotența, după aceea urmează mai multe dezavantaje. Există foarte multe studii științifice privind această denaturare în care se argumentează cele afirmate de mine acum.

Î-22. Poți să iubești pe cineva care își face rău fără voie, adică este vrăjit? Cineva care a fost vrăjit pentru că n-a fost iubit, deci iubirea îndepărtează vrăjile, imunizează la vrăji? Și ce pot să fac în situația aceasta? Știu că ajută credința, dar simt că am rămas fără iubire.

R-22. Vrăjile se prind de omul care nu iubește, mai ales de omul nespovedit și de omul care nu merge la Liturghie. În rest nu se prind vrăjile, căci așa s-ar prinde vrăjile de noi toți. Deci numai de o anumită categorie de oameni se prind vrăjile: de cei "neimunizați".

Î-23. Se poate schimba o persoană din rău în bine? Adică de la beție și multe alte vicii să devină o persoană credincioasă, care să știe să iubească?

R-23. Da, se poate, numai că el are nevoie de multă iubire! Se poate, dar nu întotdeauna suntem siguri că și realizăm această schimbare, pentru că dacă nu mai are voință, persoana nu se mai poate schimba.

Î-24. Iubirea de neam te conduce la dreapta judecată să te mântuiești în comuniunea iubitoare de Hristos a neamului tău? Naționalismul nu este cumva desbisericit?

R-24. Da, cred că este așa; **iubirea de neam se numește patriotism și patriotismul este permis, naționalismul nu este permis pentru că naționalismul, dacă depășește limita patriotismului, deja devine altceva (spre exemplu, noi românii suntem patrioți, dar nu naționaliști exclusiviști...). Mi-a spus cineva că unii greci sunt naționaliști...,** Nu cred că e chiar așa și nu trebuie să generalizăm. Am întrebat un călugăr grec care m-a condus la o școală-muzeu sub biserică. El mi-a explicat cum dintr-o carte bisericească îi învață pe copii limba și a spus că „aici, acum 600 de ani, de pe toate dealurile din apropiere și din toate satele dimprejur veneau noaptea părinții și își aduceau copiii ca să învețe carte, să nu uite limba sub stăpânirea turcească". Astfel limba s-a menținut și am zis: *„este bine că s-a menținut, dar în viitor cine o să mai vorbească greaca veche?"* și a lăcrimat călugărul acesta și a răspuns doar „Dumnezeu, cu grija lui!..." De ce aceasta? Pentru că acum sunt 12 milioane și în curând o să fie doar 8 milioane pentru că nu vor să mai facă copii. Ca și noi, românii....În România va fi un dezastru demografic...

Î-25. Răspundeți-mi, vă rog, la afirmația scriitorului Dostoievski: *„a fi amorezat, îndrăgostit este una, dar cu totul altceva este să iubești".*

R-25. Este bine dacă spune așa, n-am știut că spune așa. A fi îndrăgostit înseamnă a fi în stadiul doi, a iubi ar fi în stadiul trei, care este ultimul. Acesta este stadiul ultim, iubirea. Prima dată îți place persoana, pe urmă ești îndrăgostit de ea și apoi iubești. După aceea intervine o altfel de îndrăgostire, care nu este ca prima și care alternează cu iubirea.

Î-26. Este datoria creștinului să atragă atenția cuiva care greșește, chiar dacă acesta nu vrea să i se spună? Nu este de acord cu principiile de viață ale creștinilor, adică pentru el este bine ceea ce pentru creștini este rău.

R-26. Dar depinde cum îi spui. Este bine să îi spui, dar nu poți să îi bați la cap pe astfel de oameni pentru că nici Hristos nu a bătut la cap pe nimeni. El, Hristos, a spus: „Care vreți, veniți!"... A dat dovadă de iubire, a manifestat iubirea Lui, a spus ale Lui, a avut suport prin minunile pe care le-a făcut în viața Lui, prin viața Lui întreagă și atât. N-a silit pe nimeni. Este bine să ne dăm interesul cât putem, dar doar atât cât ni se permite din partea celuilalt. Dacă te duci acum la cineva care habar nu are și îi spui un text și îi deschizi Scriptura și îi citești, acela nici nu te ascultă, nici nu te va mai asculta vreodată. Dar dacă te duci și îi spui: *„Am fost la o conferință și acolo ne-a povestit următorul lucru".* Sau îi spui că l-ai citit într-o carte și povestești tot lucrul acela, iar după aceea îl întrebi: *„ce părere aveți, căci mie nici nu îmi vine să cred",* atunci l-ai implicat și pe el în dezbaterea problemei. Dar dacă tu te duci și pur și simplu îi spui o predică? Nu se poate așa.

Î-27. Ce primează, dragostea sau iubirea? Care este mai plăcută Domnului?

R-27. Cele două cuvinte sunt sinonime, dar este adevărat că „dragoste" poate să aibă și alte conotații acest cuvânt, prost folosit.

Acum nu se mai spune la Spovedanie „Am păcătuit, am avut relații cu cutare, cu cineva", ci se spune „Am făcut dragoste" și eu spun: „Foarte bine". Acela imediat „Cum să fie bine, pă-

rinte? M-am culcat cu fata asta". „Păi, înseamnă că n-ai făcut dragoste, ci ți-ai bătut joc de ea". Deci nu putem spune în cazul de față „am făcut iubire", observați? Deci „am făcut dragoste" este puțin denaturat folosit, putem să îl folosim așa, chiar dacă nu este așa, dar „am făcut iubire" este exact ca în expresia cu colbul și cu praful. Poți să spui „praf de pușcă", dar nu poți să zici „colb de pușcă". Pe când praful și colbul sunt sinonime. Sau poți să zici inimă, poți să zici cord, dar poți să zici „te iubesc din toată inima", dar nu poți să zici că „te iubesc din tot cordul". Cam așa stau lucrurile.

În porunca „Iubește-ți aproapele ca pe tine însuți", pentru un om nevoitor, care prin smerenie nu-și prețuiește propria persoană, această poruncă probabil își schimbă înțelesul și devine chiar ceva mai mult. Eu nu pot să explic lucrul acesta. În ce mă privește, eu nu am făcut niciodată nimic bun în scop precis, adică să zic: fac binele acesta ca să îmi ajute Dumnezeu într-o problemă și niciodată nu m-am rugat pentru nimic în mod special. Mă rog să îmi lumineze Dumnezeu mintea asupra unui om care este confuz, pentru că nu știu uneori cum să-l sfătuiesc... Atât, nu mai mult....

Rugăciunea este de mulțumire și de laudă. Nu insistent cu rugăciunea insistentă de cerere, pentru că Dumnezeu știe totul despre noi, știe și ce au nevoie păsările și crinii, iar Dumnezeu care grijește de astea, grijește și de noi. Cred că nu este bine să cerem insistent sau să facem ceva într-un scop precis enunțat.

Binele trebuie făcut pentru că binele nu se face decât ca să te asemeni cu Dumnezeu. Deci, noi trebuie să ne străduim să facem binele, să lucrăm ca Dumnezeu.

Î-28. Dacă faci fapte bune pentru că știi că așa trebuie, nu din iubire, este bine?

R-28. Pofta vine mâncând. Mai bine spui că ai o firmă și pui și ceva marfă înăuntru, la vânzare, decât să nu fie nici firmă, nici marfă..., nu este bine deloc... Măcar fă ceva bun decât nimic și sentimentul de iubire se va dezvolta și va crește.

Î-29. Este rău dacă nu ne rugăm să ne căsătorim?

R-29. Nu este rău, dar trebuie totuși să spunem așa: „Doamne, ajută-mă să mă căsătoresc dacă este bine să mă căsătoresc și să fie cum este mai bine, cum crezi Tu mai bine!". Așa trebuie să ne rugăm. Nu neapărat ca să fie cu fata X sau Y și nu neapărat repede, ci „Când crezi Tu și cu cine crezi Tu, Doamne, ca să fie după inima mea și puterea de iubire, spre folos vremelnic și veșnic!..."

Î-30. Cum îți dai seama, atunci când ți se pare că iubești pe cineva, dacă este o iubire adevărată sau este după voia lui Dumnezeu?

R-30. Se probează lucrurile în timp, În cazul acesta avem voie să facem probe. Ne ducem la biserică, ne dăm întâlnire la biserică, putem să mergem vinerea la cofetării și să nu mâncăm de dulce, vedem ce reacție are și vedem cât este în stare să renunțe. Putem să ne ghidăm și după Făt Frumos, care, atunci când i-a cerut Ileana Cosânzeana să îi aducă luna de pe cer, el a zis: "da" ... imediat și i-a adus-o! (metaforic vorbind). Deci un băiat pentru o fată face și imposibilul... și apoi, ca soț primește puterea de a transforma apa în vin.

Î-31. Ce facem în cazul în care omul s-a îndrăgostit de un catolic?

R-31. Ce să facem, din iubire acela va trece la ortodoxie, îi cununăm și gata. Nu este o problemă asta, este o problemă simplă să treci la ortodoxie din iubire. **Să ținem cont că de obicei ne îndrăgostim de cine nu trebuie, adică de cineva care nu ne împărtășește dragostea**.

Este adevărat că se mai întâmplă, putem crede că nu este de la Dumnezeu această iubire sau că nu este de folos sufletului nostru sau că nu iubim cu adevărat. Putem să credem că n-ai fost atent când ai ales. Trebuie puţină meditaţie, trebuie văzut cine eşti, observată potrivirea, iar pe urmă te îndrăgosteşti. Căci îndrăgostirea nu trebuie să fie doar aşa, orbeşte, adică vezi şi te îndrăgosteşti imediat, ci mai este şi reflecţie, mai studiezi un pic persoana care îţi place şi nu-ţi lipeşti inima de ea imediat ca mai apoi să nu mai ieşi din asta ajungând la disperare şi abateri de la credinţă.

Î-32. Cum poţi dobândi iubire, sau este un dar de la Dumnezeu?

R-32. Este un dar deja existent în noi, pe care trebuie doar să îl intensificăm.

Î-33. Noi cum putem răspunde la iubirea lui Dumnezeu?

R-33. Cu iubire. Şi aici este ceva concret. Din moment ce Mântuitorul Hristos ne-a dat pilda cu samarineanul milostiv, atunci trebuie ca şi noi, în mod concret, să putem să lucrăm binele, ca o manifestare a iubirii noastre; aşa ne-a învăţat El.

Î-34. Ce şanse de supravieţuire materială au doi tineri ca să întemeieze o familie în zilele noastre?

R-34. Şi lucrul acesta depinde de pretenţiile lor. Dar cei cu pretenţii foarte mari nu-s plăcuţi lui Dumnezeu.

Î-35. În zilele noastre, care sunt efectiv roadele unei iubiri autentice, cum şi-ar dori un tânăr?

R-35. Observăm că totul s-a schimbat în societate, de aceea mântuirea la ora actuală este foarte simplă, întrucât timpurile acestea au fost foarte râvnite de primii creştini şi de nevoitorii din istoria noastră creştină, pentru că **mântuirea este foarte simplă, acum n-ai nimic de făcut decât să rezişti ispitelor. Nici nu trebuie să faci ceva anume: să îţi dai viaţa pentru Hristos, să îţi treacă trupul pe roată, să te întindă sau să te târască cu caii, să te lege de copaci pentru chinuri, să te sfârtece... Nu, acum este un singur lucru de făcut: <u>să nu înnebunim vă-</u>**

zând câte se întâmplă în societatea noastră și în lume. Dacă ne păstrăm normali prin Sfânta Liturghie, rugăciune, lucrarea binelui, mântuirea este foarte simplu de realizat. De ce? Pentru că rezistența este foarte greu de realizat. Rezistența este complicată. Fata ta nu poate fi stăpânită pentru că absolut toate fetele din bloc, seara, fac prăpăd pe stradă și atunci zice și ea: *„Mă duc și eu..."*, iar tu nu știi cum să-i mai explici: rezistența este o problemă.

Î-36. Cum pot doi tineri să se sacrifice unul pentru celălalt și să nu și-l aroge pe celălalt ca pe o proprietate?

R-36. Avem această tendință. În mod practic, răspunsul la întrebarea aceasta este mai greu de dat, dar cred că este mai ușor de realizat. Trebuie văzut celălalt și trebuie simțit cum stau lucrurile de fapt. Realist, observați că, **atunci când nu s-a lăsat libertate deloc femeii, femeia a explodat în feminism. Pe plan mondial, feminismul este foarte activ acum. De ce? Pentru că a spus în mod unilateral, deci greșit că: *„Noi nu suntem nici egale, nici mai puțin egale, nici în niciun fel, ci doar n-avem nevoie de bărbați"* și au terminat astfel cu bărbații, fondînd mișcarea feministă, care este foarte activă în lume** și care va genera nenorociri mari.

Î-37. Cum să ne revenim când suntem părăsiți și ni se pare că se prăbușește totul?

R-37. În primul rând, să nu credem că suntem părăsiți și în al doilea rând, să nu credem că se prăbușește totul. Iar în al treilea rând, să credem că dacă se prăbușește totul este foarte bine, căci se prăbușește acum, la începutul unei relații și nu altădată. Adică într-un viitor când era mai complicat de rezistat și reluat...

Î-38. De ce iubirea unui îndrăgostit poate trece în timp? Este ea trecătoare?

R-38. Este trecătoare dacă nu vezi în cel pe care îl iubești pe Hristos, aceea este trecătoare, dar poate să devină netrecătoare, văzându-l prin el pe Hristos.

Î-39. Credeți că este bine ca o domnișoară să își arate iubirea pentru un băiat dacă el nu înțelege sau nu vrea să înțeleagă acest lucru, când i se dă doar de înțeles în mod subtil?

R-39. Dacă i se dă de înțeles în mod subtil, deja ai făcut de ajuns, dacă faci mai mult decât în mod subtil, respectivul nu merită, chiar nu merită. Dacă n-a priceput prima dată, a doua oară spus mai subtil, poți să îi spui și mai de multe ori și mai mult... dar în zadar!...

Î-40. Este sau nu bine să începi o relație nouă în condițiile în care îți mai iubești fostul prieten?

R-40. Este complicat asta, pentru că de obicei celălalt, **noul prieten, simte.** Am văzut de-a lungul vremii că cei doi au tendința să spună din trecutul lor unul celuilalt, dar fără să își dea seama că celălalt pătrunde astfel între ei, iar lucrurile după aceea se complică.

Î-41. O fată căsătorită civil, dar nu și în fața Domnului, stă împreună cu soțul ei. Credeți că este păcat să intre în biserică? Are iertare din partea Domnului?

R-41. Nu este vorba dacă este păcat sau nu, ci problema este că cinci categorii de oameni nu se îngroapă în cimitir: sinucigașii, cei care au refuzat botezul, sectanții (ereticii), ateii și necununații. Pentru că a trăi necununați înseamnă a fi continuu cu sabia scoasă la Dumnezeu, iar de reținut este că ucigașul se îngroapă în cimitir. De ce? Nu se știe de ce a omorât, cum a omorât, a fost greșeala lui, păcatul lui, s-a spovedit sau nu s-a spovedit. El se îngroapă în cimitir. **Biserica n-are opreliști în cimitir pentru criminali, dar pentru necununați,... da**. Așa era rânduiala veche a Bisericii. Necununații pe care îi prindea moartea așa, nu se îngropau în cimitir. Chiar dacă azi nu se mai procedează așa, de aici vedeți cât este de grav păcatul necununiei. Problema cu intratul în biserică este altceva și depinde de ce intrăm. Poate vrea să intre în biserică să se spovedească și să pună început vieții celei noi, deci **atunci este foarte bine**.

Î-42. Care este primul argument pe care l-ați da unui sectant pentru a se îndrepta? Există iubire în credința lor?

R-42. Este posibil să fie iubire, noi **nu putem discuta puterea credinței cuiva, sau puterea iubirii lui. Noi însă putem discuta adevărul din credința lui.** Și dacă în credință nu este adevăr, atunci această iubire este împotrivă, deci ea nu este pentru Dumnezeu, nu este iubire. Căci, ce înseamnă iubire? Înseamnă adevăr. <u>Nu există adevăr fără iubire și nici iubire fără adevăr</u>. Or, un sectant întotdeauna se confruntă cu lipsa de adevăr. Să dăm un exemplu care poate fi și luat ca argument pentru el: **adevărul lui de credință îi prezintă că trupul și sângele lui Hristos sunt un simbol. La liturghia pe care o fac ei, care nu este liturghie, o numesc „Cina Domnului"... Ei spun că în mod simbolic se împărtășesc cu ceea ce reprezintă trupul și sângele Lui, ori noi suntem saturați de câte simboluri sunt în Vechiul Testament. Atunci, pentru ce a mai venit Hristos? Hristos a venit ca să ni se dăruiască în Taina Sfintei Împărtășanii în mod real, nu simbolic. Și atunci observați că nu este adevăr în credința acestora**. Din acest motiv noi spunem "CREZUL" în mijlocul Liturghiei. "Crezul" nu este o rugăciune, ci o mărturisire de Credință. Drept pentru care profită de rugăciune numai cei care sunt în dreapta credință.

Î-43. Părinte, vă rugăm să povestiți ceva din lucrarea sfinției voastre la Valea Plopului.

R-43. Nu este timp să povestim, deși lucrarea noastră este obișnuită. Grav este că nu se mișcă lumea, din păcate. Adică avorturi se fac în continuare, anticoncepționale se înghit în continuare, nu rareori spovedesc în continuare femei și fete cu sterilet. Ele se împărtășesc și cred că au realizat ceva. N-au realizat nimic cu asta, ci au găsit iadul.

Î-44. Ce este rău în a merge la discotecă, este păcat să dansezi?

R-44. Răul vine din multe părți la discotecă, în primul rând, nu există lumină și viața noastră trebuie să se petreacă în lumină, în al doilea rând, acolo se dansează pe o muzică satanică, în majoritatea cazurilor. Adică pe acea muzică în limba engleză, textul înțeles sau nefiind înțeles, uneori cu afirmații dure la adresa raiului, iadului, la adresa lui Hristos... și celelalte. După aceea acolo se întâmplă lucruri rele. Putem să mergem să vedem și arătăm ceea ce este rău. Fetele se dezbracă, băieții fumează și fac altele și mai grave. Am fost eu și am văzut. Este foarte complicat de înțeles, peste închipuire, adică există acolo foarte multe forme de a pescui sufletele, diavolul a inventat foarte multe. De aceea am zis că noi preoții suntem vinovați, noi preoții nu mai inventăm aproape nimic, noi trebuie să inventăm noi metode de a atrage oamenii, tinerii, iar dacă nu le inventăm, rămânem noi și poate credincioșii de acum. **Un preot nu poate să facă mare lucru fără o echipă de credincioși. Or, echipa suntem noi care înțelegem să mergem la Liturghie**.

Î-45. Ce se poate face cu un tânăr ortodox care umblă la o sectă? Se mai poate pune la rugăciune la Sfânta Liturghie?

R-45. Aici depinde cât s-a lepădat, iar dacă nu s-a lepădat de tot, îl mai punem. Dacă nu este așa, numai ne rugăm pentru el, iar după aceea, asta este: dacă a luat-o razna de tot mai convocați-l la discuție, dar mai ușor, cu blândețe.

Î-46. Chiar băieții care sunt în biserică admiră sau plac fetele foarte elegante, aranjate, dar eu ca fată, dacă mă aranjez prea mult, simt totuși că mă îndepărtez de Dumnezeu.

R-46. Păi, nu te aranja așa prea mult, aranjează-te firesc,...dar aranjează-te!... totuși!...

Î-47. De exemplu, nu mă pot ruga așa de bine dacă sunt interesată de cum arăt. Cum împăcăm lucrurile?

R-47. Atunci, aranjează-te decent. Dacă vrei să fii atrasă de un băiat care iubește naturalul. Dacă vrei să fi atrasă de unul care iubește falsul, atunci te falsifici într-un fel sau altul și imediat vei vedea ceea ce decurge din asta.

Î-48. Iubesc un băiat care nu mă iubește. M-am rugat la Dumnezeu să mi-l dea sau să mă ajute să-l uit. Nu s-a întâmplat nici una, nici alta.

R-48. Mai roagă-te, că Dumnezeu nu rămâne dator cu răspunsul. Citești și pentru el, te rogi și pentru el, îl pui și pe el pe pomelnic și ceri și un canon pentru el.

Î-49. Poți să mergi la mănăstire să te călugărești chiar dacă nu simți neapărat tu o chemare, ci ca să îți faci un rost?

R-49. Nu poți să îți faci un rost dacă nu te duci din chemare, deci vocația pentru viața de mănăstire este pe primul plan.

Î-50. Ce să faci când ești deprimat, îngândurat, disperat, deși te spovedești?

R-50. Este ceva care nu funcționează undeva, pentru că nu poți să fii disperat dacă mergi și te spovedești corect la biserică. Nu poți să rămâi tot așa. Este undeva ceva ce nu s-a rezolvat,... Cercetează-te!...

Î-51. Este suficient să îți dorești din tot sufletul să îți dăruiești viața lui Dumnezeu, intrând într-o mănăstire?

R-51. Este, iubirea pentru Dumnezeu și pentru această viață poate trece peste slăbiciunile trupești.

Î-52. Este bine să mergi la bal sau este ca la discotecă?

R-52. Nu este chiar ca la discotecă, dar este aproape pe acolo. Fiecare ascultă muzica nivelului său de dezvoltare duhovnicească. Unii ascultă muzică clasică, alții bizantină, iar alții nu ascultă niciun fel de muzică. Aceștia au trecut de orice nivel de muzică. Nu mai au nevoie de ea.

Î-53. Ați vorbit de muzica clasică, o considerați o muzică inferioară? Nu este bine să ascultăm muzică clasică?

R-53. Nu pot să fac aprecieri că este inferioară/superioară, totul este să ajungem la nivelul la care trebuie să ajungem, nu îmi stă în putere să spun asta nu este bună, asta este bună. Nu îi putem condamna pe cei ce o ascultă, totul este să nu coboare de la acest nivel, ci să urce, **să treacă de nevoia de a mai asculta muzică.** A asculta neapărat un anumit fel de muzică e o neputință!...

DESPRE CĂSĂTORIE

Întrebări și răspunsuri

Î-1. Să zicem că doi tineri văd în jurul lor multă necredință (eu văd tineri care nu mai merg la biserică și care trăiesc în patimi), iar ei, căsătorindu-se, doresc să întemeieze o familie pe principii creștine, să trăiască ca niște oameni ai Bisericii, să dea naștere la copii credincioși, să-i crească în credință. Ce trebuie ei să facă pentru a reuși în acest sens,... pentru a ajunge tineri cuminți, tineri virtuoși, tineri buni?

R-1. În primul rând, să înceapă bine. Căsătoria lor trebuie să înceapă bine, pe o bază solidă. Fundamentul trebuie să fie bine pus la punct, pentru ca apoi să construiască clădirea vieții lor, cu mai multe etaje dacă vor, fără pericolul ca la cutremur, la necazuri, la probleme, să se dărâme din cauza temeliei. Marea problemă este temelia. În momentul în care începi căsnicia ta cu „**NU**", căsnicia ta nu este rezistentă. **În momentul în care-ți faci planul cum să NU faci copii timp de doi ani, pentru că nu ai terminat facultatea, cum să nu faci copii timp de cinci ani pentru că nu ai**

încă un apartament sau o casă și serviciu, în momentul acela nu mai putem discuta despre reușită în căsnicie. Nu trebuie să-ți începi viața cu "NU".

Apoi, trebuie s-o începi nu după, nu până, ci **s-o începi la timp, adică să te căsătorești la timp, când ești pregătit pentru asta,** fără să te pregătești exagerat de mult, fără să stabilești mii de principii, ci bazîndu-te pe sinceritatea ta și pe sinceritatea celuilalt. **Urmează să avem în vedere următorul lucru: prezentarea cât mai amănunțită a defectelor noastre, pentru că obișnuim să ne prezentăm numai calitățile. Calitățile pe care le avem - este bine că le avem - acelea nu au cum să fie decât admirate de celălalt. Dar trebuie să ne prezentăm și defectele pentru a vedea dacă celălalt este dispus sau dacă are putere să le suporte. Asta nu prea se face, cei doi își ascund defectele, problemele lor diverse. Dacă o fată nu știe să facă mâncare, trebuie să spună: „Nu știu să fac mâncare". Asta se poate rezolva, că învață. Dar dacă cineva are un defect, de exemplu este gelos, asta trebuie să spui, ca să vezi dacă celălalt poate să suporte, pentru că gelozia este rugina iubirii și asta distruge. Și nu-ți dai seama, pentru că el a ascuns.**

Copilul trebuie să fie conceput cu vreo sută de ani înainte să fie conceput, dar aceasta înseamnă multă educație din familie. **Copilul vine pe lume cu zestrea pe care o sădești tu, cu starea pe care o ai în timpul sarcinii, cu atitudinea pe care o ai ca soț, apoi vine cu zestre de la bunicii lui și chiar de la străbunicii lui. De aceea poporul nostru, în înțelepciunea lui, zice: *„Vrei să te însori? Du-te și vezi bunica."* Nu părinții, ci bunicii,- un aspect foarte important de luat în seamă.**

O să zicem „Și ce vină am eu că părinții și bunicii au fost aiurea?" Nu ai nicio vină, dar ai putere pentru a face o schimbare în familie. Botezul a anulat, Liturghia a întreținut, Spo-

vedania a curățat iarăși, însă zestrea a rămas, depinde de tine cum anihilezi zestrea. Dacă zestrea materială pe care o primim aceasta este, ce facem? Ori înlocuim zestrea, ori o acceptăm așa cum este, ori o ameliorăm în vreun fel. Așa și zestrea cealaltă, spirituală, cu care venim. Acesta ar fi primul aspect.

Al doilea aspect este starea din timpul gravidității, atitudinea față de Spovedanie a părinților. Este nevoie de Sf. Liturghie în tot timpul acesta, apoi și după creșterea copilului, impregnând viața lui cu harul Duhului Sfânt. Asta înseamnă că dacă te duci când ești gravidă la biserică, copilul trăiește în atmosfera de Liturghie, el nu știe, dar simte; deși nu înțelege, dar este acolo. Dacă-l tot duci la biserică duminical, chiar și mai des, și-l împărtășești, apoi vine vremea și de Spovedanie pentru mamă, el nu știe, dar simte, nu știe ce simte. Apoi încep lucrurile de atenție: cum I-l împărtășești pe Dumnezeu, ce-i spui despre Dumnezeu, cât îi spui, cât de mult îl atragi, este educația din prima copilărie! Apoi urmează fereala - cât de mult îl ferești de nebunia lumii acesteia. Tu îi cumperi televizor, tu nu-i controlezi emisiunile, tu îi cumperi calculator, dar tot tu i-l schimbi că nu mai este mulțumit de el, tu îi dai acces la internet, dar tu nu-i controlezi accesul la internet. Deci, îți stă în mână, ție ca părinte, să faci ce trebuie pentru copilul tău. Dacă-l iubești!... **Dacă nu-l iubești, îl lași liber. Și atunci el face ce vrea, pe de-o parte, și ce poate, pe de altă parte, cât poate el să înțeleagă**.

Noi, care spovedim și copii și tineri, primim adesea la Spovedanie tineri care mărturisesc în lacrimi o istorie incredibilă - adică de ce-a ajuns până unde a ajuns, până unde a mers nebunia lui, când și-a dat seama - și care **își acuză părinții pentru că n-au fost cu ei mai drastici**. Acum, noi trăim într-o lume periculoasă: copilul poate pune mâna pe telefon să-și reclame părinții, dacă o face pentru violență sau alte cauze grave, e de înțeles. Dar am auzit de curând că un părinte a recomandat să nu batem copiii, să nu-i agresăm, să nu facem nimic din ce ne-ar putea afecta legea, **dar să-i creștem educându-i, mai bine, într-o disciplină militară. Fără bătaie, fără violență de niciun fel, fără vreo agresiune, dar într-o disciplină militară. Ce înseamnă disciplină militară? Înseamnă că ai voie să faci multe, dar nu toate. Înseamnă că lucrurile se fac la timp, că nu-ți este permis să ai drepturi dacă n-ai obligații. Pentru că drepturile tale se sfârșesc unde încep obligațiile tale. Și** ***libertatea ta se sfârșește acolo unde începe libertatea mea sau a altora.*** **Numai faptul că exiști ca om nu-ți dă libertate. Dacă vrei libertate, trebuie mai întâi să ai obligațiile împlinite**. Iată un posibil mod de educare.

Î-2. Părinții filocalici au scris foarte mult despre patimi, despre lupta cu patimile, le-au clasificat între ele. Patimile legate de desfrânare, cele trupești, de lăcomia pântecelui, care sunt legate între ele oarecum, ocupă un loc prim în aceste opere. Acest tip de lectură, care este fundamental pentru un creștin, poate fi eficient pentru oamenii de astăzi, pentru tineri, pentru cei care sunt frământați cu astfel de patimi?

R-2. Patimile sunt patimi, și pentru călugări și pentru ne-călugări, pentru mireni și pentru cei care trăiesc celibi. Dacă noi ar trebui să înțelegem să fim călugări în căsătorie, asta înseamnă să avem o viață de rugăciune (o viață ascetică chiar) în căsnicie și aceasta fără să suspendăm relațiile sexuale. Pentru că, în vreme ce acestea sunt permise în căsătorie, în călugărie nu sunt permise. Fiecare om căsătorit trebuie să-și pună întrebarea: *cum să trăiesc normal în calea pe care mi-am ales-o?,* iar calea pe care mi-am ales-o este căsătoria. Pe mine nu mă interesează cum să nu am relații cu soția mea. Sigur că pot să practic o perioadă de abstinență, o perioadă de post, pot face lucrurile astea, dar nu asta mă interesează pe mine. Pe mine mă interesează cum să nu greșesc înăuntrul celor pornite.

De aceea trebuie, pentru tinerii mai râvnitori, o atenție mai mare, o atenție sporită, ca să nu cadă într-o extremă care nu le este lor proprie. O patimă a desfrânării la un călugăr înseamnă o relație sexuală (dacă dă curs acestei patimi), în timp ce un aspect care rezultă din colaborarea care se face între minte, inimă, hipofiză și hormoni, ca substanțe existente în noi și create de Dumnezeu, pentru mine ca om căsătorit, este cu totul altceva. Eu vreau să fiu normal în normalitatea mea de om căsătorit. Călugărul ar păcătui, acceptând aceasta, chiar și în gând, pe când eu nu păcătuiesc. **Vreau să zic că viața de familie trebuie să fie o viață normală, nici de continuă abstinență, dar nici de destrăbălare, deci nu de exagerare, ci normală**.

Am cunoscut tineri care nu sesizează că ceea ce au scris Părinții filocalici uneori, au scris pentru călugări, alteori au scris și pentru mireni, dar mereu au recomandat dreapta socoteală. Foarte mulți tineri buni în biserică se spovedesc, se împărtășesc, dar greșesc în viața de familie. **Încearcă să facă în căsătorie ascetism mănăstiresc, monahicesc. Nu că n-ar fi bine în general, dar trebuie multă atenție**. Căci, odată un tip de viață început, trebuie să aibă un anumit ritm și ritmul acesta îl stabilesc cei doi. Sunt cazuri în care soțul nu-și înțelege soția, soția nu-și înțelege soțul și sunt multe exemple negative de dat.

Î-3. Dacă unii tineri au relații sexuale înainte de căsătorie sau unii practică păcatul malahiei și apoi ajung să se căsătorească, credeți că și căsătoria lor va avea de suferit din cauza acestor relații sexuale și acestor practici interioare ei?

R-3. Da, **din multe puncte de vedere căsătoria lor va avea de suferit. În primul rând, din punct de vedere al echilibrului, deoarece s-a făcut un păcat, el trebuie ispășit. Dacă nu-l ispă-**

șim, el tinde să echilibreze. Și atunci, dacă ai făcut răul, ori îl ispășești, ori îl tragi după tine cu urmările lui. În mod logic este să se întâmple așa.

Medicina ne spune de toate: ce înseamnă, cum se petrece... Din punct de vedere moral, din punct de vedere al sentimentelor, o fată are un mare defect, care este și o mare calitate în același timp: ea iubește total, iubește puternic, iubește perfect. Ce însemnă asta? Ea reușește într-o relație (nu neapărat sexuală, dar mai ales sexuală) să dea din ea tot, sub aspect sentimental. Partenerul ei „de pat", să-l numim așa, că n-avem cum altcumva să-l numim, dă sau nu dă. Fiind bărbat, are și el acest handicap pe care-l speculează: el dăruiește sau nu dăruiește din sentimentele lui. Concluzionăm că fata dând tot, rămâne golită de sentimente. Căsătorindu-se cu el este o situație de reparare, dar căsătorindu-se cu altul avem de-a face cu o fată golită de sentimente, care în următoarea ei căsnicie urmează să joace foarte mult teatru (pentru că ea nu mai are ce oferi). Ea dă numai cu rațiunea, nu mai dă cu inima, sentimental nu mai poate să dea, sau dă foarte puțin. Și atunci, sigur că apar problemele, pentru că soțul va simți cât poate ea să dea.

De asemenea, dacă observăm tradiția noastră creștină, dar mai ales românească, și noi am avut o concepție foarte precisă despre virginitatea fetelor înainte de căsătorie și nu am acceptat niciodată compromisuri. De vreo câteva zeci de ani încoace, dar mai ales după evenimentele din 1989, băieții nu mai sunt așa pretențioși, nu prea se întreabă dacă fata care urmează să-i devină soție este sau nu virgină. Am întâlnit și băieți care mi-au spus: „N-aș concepe să mă căsătoresc cu o fată care este virgină, să n-aibă oarecum o experiență." **Înseamnă că am scăzut foarte tare în minte, în concepție, în gândirea noastră**.

De aceea, zic, că flăcăii noștri zdraveni la cap, de demult, se căsătoreau numai cu fete-fete, fără să poată să dea explicațiile pe care le-am dat noi acum, pentru că ei știau (aveau în subconștientul lor) această putere de dăruire a femeii o singură dată, către un singur bărbat. Așa a creat-o Dumnezeu, și este foarte bine.

O să zicem: „Dar bărbatul nu are această putere?" Nu are. „Bărbatul poate iubi de două ori?" Nu este vorba despre a iubi de două ori, este vorba despre cât poate să dea el și de câte ori poate să dea el. Asta înseamnă că are un *handicap*, că nu poate să dea tot, nu reușește să dea tot. De aceea, mie-mi place să spun că **bărbatul este creat mai „din topor", iar femeia este "sexul fin", nu însă "sexul slab" și are această finețe a sentimentelor ei**.

Î-4. O ultimă chestiune: pornim de la faptul pe care-l avem acum, tinerii noștri, foarte mulți, sunt îndepărtați de Biserică. La oraș cei mai mulți trăiesc în cartiere, unde există o viață de cartier, știm ce înseamnă acest lucru. În această situație, ce putem face ca preoți, ca familii, ca Biserică?

R-4. Ca familie, sunt multe de făcut. Ca preoți, de asemenea. Ca Biserică, putem face și rezolva totul. Până când cartierele nu vor fi cutreierate de preotul lor, care să stea de vorbă cu oamenii, cu bătrânii, cu tinerii - cutreierate zilnic, săptămânal, lunar, într-un fel sau altul - nu putem pretinde că mai avem acces la oameni.

Un preot, la ora actuală, este suprasolicitat. Preoții fie sunt angrenați în construirea de biserici, fie sunt angrenați în Liturghii, slujbe, sfeștanii, cununii, botezuri, înmormântări sau alte servicii religioase, fie sunt antrenați în aspecte sociale, caritativ-sociale. Dar fiind așa de solicitați, preoții nu mai au timp să stea de vorbă cu omul, nu mai au timp să-l spovedească în liniște. Am un prieten doctor care nu consultă decât 18 bolnavi pe zi. Abia a primit-o pe mama mea la sfârșitul programului. L-am întrebat de ce numai 18? Și mi-a răspuns: „Nu pot, nu fac lucru bun dacă nu-l întreb pe bolnav cel puțin o oră, la prima consultație, dacă nu-i aflu istoricul, câte kilograme a avut la naștere, dacă a avut cordonul ombilical împrejurul gâtului și l-a strâns, dacă a avut intervenții chirurgicale, ce mănâncă, ce stres are... Dacă nu știu toate acestea nu pot să prescriu bine pentru el". **Asta o spune un medic trupesc**.

Un medic sufletesc, căci noi, preoții, suntem medici sufletești, ce poate să facă în această morișcă continuă? Pentru că se vede clar că preoții sunt foarte activi și foarte ocupați și foarte solicitați. Și încă o dată vă spun, cu câteva excepții, toți sunt extraordinari, dar sunt prea puțini. **La o populație așa de mare și care a fost bulversată mult din 1989 încoace, oamenii așteaptă ca preotul să stea de vorbă cu ei. Nu numai despre Dumnezeu, ci să le dea bună ziua, să discute cu ei, cum se descurcă cu copiii, cu băiatul de la liceu, cu fata de la facultate, să vadă cum arată casa lor, câte icoane au în casă, câte afișe porno pe pereți și celelalte. Dacă se va proceda așa, este nădejde. A** pune 2 sau mai mulți preoți la altar nu este bine, pentru că modificăm imaginea credincioșilor. **Credinciosul trebuie să vadă la altar un singur preot**. În catedrale și biserici mai mari mai vedem și mai mulți preoți, să zicem că facem o excepție, deși se poate rezolva foarte ușor și acolo situația, cu un diacon. **La altar trebuie să existe un singur preot**.

Unde este stârv se adună corbii și mărturie stau sutele de biserici care s-au construit și care n-au diminuat numărul de credincioși în cealaltă biserică de care s-a desprins. Când o parohie s-a împărțit în două, preotul vechi cu biserica lui n-a rămas fără credincioși și nu i-a scăzut numărul de credincioși, sau dacă i-a scăzut s-a întâmplat asta câteva săptămâni și apoi s-a echilibrat. **De ce? Pentru că oamenii doresc să aibă tată, adică părinte, adică preot**.

Există transferul preotului la cerere, din păcate... Preotul nu poate pleca dintr-o parohie decât mort, în coșciug. Există o excepție, când episcopul hotărăște că el este indispensabil într-un alt loc. Atunci se explică credincioșilor: „Iubiți credincioși, trebuie să-l luăm pe tatăl vostru de aici, pe părintele vostru." Oamenii se opun și episcopul explică mai departe cum că este mare nevoie în interesul Bisericii ca el să fie la parohia aceea, unde au atacat sectanții sau unde există o mare problemă, unde datorită metodelor și pregătirii respectivului preot s-ar putea salva situația. Această mișcare de preoți, mișcare de personal de la o parohie la alta, care este proprie catolicilor, nu folosește. P**reotul va fi astfel mai atent știind că acolo moare, în parohie, va fi foarte atent și nu va mai proceda oricum**...

CĂSĂTORIA - TAINA IUBIRII

Întrebări și răspunsuri

Î-1. Să ne vorbiți despre legătura dintre un băiat și o fată, ca și relație ce nu are în vedere căsătoria.

R-1. Legătura dintre un băiat și o fată care nu e în perspectiva căsătoriei, nu trebuie să existe. Desigur, nu putem spune că orice prietenie trebuie să se sfârșească cu o căsătorie; respectiva prietenie trebuie să se sfârșească, însă în momentul în care ajungem la concluzia că nu va avea ca final căsătoria. Spunem asta pentru că într-o prietenie se pierd sau se câștigă multe lucruri; se câștigă dacă respectiva prietenie se finalizează într-o căsătorie și se pierd (inclusiv sentimente - să zicem că se subțiază) și se ajunge chiar și la rutină, în cazul în care se întemeiază relația pur și simplu pentru a nu se plictisi cei doi.

Î-2. Mulți tineri își încep viața sexuală chiar din liceu, adică foarte devreme; să fie vorba de instinct, ușurătate, educație greșită? Ce părere aveți despre aceasta?

R-2. Este vorba de tot: și de educație greșită și de ușurătate și de lăsare a instinctului să biruie rațiunea, sentimentul, vo-

inţa. Este rău a începe viaţa sexuală de tânăr şi nu în cadrul căsătoriei, care este o taină a iubirii.

Î-3. De ceva vreme, educaţia sexuală făcută în liceu, apoi exemplele pe care le au tinerii din filme sau pe care le află din mass-media îi încurajează şi mai mult în acest sens, creîndu-le sentimentul de normalitate în ceea ce priveşte sexualitatea în afara căsătoriei. Cum comentaţi?

R-3. Aşa este. De aceea este bine să nu ne permitem să vizionăm orice sau să privim orice. **Pentru că sunt aşa de multe lucruri bune de făcut şi de privit, încât acestea (menţionate mai sus) nu-şi mai au rostul. Depinde, în situaţia aceasta, cât se respectă fiecare pe sine.**

Î-4. Astăzi, parcă mai mult ca oricând, erotismul, dorinţa de plăcere sunt tot mai căutate, în defavoarea iubirii "agape". Cum aţi echilibra această balanţă?

R-4. Iubirea "agape" este un termen foarte pretenţios. Dumnezeu primeşte starea obişnuită a omului. **Dumnezeu iubeşte normalitatea. Păcatul intervine în momentul în care lucrurile nu mai stau normal.**

Tot ceea ce este **plăcere** este păcat, dar nu tot ceea ce este lăsat de Dumnezeu **plăcut** este păcat. Pentru că substanţele chimice din corpul omenesc - la bărbat, la femeie, sunt lăsate de Dumnezeu. Este măreţie şi aici, măreţie a creaţiei lui Dumnezeu. De aceea noi nu trebuie să privim aspectele legate de plăcere ca fiind păcat înăuntrul căsătoriei. Pentru că astfel, ceea ce numim noi "eros" este un lucru plăcut înaintea lui Dumnezeu, mai ales în măsura în care el conduce omul spre "iubirea agapică", cea desăvârşită şi dezinteresată.

Î-5. Există impedimente la Căsătorie?...

R-5. Da.

Î-6. Câteva dintre impedimentele pentru căsătorie pretinse de către unii tineri ţin strict de viaţa materială: lipsa unui loc de muncă, a unui cămin pentru viitoarea familie. Cum vedeţi această problemă?

R-6. Este o problemă serioasă, dar nu putem să reducem totul la aşa ceva, întrucât de bunuri materiale - loc de muncă, bani, casă - mai facem rost în timp, însă trăirea tinereţii şi mai ales naşterea şi educarea copiilor poate să aibă loc numai şi numai la vârsta tânără pentru un rezultat benefic.

Î-7. Ce părere aveţi despre căsătoria „din interes" sau căsătoria impusă de părinţi. Pot fi ele durabile?

R-7. Căsătoria din interes sigur că nu poate fi durabilă; cea impusă de părinţi de asemenea. Nu trebuie să acceptăm asemenea căsătorii.

Î-8. Ce ar trebui să ceară fata de la băiat şi respectiv băiatul de la fată într-o relaţie?

R-8. Ce se cere nu ştiu. Ce este bine să existe ştiu aşa: **fata trebuie să aibă bunătate, iar băiatul trebuie să fie nefumător, nebeţiv, nezgârcit, neafemeiat, negelos şi cu frică de Dumnezeu.**

Î-9. Familia este baza societăţii. Cum credeţi că ar trebui conştientizată această realitate?

R-9. Faptul că familia este baza societăţii putem să conştientizăm. Dar faptul că în familie trebuie să existe iubire şi numai iubire, asta este mai greu de conştientizat, din păcate!...

Î-10. Mulţi oameni nu conştientizează caracterul sacramental (de taină) al căsătoriei. Care să fie cauza?

R-10. Aceasta se vede la nuntă; spre exemplu: mirele zâmbeşte, mireasa îl calcă pe picior, naşii sunt îmbrăcaţi indecent, nu ştiu să se închine, nuntaşii nu sunt decenţi, nu trăiesc momentul; este clar că nu-şi dau seama ce se întâmplă. Este vina noastră, a preoţilor, că nu catehizăm pe miri, pe naşi

și pe ceilalți, că nu îi determinăm să conștientizeze această Sfântă Taină; și este vina lor că nu înțeleg exact cum stau lucrurile la Dumnezeu, că nu sunt identice celor omenești.

Î-11. Cum pregătește Biserica pe tinerii care urmează a se căsători?

R-11. Îmi place să cred că preoții îi catehizează pe tineri, adică îi vizitează acasă, stau de vorbă cu ei înainte de căsătorie. Pregătirea de altfel trebuie să înceapă chiar de la Spovedanie de când sunt copii, copile; totul este gradat. Așa ar trebui să se întâmple și cred că destul de mulți preoți fac acest lucru.

Î-12. Ce semnifică de fapt Taina Căsătoriei?

R-12. Taina căsătoriei, așa cum zice Sfântul Apostol Pavel, este o taină *"în Hristos și Biserică"*. Înseamnă că *Biserica și Hristos* sunt reprezentate în plan omenesc de *soție și soț*; iar unitatea Sfintei Treimi are această corespondență: Tatăl, Fiul, Duhul Sfânt - soțul, soția, copiii. De aceea familia fără copii spunem că este o slabă reprezentare a ceea ce există în cer.

Î-13. Cum vedeți desăvârșirea prin căsătorie?

R-13. În căsătorie, desăvârșirea este oarecum la fel precum în călugărie, numai că în călugărie ea se realizează prin împlinirea celor trei voturi monahale, **iar în căsătorie prin respectarea jurămintelor de la cununie.**

Î-14. Cuplurile de azi consideră o povară nașterea de prunci. Planningul familial, metodele contraceptive vin însă să le rezolve problema. Vedeți vreun sens în această opțiune de a programa contracepția?

R-14. N-are niciun sens, ci dimpotrivă, ele duc familia spre pieire; nu mai există bunul mers al familiei, nu există ajutor în familie pentru că Dumnezeu nu binecuvântează lucrarea familiei respective. Părinții își pun problema cum să NU facă o perioadă de timp copii, iar apoi, după ce constată că deja a

fost foarte complicat, apoi se sfătuiesc cum odraslele lor, la rândul lor, să nu nască copii. Într-un cuvânt, nu mai doresc să fie dusă crucea căsătoriei.

Î-15. Se zice că soțul și soția dorm inițial în același pat, apoi în paturi separate, camere separate, poate chiar apartamente separate. Apare sentimentul de saturație, de plictiseală, ce dă naștere la înstrăinare. Care este cauza?

R-15. Aceasta înseamnă că nu a existat un echilibru în relația lor. **Ei vor să ia cu forța ceea ce Dumnezeu și-așa le dădea.** Atunci sigur că apare și rutina și saturarea și celelalte care-i îndepărtează pe unul de celălalt.

Î-16. Care este urmarea practicării avorturilor asupra celor doi soți?

R-16. Se creează o distanță între cei doi, uneori se ajunge la divorț fără să se spună un anumit motiv: ei înșiși nu știu... Alteori nu ajung la divorț, dar apar repercusiuni asupra copiilor, asupra neamului, poate boli care se ivesc, există o stare de anxietate și așa mai departe. Toate aceste efecte secundare ale avortului, cu implicații psiho-sociale, afectează grav familia.

Î-17. Cum este înțeleasă problema divorțului de către Biserică?

R-17. Biserica Ortodoxă nu este de acord cu divorțul. Ea recunoaște de drept ceea ce de fapt s-a întâmplat, adică ruptura (constatată, numai...).

Î-18. Momentul căsătoriei este tot mai mult amânat în ziua de azi. Tinerii preferă o perioadă de prietenie parcă prea lungă - ani în șir, pretinsă cu scopul de a se cunoaște mai bine. Credeți că se exagerează? **Care este icoana unei căsătorii desăvârșite?**

R-18. Ei, aceasta este o problemă complicată. **Se exagerează.** În secolul al IV-lea Sfântul Ioan Gură de Aur recomanda căsătoria tinerilor la aproape vremea copilăriei: 14-16 ani, 16-18 ani. Desigur, astăzi lucrurile s-au schimbat puțin - cu școala, cu studiul, cu profesia, dar **o așteptare îndelungată fără să ai o justificare este în detrimentul viitoarei familii.Pentru ca o căsătorie să fie desăvârșită, trebuie să respecte cele 11 reguli canonice ale Sfântului Ioan Gură de Aur referitoare la nuntă**. Acesta, în secolul al IV-lea, sesiza ce ar trebui să facă o familie pentru ca să existe această tendință și această **stare de desăvârșire. Iată câteva dintre aceste reguli:**

- să nu se ia rude în căsătorie (de sânge, din cuscrie sau din Botez);

- să se placă și să se învoiască tinerii, adică să nu fie obligați de altcineva sau mânați de vreun interes;

- părinții să fie de acord cu căsătoria;

- Logodna și Cununia să se facă după rânduială, la vreme, - deci să nu locuiască impreună necununați;

5. - mirele și mireasa, nașul și nașul să se spovedească și să se împărtășească la nuntă sau înainte de nuntă;

6. - în ziua nunții, mirele și mireasa, nașii lor și părinții lor să asculte Sfânta Liturghie în Sfânta Biserică;

7. – dacă duhovnicul i-a dezlegat,... să se împărtășească cu Trupul și Sângele lui Hristos în ziua nunții.

8. - acela dintre cei doi care nu mai este feciorelnic nu se încununeză (nu i se pune Cununia pe cap)

9. - petrecerea de la nuntă să aibă decență creștinească în toate cu cucernicie și bună rânduială;

10. - mirii trebuie să păstreze curățenia trupească inclusiv în ziua nunții, întrucât Cununia este o Sfântă Taină;

11.- în toată vremea căsniciei, soții trebuie să aibă rânduiala prevăzută de Pravila Bisericească pentru zilele de Lun, **Miercuri, Vineri, Sâmbătă și Duminică** și în Sfintele Posturi.

NOAPTEA NUNȚII

Anormalitatea încearcă să pună stăpânire pe oameni, de aceea oamenii normali sunt din ce în ce mai rari. Ce înseamnă „om normal”? Putem da definiții!... Putem spune multe despre normalitate, dar pentru noi creștinii, **„normal” înseamnă a avea o viață omenească simultan cu o viață dumnezeiască (în sensul de viețuire concretă). Adică să viețuim și dumnezeiește și omenește. Omenește, adică mâncând și bând și făcând cele ale corpului, iar dumnezeiește lucrând la mântuirea noastră**. Există o tendință continuă ca viețuirea și conceptul de viețuire dumnezeiască să fie și să acopere viața obișnuită (viața noastră biologică), iar lucrul acesta creează o discordie între cele două gândiri și atunci nu este bine deloc.

Dumnezeu este prezent în toată viața noastră, inclusiv în intimitatea noastră. Dacă prin parc te întâlnești cu doi tineri care se țin de mână și îi întrebi „este Hristos între voi?”, atunci ei imediat își dau drumul de mână, imediat nu se mai țin de mână. De ce? Pentru că li se pare că întrebarea se referă numai la poziția lor la plimbare. Asta înseamnă că ei nu sunt conștienți de prezența lui Hristos în prietenia lor. Relațiile dintr-o familie preced întemeierea unei noi familii și e bine să reamintim că **o fată se pregătește pentru măritat de când se naște și chiar mai înainte de a se naște. De ce? Pentru că ea, ca orice om, este produsul a doi părinți, a patru bunici, a opt străbunici, a șasesprezece străbunici și așa mai departe. Astfel, nu ne este indiferent cum trăim și ce facem, pentru că toate au repercusiuni asupra copiilor noștri și a urmașilor lor datorită vieții în sistemul acesta de viețuire în care din păcate am pătruns; și suntem siliți să facem față acestei nebunii, când Liturghia nu mai este**

centrul vieții noastre. Preocupările de zi cu zi ne vor sustrage de la participarea la Sf. Liturghie dacă nu suntem consecvenți și serioși. Rugăciunea personală nu mai este o obișnuință, iar lucrarea de binefacere către aproapele nostru este așa de sporadică!...

Avem foarte multe lucruri pierdute din această pricină. Este foarte dur faptul că părinții nu mai au timp să stea cu copilul în brațe. Aspecte de igienă și protecție sanitară și celelalte din spital influențează foarte mult viața noului născut,...pentru că mama naște și imediat i se ia copilul. Nu i se dă câtva timp copilul, apoi i se dă doar din când în când copilul (pentru a-l alăpta), iar dacă nu îl alăptează îl vede numai la anumite ore. Despărțirea copilului de mamă este un aspect demn de luat în seamă, demn de studiat. Copilul devine cam încruntat, este speriat, el se liniștește greu. Vine dintr-un mediu în alt mediu. Și Sfinții părinți fac comparația asta cu momentul când trecem din viața pământească în viața de dincolo (prin moarte), așa cum copilul din pântecele mamei vine la viața aceasta prin naștere. Și el plânge pentru că nu știe ce îl așteaptă. Sunt multe aspecte de studiat, dar toate se pot discuta în măsura în care vrem să înțelegem felul în care Dumnezeu ne-a creat.

Mai multe puncte de sudură fac o căsnicie fericită, pe care toată lumea și-o dorește, iar urările sunt așa: ***„îți doresc căsnicie fericită"***. Altă dată le spunem **„casă de piatră",** adică solidă, rezistentă, considerând căsnicia ca pe o casă. **Prietenia** dintre băiat și fată este un punct al sudurii, iar înțelegerea care urmează acestei prietenii, **hotărârea** lor de a se uni prin Taina Cununii pentru a trăi împreună,...este alt punct de sudură. **Mergerea la părinți, prezentarea la părinți** a băiatului, respectiv a fetei, **vizitele** părinților, cuscrilor, sunt alte puncte de sudură. După aceea, **nunta în sine** este, prin taina Sfintei Cununii, cel mai puternic punct de sudură. Urmează un alt punct, **noaptea nunții**, de care foarte puţini vorbesc. Nici oamenii de ştiinţă, nici Biserica nu tratează des lucrurile acestea.

Mai urmează, apoi, **luna de miere** care, azi, nu mai e lună, e săptămână şi nici atât măcar. După aceea urmează **anul**, sau **primii ani de căsnicie**, care înseamnă iarăşi o sudură puternică. Pentru că oamenii se îndrăgostesc, iubesc şi iar se îndrăgostesc, şi iar iubesc, periodic. **Fără aceste suduri cu atenţie urmărite, căsnicia nu poate să fie fericită** deşi ne dorim aşa de mult o căsnicie fericită. Uneori fetele întârzie să se mărite pentru că tot gândesc cum să fie căsnicia fericită. De aceea unele fete şi unii băieţi întârzie. Pentru că tooooot... îşi fac planuri, tooooot gândesc: „Cum să fac să fie căsnicia mea fericită". În concluzie, spunem că: **prin Taina Cununiei se împărtăşeşte puterea lui Dumnezeu, harul Duhului Sfânt celor doi pentru a putea vieţui împreună**. Acolo ne rugăm: *„Dă Doamne ca robul tău acesta să îi fie cap soţiei sale, precum şi roaba aceasta să fie supusă bărbatului său"* lucru adesea neînţeles nici de mire, nici de mireasă, **pentru că a fi *„cap"* este un dar.** Nu poţi să fii cap oricum; este un dar de la Dumnezeu, iar a fi supusă (nu în sensul robiei, bineînţeles) este tot un dar şi este **diplomaţia cu care de fapt femeia conduce casa,** conduce familia.

Împlinirea prin iubire este scopul principal al căsătoriei. Apoi: **nearderea**, **într-ajutorarea** şi în al 4-lea rând **naşterea de fii**. Este important dacă aveţi o imagine clară despre ce va să fie, atât cei necăsătoriţi, cât şi cei căsătoriţi să priviţi şi să analizaţi: în toate aceste puncte de sudură - unde sudura n-a fost bine făcută - ce nu am făcut, ce nu am cunoscut îndeajuns, sau prietenia a durat prea puţin? Nu am fost atenţi la cununie, la slujba care s-a făcut chiar pentru noi? Am fost prea bucuroşi şi n-am trăit momentul? Preotul s-a rugat pentru noi, ne-a cununat şi noi n-am simţit asta. Ne-a unit şi n-am simţit fiorul unirii!... Ce s-a întâmplat? E ceva care n-a mers? Trebuie reparat. În măsura în care mai poate fi reparat. De aici căsniciile nefericite, de aici idei aiurite preluate din Occident (și destul de mult înghițite și de noi românii): căsătoriile de probă, etc, tot de aici discuțiile despre sex (pe toate drumurile), de aici expresii nepotrivite: a face sex, a face dragoste. Ele n-au nimic comun cu viața conjugală. A face sex nu înseamnă că ești un om echilibrat, iar a face dragoste de asemenea, expresia nu ne conduce la o idee sănătoasă.

Viața noastră este frumoasă pentru că noi înșine cunoaștem calea, dar în această nebunie a societății, oare cât vom mai rezista? Și atunci este cazul să ne ferim ochii, să ne ferim auzul, să ne ferim simțurile de tot ce este rău, de tot ce este murdar, de tot ceea ce nu ne face cinste nouă. Căci afectează demnitatea și ne conduce apoi în căsnicie la diverse aspecte bolnăvicioase, chiar putem să ne îmbolnăvim în timpul căsniciei de diverse boli: boli ale sufletului, boli ale psihicului; după aceea apar boli fiziologice... și celelalte. Gândirea noastră despre nașterea de copii este deformată privind momentul când putem să primim un copil. Auzi adesea:

- ***„Nu suntem pregătiți să avem acum un copil"*** - auziți cât și-a stors vreunul mintea până a inventat lucrul ăsta:

-„Nu suntem pregătiți!..." Adică, cum nu suntem pregătiți?

- „***N-avem apartament, n-avem casă, n-avem masă, n-avem serviciu...***", n-are nicio legătură asta cu hotărârea lui Dumnezeu de a crea un suflet pentru corpul zămislit instantaneu - prin Taina Duhului Sfânt.

Noaptea nunții este, așadar, una din sudurile care trebuie neapărat luate în seamă. **Nunta se face astăzi destul de cum nu trebuie, se face cu mult scandal, cu muzică zgomotoasă, nu creează o ambianță duhovnicească, din păcate**. Foarte multă oboseală, mirii după nuntă sunt antrenați în lichidarea a ceea ce s-a întâmplat, cară mese, duc scaune, împart sarmale,... etc,... în special mirele nu mai are timp să gândească la mireasă, noi, preoții, suntem așa de ocupați și nu ne ocupăm nici noi de ei deajuns prin discuții anterioare.

Noi facem asta la Spovedanie, îi îndemnăm la cele bune. Este bine asta, dar nu facem îndeajuns, căci sunt foarte multe lucruri de discutat cu tinerii. Mirele, de acum bărbatul casei, trebuie să aibă timp să gândească și să se pregătească, căci el trebuie să producă soției sale o bucurie înlocuitoare a ceea ce se pierde. **Fata se desparte de mama ei, de familia ei, de casa ei, pierde fecioria, urmează să nască copii, are diverse stări. Mirele trebuie neapărat să gândească să înlocuiască toate acestea**. De aceea Biserica nu spune că trebuie ca după nuntă să stăm neapărat acasă și să facem rugăciuni și atât, deși o zi de pauză e binevenită, Biserica ne dă voie să producem familiei noastre nou întemeiate o anumită bucurie, de aceea plecăm la plimbare, în voiaj de nuntă. Ei, bine, pe mire se poate ca atunci să îl apuce altă grijă: o mașină la care s-au orientat s-o cumpere, un autoturism are un preț și el n-a câștigat atât la nuntă și acum se preocupă să facă rost de restul; calculele acestea fac în cele din urmă să nu se întâmple nimic frumos în intimitate.

Lucrurile acestea trebuie luate în seamă și făcute cum trebuie pentru că, de fapt, este un moment și atât. Pentru că urmează o viață întreagă, cu ajutorul lui Dumnezeu, în care noi trebuie să producem un echilibru. Omul, dacă ar ști ce îl așteaptă, s-ar sinucide, poate. Dacă ar ști un om ce greutăți îl așteaptă, poate și-ar lua viața, de aceea nu s-a lăsat cunoașterea viitorului. Și a mai lăsat Dumnezeu și uitarea care ajută omul să nu explodeze din cauza multei informații.

Decât să ajungem la lucruri care nu-i plac lui Dumnezeu, mai bine ne căsătorim de tineri. Știm că se face facultatea greu, foarte greu când ești și căsătorit dar, decât să pui o temelie proastă, mai bine ne căsătorim din timp. Iar părinții au datoria să avertizeze copiii asupra a ceea ce urmează să fie căsnicia și doar după aceea au datoria să zică „da". Iar dacă nu zic „da", atunci copiii au permisiunea, au latitudinea să se ducă la preot să spună: „Nu vrea mama să mă lase să mă mărit". Iar atunci preotul o cheamă și îi spune: „De ce nu lași fata să se mărite?". "Pentru că n-a terminat facultatea,..." și atunci spune preotul: „dacă vrea să se mărite, las-o să se mărite", ea știe ce vrea, semn că are conștiința a ceea ce urmează și atunci este bine. Dacă putem însă să terminăm facultatea, este bine; totuși, dacă nu putem, atunci o terminăm ceva mai greu căsătorită, **dar fără păcate, fără trecere de timp...**

Întrebări și răspunsuri

Î-1. Cum ar trebui să reacționeze mirele în cazul în care mireasa și-a pierdut fecioria înainte de căsătorie?

R-1. Mireasa ar trebui să fie atentă **să îi spună la timp**. Dacă nu îi spune la timp, nu se știe ce reacție are mirele. Nu e potrivit să nu îi spui, asta este situația; cunosc eu un caz care așa a procedat și toată viața a fost un calvar și este un calvar încă. Dacă s-a întâmplat, este un lucru foarte grav, trebuie rezolvat prin Spovedanie și atât... Pentru că dacă acceptă acest aspect soțul, atunci se produce o sudura foarte puternică. **Nu e în stare o fecioară să își iubească soțul cum e în stare să iubească o nefecioară pe soțul ei, care a acceptat-o**. Adică, din iertarea lui vine amplificarea iubirii ei, așa că cel mai important lucru este să spunem, să mărturisim... Îi spui direct, cu părere de rău...

Î-2. De ce credeți că unii soți își înșeală jumătățile lor după nuntă?

R-2. Nu sunt jumătăți, în primul rând. Fiecare este un întreg și prin unire vor forma tot un întreg .... Răspunsul la întrebarea dvs. este că undeva este ceva care nu merge bine. Din lipsă de sudură. Mai mult soţii înşală decât soţiile. Trebuie analizat şi văzut. De relaţia dintre cei doi responsabilă este soţia, ea fiind înzestrată de Dumnezeu cu o fineţe extraordinară, ea are dexteritatea **să creeze în familie o ambianţă plăcută**. În familie, înăuntru... este permis orice. **Pe stradă nu e permis orice**, pe stradă tinerii nu trebuie să se sărute, pentru că sărutul este un aspect aparte, intim...este o intimitate ce nu poate fi exteriorizată...

Î-3. Dacă unul din miri nu este feciorelnic, acea căsătorie este sortită eşecului?

R-3. Nu este sortită eşecului. Era bine să nu fie aşa. Atât. Numai că unul din ei a furat de la Dumnezeu ceea ce Dumnezeu tot îi dădea... Dar trebuie neapărat anulate consecinţele, pentru că asta e situaţia, **„e un păcat făcut în trup şi trebuie să anulăm consecinţele acestui păcat"; păcatul se iartă repede; te duci, te spovedeşti şi gata, dar consecinţele se anulează prin canon, de aceea se zice „cine nu face canon aici, face dincolo". Trebuie să facem canon, ca să anulăm consecinţele păcatului. Pentru asta a lăsat Dumnezeu Spovedania, Liturghia**.

Î-4. Când ştiu doi tineri care se cunosc de mult că e momentul să se căsătorească? Are duhovnicul rol hotărâtor în decizia lor?

R-4. Nu, duhovnicul nu are niciodată rol hotărâtor, duhovnicul e duhovnic; el este acel preot blând care încearcă să jaloneze (în funcţie de ce i se spune) viaţa. Atât. **Părintele Ilie Moldovan-marele profesor, spunea că te poţi însura numai în cazul în care iubeşti o fată aşa de mult încât ţi se pare că pică cerul pe tine,... iar ca să nu pice, imediat,... te însori!**...

Î-5. Consideraţi că prietenia e importantă într-o căsnicie?

R-5. Da, sigur că da,... Niciodată, căsătorit fiind, nu îţi prezinţi soţia ca „prietena mea", spui „soţia mea",...Şi se cuprinde totul în cuvintele acestea.

Î-6. Unii preoți spun că este păcat ca doi tineri să se împreuneze în zilele de miercuri, vineri, duminica și în timpul postului. Ce părere aveți despre această afirmație?

R-6. În primul rând nu e părerea preoților, trebuie să fie părerea Bisericii, noi preoții n-avem voie să avem păreri personale și nici dumneavoastră, creștinii. Sau aveți voie, dar nu puteți să le impuneți, le discutăm și pe urmă vedem ce zice Dreptarul. Biserica este infailibilă. Canoanele interzic duminica și sâmbăta și recomandă abstinența lunea, miercurea, vinerea, iar în posturi, desigur, total. Dar recomandă, nu interzice. Iar problema noastră nu trebuie să fie asta, ci să nu facem avorturi, să nu evităm să naștem copiii prin nicio metodă naturală sau nenaturală...atât doar să ne preocupe. Restul sunt lucruri pe care le stabilesc cei doi soți.

Î-7. Se mai poate întregi și reînnoi o căsătorie în care unul din soți l-a înșelat pe celălalt?

R-7. Se poate. În primul rând trebuie să nu îi spună celuilalt. Sinceritatea manifestată astfel este o sinceritate greșită. Trebuie să fim sinceri, dar nu până acolo încât mărturisirea noastră să fie crudă. Am citit acum vreo 30 de ani o carte cu titlul „Mărturisiri crude". Dacă celălalt știe sigur, îi spui și tu și îi ceri iertare, dar dacă nu știe, nu trebuie să îi spui. **Trebuie să faci tu canon în schimb**, te spovedești..., e altceva.

Î-8. Ce poate face soția sau soțul dacă după căsătorie descoperă că nu poate fi compatibilă în pat?

R-8. Nu există incompatibilități din astea, sunt povești și ele vin din neînțelegere. Eu am dus pe mulți la androlog, am un prieten androlog și el a rezolvat toată problema aceasta, nu există incompatibilitate, trebuie înțelegere și atât.

Î-9. Dacă ne iubim, nu suntem legați de Dumnezeu și în afara căsătoriei?

R-9. Nu știu ce vrei să zici, oricum căsătoria este până la moarte. După moarte nu mai este, nu mai are valabilitate. Un om care moare și înviază printr-o minune nu este obligatoriu să se întoarcă la soțul sau soția sa. De ce? Deoarece **căsătoria este până la moarte și în lumea de dincolo nu există sexe**. Toți sunt ca îngerii lui Dumnezeu.

Î-10. Se acordă o foarte mare importanță tinerei soții înaintea nunții. Dar de ce nu se acordă aceeași importanță soțului?

R-10. Se acordă aceeași importanță, doar că bărbatul este "mai din topor", femeia este "finuță"... **Biserica acordă aceeași importanță tinerilor, adică nu face diferențe**. Pretențiile bărbatului sunt mai mici...

Î-11. Dacă după noaptea nunții, femeia sau bărbatul se simte nesatisfăcut, nu este normal să ne punem întrebarea: de ce nu au încercat acest lucru înainte? Poate nu s-ar fi ajuns la nuntă.

R-11. Nu, nu este normal să credem așa. Problema aceasta este o problemă serioasă în măsura în care vrem să gândim. Dacă nu gândim, atunci mergem pe bază de instinct și sentiment. Deci nu putem să zicem da, mai bine căsătoria de probă; la ce folosește căsătoria de probă? **Ce înseamnă a fi satisfăcut?** Sunt lucruri adânci, sofisticate, nu se rezolvă așa. La un moment dat poți să ajungi să te culci cu 5-6-10 fete. **Noi, creștinii nu întreținem relații sexuale, noi vrem să avem o viață conjugală care implică și relațiile sexuale.**

Î-12. Când devii mireasa lui Hristos, noaptea nunții este tot atât de importantă?

R-12. Când devii mireasa lui Hristos înseamnă că te călugărești și călugăria nu înseamnă altceva decât nunta ta și atunci prezența mirelui Hristos prezintă aceeași importanță. Observați că dacă o călugăriță pleacă din mănăstire pur și simplu și nu mai vrea să fie călugăriță, o condamnăm foarte tare. În momentul în care o soție pleacă de la soțul ei, cu sau fără motive, nu prea o condamnăm. Nu prea ne interesează ce se întâmplă. Spre exemplu, mergem la nuntă și după 2 ani cei doi divorțează. Am fost la nuntă, am mâncat, am băut, am dat dar, ne-am distrat și după 2 ani nu ne interesează că cei doi divorțează. Nu ne ducem, nu insistăm, nu ne implicăm, nu îi rugăm. Să zicem măcar: ***„măi, nu divorțați",...*** ei totuși se despart. De fapt divorțul jignește pe toți nuntașii, nu? Vorbim despre lejeritatea cu care se produce actul în sine, divorțul.

Î-13. Există unele sacrificii pe care trebuie să le faci în prietenie pentru a ajunge la o căsătorie fericită?

R-13. Există sacrificii, răbdare, înțelegere, diplomație. Renunțarea la facultate pentru a te căsători este un sacrificiu. Este un sacrificiu, dar nu trebuie să se întâmple. **Cine a zis să renunți la facultate? Nu renunți, te căsătorești și faci și o facultate. Sacrificiul e că o faci mai greu**. Trebuie să faci mâncare, nu mai merge așa, iei un corn și gata, te duci la cursuri. Faci mâncare, calci cămăși, etc. Nu mai mănânci oriunde. Mănânci la masă, pui fața de masă albă, șervețele, tacâmuri,... e complicat. Sacrificiul deja intervine. Apoi stai la curs, îți ceri scuze și pleci, o dată, de două ori și până la urmă nu mai vii la curs până nu îți rezolvi problema pentru că îți vine să vomiți... pentru că ești în luna a patra. E complicat, nu e ușor. Dar acestea sunt lucruri normale. Au loc numai la prima sarcină, de obicei... Acestea toate sunt sacrificii.

Am văzut câteva fete, câteva soții care s-au speriat total, de la 4 luni la 8 luni n-au mâncat nimic, numai vomau, așa reacții dădea sarcina, asta este... sacrificiu....

Î-14. Ce părere aveți despre metoda calendarului?

R-14. Am o părere precisă pentru că nu își are locul într-o căsnicie creștină. La creștinii ortodocși care au nădejde în Dumnezeu și care cred că sufletul e sădit în momentul concepției, nu-și are locul...

Î-15. El este monah, cleric și mireasa se simte atrasă de el de vreo 6 ani.

R-15. Nu e bine asta. E furt de cele sfinte.

Î-16. El și ea de vreo jumătate de an trăiesc intens o relație puternică până la limită.

R-16. Bine că e limita. Totuși,... cine stabilește limita?!...

Î-17. El insistă în a cere o întâlnire trupească, iar ea simte că puterile scad și uneori vrea să cedeze. Cum se va termina, devreme sau târziu relația aceasta?

R-17. E bine să se termine! Cum se va termina, nu știu. Ar fi bine să se strângă de gât relația. Asta se rezolvă cu sfoara udă. Știți asta? Vă spun: ... iei salariul pe o lună, plătești pe unul dinainte, îl pui să semneze că va face exact ce îi zici tu, după aceea cumperi o sfoară, o bagi în găleata cu apă, o uzi, i-o dai și îl pui să te bată și imediat îți revi. Aceasta este pentru că ceea ce spuneți pentru monahi și clerici se numește furt de cele sfinte. **Pentru că ei sunt afierosiți Bisericii și tu îi răpești Bisericii.**

Î-18. Cum ar fi mai bine să procedeze o viitoare mireasă atunci când are mici îndoieli în ceea ce privește dragostea mirelui pentru ea?

R-18. Să amâne puțin nunta,... puțin,... până se convinge. **Nimic bun și bine nu se poate face în îndoială.**

Î-19. Dacă cineva te pune să juri în timpul postului la biserică că nu ai făcut un anumit lucru, nu e păcat?

R-19. E păcat și în timpul postului și în afara lui și din partea celui care jură și în partea preotului care acceptă acest lucru. Jurământul e admis numai atunci când nu mai există altă soluție de rezolvare a adevărului. Atunci jurământul e permis, **în rest nu e permis**.

Î-20. De ce numai fata trebuie să își păstreze virgintatea până în noaptea nunții, de ce nu și băiatul?

R-20. Cine spune asta? Nu este neobligatoriu pentru băiat, **este obligatoriu pentru amândoi**.

Î-21. Ați spus despre căsătorie că este împlinirea unei iubiri și ați făcut dinstincție între omenesc și dumnezeiesc, iubirea fiind totuși Însuși Dumnezeu. În noaptea nunții cei doi cunosc împlinirea sufletească sau cea trupească?

R-21. Nu este numai o împlinire trupească. Dacă ar exista numai o împlinire trupească, atunci cuplul, (nu familia, ci cuplul, respectiv partenerii) ar avea această împlinire și gata. Deci împlinirea nu poate să fie numai sufletească. De aceea, noi ne permitem să tratăm tema. **Noaptea nunții nu este o împlinire numai trupească, noaptea nunții este și o împlinire sufletească**. Că la această împlinire se ajunge și prin această unire trupească, este altceva. Deci, ce se întâmplă atunci este o unire trupească ce conduce și la o împlinire sufletească.

Î-22. Căsătoria este de foarte multe ori motivată de starea materială a celor doi miri, din păcate. Ce părere aveți despre acest lucru?

R-22. Am părere că n-ar trebui să se întâmple așa. O stare materială bună poate dispărea, banii mai sunt, nu mai sunt, îi mai pierzi, casa o fi ea cum este, o bojdeucă. Deunăzi, am întâlnit pe cineva care vroia să mă determine să nu mai fac case pentru copiii orfani, ci să fac bordeie. Dar nu bordeie cum știm noi, ci niște bordeie așa mai moderne, dar bordeie. Adică săpate în pământ, pentru că pământul dă căldură. Putem trăi așadar și în bordeie...E o idee bună...

Î-23. Se spune că iubirea e un dar dumnezeiesc, ce faci dacă te îndrăgostești de cineva care e deja căsătorit?

R-23. Iubirea e un dar dumnezeiesc în normalitate,... nu în anormalitate. Când te îndrăgostești de un om căsătorit, deja n-ai ținut cont de rațiune. Rațiunea ți-a spus nu, sentimentul ți-a spus da. Atunci rațiunea a biruit voința. Aceasta nu este bine. E un păcat să îl iubești? Nu e un păcat să îl iubești, e un păcat să îl dereglezi din căsnicia lui. Se cam ajunge acolo. Cunosc un caz când o fată care s-a culcat cu un bărbat, a rămas gravidă și atât. Nu i-a spus că a rămas gravidă... Nici nu s-a căsătorit cu un altul. Nu s-a mai căsătorit și am întrebat-o

- „De ce ai făcut asta?" și a răspuns

- „Așa mult l-am iubit.... și mi-am dorit un copil de al el".

- „Și i-ai spus?"

- „Nu".

- Păi, zic, de ce?

– „Nu-i spun, pentru că are nevastă, are copii, dereglez familia". Nu a făcut bine ce a făcut, însă interesantă e gândirea. Apropo de soțiile care nu vor să facă deloc copii, 2-3-4-10 ani sau când vor ele și soții nu se îngrijorează. Am întâlnit două soții prietene. Una s-a căsătorit, una a rămas gravidă, cealaltă n-a rămas gravidă. A rămas și ea după câteva luni, dar perioada când una era gravidă, cealaltă negravidă a fost un chin, s-au și certat. Era foarte supărată că ea nu era gravidă. Interesant!.... Nu se mai potrivește cu gândirea actuală a multora.

Î-24. Dacă iubești o persoană aproape la fel de mult ca pe Dumnezeu, este adevărat că Dumnezeu te va desparți de acea persoană?

R-24. Dacă o iubești aproape ca pe Dumnezeu, nu; dacă o iubești ca pe Dumnezeu..., e foarte greu să faci distincția asta. Pe Dumnezeu îl iubim într-un fel (îl adorăm), pe soție în alt fel, pe copii în alt fel, pe mama în alt fel.

Î-25. E păcat să flirtezi în post?

R-25. E păcat și nu e păcat, depinde de conjunctură. Depinde de scop, poți să începi ceva și în post, dar să fim decenți și să ne încadrăm în tot ceea ce este plăcut lui Dumnezeu.

Î-26. Nu știu dacă e întrebare potrivită pentru tema noastră, dar aș dori să știu de ce băieții din zilele noastre se îndrăgostesc mai ușor de o fată frumoasă, cu aspect **exterior** frumos și nu observă mai ușor o tânără cu aspect **interior** frumos.

R-26. Da, interesant, dar trebuie să stabilim un lucru: toate fetele sunt frumoase. Toate. Ochii băieților au niște deformări și le văd așa-și-așa... Sfântul Ioan Gură de Aur, în secolul al 4-lea, în ***„Cele 11 reguli canonice ale Nunții creștine",*** după condiția de a nu fi rude, punea și condiția ca mirii, să se placă. Dacă aliniezi aici toate fetele și acolo băieții și le pui numere și le ceri bilețele „Măi, de care îți place ție?", o să vedeți un aspect foarte interesant. La unul îi place de una, la altul de alta. Te întrebi: Oare de ce îi place aceasta, de ce nu îi place cealaltă?... Nu toți băieții se orientează asupra unei singure fete. Dar nu e așa, este vorba de ochi..., Interiorul frumos al unei fete poate să existe în măsura în care s-a îngrijit de lucrul acesta. **După ce ne place o fată, după aceea îi studiem și interiorul, pentru că aceasta, în căsnicie are rolul ei**...

Î-27. Este adevărată afirmația că o femeie poate face un bărbat să fie bun sau rău?

R-27. Da, e adevărat, are puterea asta; mai sunt și bărbați excepție care nu se lasă prelucrați.

Î-28. Este acceptată ideea de a se folosi astăzi metodele contraceptive? Întrebarea este, Biserica acceptă acest lucru?

R-28. Biserica nu acceptă nimic din ceea ce este contra..., Biserica acceptă sau nu acceptă ceva funcție de comunicările științifice. Contracepția este un aspect științific. Fiind un aspect științific, atunci trebuie să vedem ce ne spune știința și pe urmă Biserica se pronunță: mijloacele folosite în contracepție sunt avortive. Nu sunt anticoncepționale.

Î-29. Cum se procedează atunci când părinții nu sunt de acord cu căsătoria a doi tineri?

R-29. Foarte simplu. Te duci la preot, la duhovnic, la episcop și gata... Sau, ca fată, te duci la mama și spui: „Mamă, leșin dacă nu mă mărit cu prietenul meu", atunci mama se sperie, se duce la tată și zice „Lasă-i repede să se căsătorească". Și gata... S-a rezolvat.

Î-30. Cum e bine să nască femeia, natural sau prin cezariană?

R-30. Natural. Cezariana este o excepție care s-a inventat pentru a evita moartea copilului și a mamei. Cezariana are multe consecințe grave, nici nu se cunosc toate. Dar nu putem prefera această metodă. De nevoie, da, în rest, nu.

Î-31. Prin ce se concretizează iubirea de Dumnezeu?

R-31. Prin lucrarea faptelor bune și iubirea aproapelui.

Î-32. Este adevărat că ce-i al tău e pus deoparte?

R-32. E adevărat că **nu există destin, că nu există soartă, că nu există noroc, că nu există predestinație**, e adevărat că nu există toate acestea. **Nu există influența zodiilor.** E adevărat că ce e al tău e pus deoparte în sensul că Dumnezeu are pentru fiecare darul său. Aceasta da, dacă te referi la un prieten sau la viitorul tău soț, este adevărat. Numai că trebuie să acționezi. Dacă nu acționezi, nu se întâmplă nimic automat..., nu trebuie să așteptăm minuni... **Dumnezeu sprijină acțiunea omului!...**

Î-33. Am observat că fetele care frecventează biserica și acel lucru se vede și în exteriorul lor prin ținută și prin altele se căsătoresc mai greu decât celelalte, care e motivul?

R-33. Cam așa este... Întrucât, pentru o fată a Bisericii se găsește greu un băiat al Bisericii... Aceasta e adevărat, dar nu e nicio grabă. Dumnezeu plinește la vreme...

Î-34. Un băiat și o fată au fost prieteni și el a renunțat la ea și a plecat în mănăstire, însă nu s-a călugărit, a fost frate îmbrăcat și s-a reîntors la ea. O astfel de căsătorie este sortită eșecului?

R-34. E discutabil. Sfinții Părinți spun așa, că dacă te-ai dus în mănăstire și ai stat acolo trei ore cu gând de mănăstire, nu mai poți să ieși din mănăstire. Dacă ai mâncat trei zile din cazanul mănăstirii, nu mai poți să ieși din mănăstire. Așa spun Sfinții Părinți. Însă deja avem de-a face cu un om instabil. Decât să își manifeste instabilitatea asta în mănăstire, mai bine se căsătorește, se duce la episcop, cere dezlegare, dispensă.

Î-35. Este adevărat că lor nu li se face întâia cununie?

R-35. Ba da, dacă episcopul dă voie, se face.

Î-36. Cununia se face o singură dată în viață?

R-36. Da, așa este. Mai bine zis, se trăiește o singură dată. Cununia se face o singură dată.

Î-37. Care e părerea Bisericii despre a doua sau a treia căsătorie?

R-37. La a doua sau a treia căsătorie se primește o binecuvântare și atât. La a doua sau a treia căsătorie nu s-a auzit niciodată preotul spunând **„Binecuvântată este împărăția ....”** ci **„Binecuvântat este Dumnezeul nostru”**; nu începe ca la o Sfântă Taină, ci începe ca o slujbă obișnuită și rugăciunile sunt mai mult de iertare, de îngăduință.

Î-38. În zilele noastre, dacă nu te oferi băiatului în totalitate, ești părăsită. Ce înseamnă ”în totalitate”?

R-38. E bine a te oferi în totalitate, dar nu toată.

Î-39. Cum poți să mai speri la o căsnicie fericită, dacă există mereu posibilitatea să fii înșelat?

R-39. Trebuie evitată posibilitatea. Nu putem zice: *„și nu ne duce pe noi în ispită”*, că ne ducem noi înșine.

Î-40. Cum ar trebui să interpretăm coincidențele, ca niște simple întâmplări sau semne divine?

R-40. Depinde la ce te referi. Noi știm că nimic nu este întâmplător..., nimic...., absolut nimic. Nici nu putem pretinde că Dumnezeu comunică cu noi direct, pentru că atunci suntem mândri, nu putem avea pretenția asta.

Î-41. Există un destin predestinat fiecărei persoane, sau suntem stăpânii destinului nostru?

R-41. Dumnezeu are preștiința lui cu fiecare din noi, nu are predestinație pentru noi, dacă ar avea predestinație nu am mai avea liberul arbitru, adică manifestarea liberă a voinței, deci nu am mai fi responsabili pentru faptele noastre.

Î-42. După părerea sfinției voastre, care este vârsta cea mai potrivită pentru căsnicie, pentru o fată, cât și pentru un băiat?

R-42. Nu există vârstă, există om, unele fete se pot căsători la 16, altele la 17, altele la 19. Altele,... e bine să se căsătorească la 26. Depinde de om..., de fire..., de temperament...

Î-43. Care sunt cauzele apariției rutinei în viața de familie?

R-43. Undeva se întâmplă ceva în care prima dragoste nu se menține. Eu am fost o dată la o prietenă de-a familiei, am stat acolo și pe la ora 12 trebuia să vină soțul la masă. Era profesor, se ducea la școală, venea de la școală. Am văzut cum a pus fața de masă și a aranjat frumos și i-am spus: „Nu pune fața de masă, că eu am mâncat". Și a zis „Bine, dar vine soțul meu", adică se purta cu soțul ei după vreo 20 de ani ca în prima zi. Adică era foarte atentă cu el, foarte atentă. Dacă soția-i foarte atentă, nu intervine rutina.

Î-44. De ce,... dacă într-o căsătorie soțul își înșeală soția, aceasta nu are voie să divorțeze, iar dacă soția își înșeală soțul, acesta are dreptul să divorțeze? Nu e discriminare?

R-44. Soțul are voie, dar nu e obligat. Are voie. Pentru că așa scrie în Noul Testament. De ce nu și invers? Pentru că soția este simbolul Bisericii în căsnicie, iar bărbatul este simbolul lui Hristos în căsnicie. Și atunci, cum zice Sfântul Pavel, din respect față de relația Hristos Biserică nu se face așa. Nu e discriminare aceasta, dar e o lucrare adâncă,... greu de înțeles!...

Î-45. În Vechiul Testament, o femeie care își înșela soțul era omorâtă cu pietre. Despre bărbat nu știm nimic din ce se întâmpla.

R-45. Știm, spre exemplu, când s-a născut un copil slăbănog, că l-au adus la Moise și el a zis ***„chemați-l și pe tatăl lui".*** L-a așezat în mijloc și a pus poporul și l-a omorât cu pietre. Tatăl era vinovat pentru felul cum se născuse copilul. Se culcase cu ea când nu trebuie și rezultase un asemenea copil.

Î-46. Dumnezeu diferențiază gravitatea faptei între femeie și bărbat? Este mai greu ca femeia să înșele decât bărbatul?

R-46. Nu este, dacă nu e femeie serioasă. Aceste lucruri sprijinite de diavol merg repede. Diavolul nu obligă la păcat, ci creează "ocazia la păcat"!...

Î-47. Este greșit să vezi căsătoria ca pe un cadru social normal, zămislitor de noi generații și nu ca pe o împlinire în sine?

R-47. Dacă este o împlinire, pe urmă este și cadru social zămislitor.

Î-48. Este păcat ca doi tineri să se sărute în post?

R-48. Depinde unde, cum, de ce?

Î-49. E bine ca o fată să își pună busuioc sub pernă ca să-și vadă viitorul soț?

R-49. Dacă ți-l vezi, nu o să te mai căsătorești cu el. Dacă vrei să îți pui busuioc sub pernă, e bine, dar dacă vrei ca urmare a acestui gest să îți visezi sau vezi următorul soț, nu e bine, nu trebuie să îl vezi, trebuie să îl ai...

Î-50. Ce părere aveți despre aceste lucruri amintite mai sus? **E bine să crezi în aceste lucruri?**

R-50. Nu e bine. Nu trebuie, aceasta e ghicitorie.

Î-51. Recent, prin reviste se vehiculează ideea că fata care nu a întreținut relații sexuale până la căsătorie, după căsătorie va fi interesată să vadă cum e și cu un alt bărbat. Deci să își înșele soțul, ce credeți despre asta?

R-51. Cred că este o părere a unuia care are o problemă cu psihicul.

Î-52. Ați precizat că nu trebuie să avem păreri personale. **Dacă un preot spune unui tânăr să urmeze calea mănăstirii, ce trebuie să facă acest tânăr?**

R-52. Să îl asculte pe părinte sau nu, funcție de chemare, **e bine că părintele spune, dar tu faci ce crezi..., ce simți. Părintele îndeamnă nu după părerea proprie, ci după Scriptură. Și sfântul Pavel spune la fel, „Cine vrea să rămână necăsătorit, bine face, dacă nu, ca să nu ardă, să se căsătorească".**

Î-53. În ce măsură are drept preotul să impună să urmez calea mănăstirii?

R-53. N-are dreptul să îți impună, poate să te sfătuiască și atât.

Î-54. Acel tânăr să asculte de preot? Dacă nu ascultăm sfatul lui, nu intervine neascultarea de preot?

R-54. Intervine neascultarea de părinte, dar un preot încă o dată nu poate să impună, Trebuie spus ***„Părinte, dumneavoastră nu aveți dreptul să îmi impuneți, vă rog să mă iertați că v-am spus așa...",*** la care preotul o să facă ochii mari, n-o să mai zică nimic... va medita...

Î-55. De unde știm ce cale să alegem, căsătoria sau călugăria?

R-55. După chemare, după inimă, e bine să le testăm.

Î-56. Dacă unul dintre tineri este credincios și celălalt necredincios, trebuie să se căsătorească cei doi?

R-56. Dacă se iubesc, da. Și dacă se iubesc, cel credincios o să îl determine și pe cel necredincios. E riscant să nu s întâmple așa, dar iubirea e iubire...

Î-57. Dacă se face o căsătorie între grade de rudenie spirituală, adică rudenie din Dumnezeiescul Botez și părinții fetei au fost de acord cu acea căsătorie, e adevărat că va cădea blestem peste restul familiei fetei?

R-57. Dar nu este vorba de blestem, este vorba de faptul că Dumnezeu își ia mâna de pe respectivul care a făcut această nelegiuire. **Familia care are grad de rudenie trebuie imediat să se despartă.**

Este posibil ca Dumnezeu, din iubire, să lucreze prin celălalt. Dacă te pedepsește Dumnezeu pe tine, nu e mare problemă, dar dacă te pedepsește prin copiii tăi, e foarte grav!...

Î-58. Iertați-mă, dar un părinte a zis la sora ei să nu mai meargă acasă că este blestem asupra acelei case. Ce trebuie să facă acea fată?

R-58. Trebuie să se ducă la mama acolo și să spună „Uite ce a zis părintele" și atunci aceasta va lua seama pentru că **nimănui nu îi convine să știe că e blestemat.**

Î-59. Doi tineri au avut o relație trupească după care s-au spovedit amândoi la preoți diferiți, băiatul a avut voie să se împărtășească, dar fata nu. De ce s-a întâmplat asta?

R-59. Cine știe ce fel de căință a avut el, cine știe cum a privit preotul...

Î-60. Dacă doi tineri au fost căsătoriți doar la primărie, dar nu și la biserică, ei sunt căsătoriți în fața lui Dumnezeu?

R-60. Sigur că nu.

Î-61. Dacă părinții fetei nu o lasă și atunci o furăm și ei lipsesc la căsătorie, atunci nu lipsește un punct de sudură?

R-61. Nu vă apucați acuma să furați fete. Mergem la preot și la episcop și spunem „Părinte, nu vrea să mă dea mama după cutare" și preotul întreabă „De ce nu?" și dacă mama zice „pentru că sunt rude" atunci mama are dreptate să nu fie de acord, sau „are un prieten" sau ce spune ea acolo, dar dacă spune că trebuie să termine facultatea, sau nu e gata zestrea, preotul poate să spună „Nu este bine așa, dacă ei au hotărât așa"...,

Î-62. Este păcat ca doi tineri să se sărute într-un parc, dacă nu e nimeni în zonă?

R-62. Dacă nu e nimeni în zonă..., dar e puțin cam complicat pentru că trebuie mai întâi să studiezi zona. Cele ce am spus nu sunt în legi, decât în măsura în care noi încercăm să înțelegem că nu trebuie să privim nimic șablon. Nu trebuie să copiem nimic de la celălalt, pentru că fiecare este el însuși. Modelul nostru este Hristos și atât.

Î-63. Dacă o mamă și-a blestemat copilul și apoi i-a părut rău și și-a cerut iertare de la Dumnezeu, dar nu vrea să se spovedească, pentru că nu se spovedește în general. Mai are efect blestemul?

R-63. De ce s-a făcut blestem? În primul rând, nu trebuia să se facă blestemul, în al doilea rând trebuie neapărat să se spovedească și apoi preotul să îi citească rugăciunea de dezlegare a blestemului.

Î-64. Este adevărat că în viață nu iubești decât o dată, celelate iubiri fiind doar iluzii ale iubirii?

R-64. Iubești o singură dată în sensul dăruirii, acum depinde dacă avem de-a face cu o dăruire, o dăruire totală, atunci se spune că iubim o singură dată.

Î-65. Religia este deseori o problemă într-o relație, de exemplu el este catolic, ea ortodoxă. Niciunul nu renunță la religia lui, trebuie să renunțăm la această iubire?

R-65. E complicat, în primul rând a fost o greșeală că s-a întemeiat prietenia respectivă. Bine, s-a întemeiat, acum, în baza iubirii, nu putem discuta despre asta? Dacă ne iubim, putem discuta și discutăm până ne convingem.

Î-66. Care e gradul de rudenie permis într-o relație, la care grad e interzisă căsătoria?

R-66. Verii de-al doilea nu se pot căsători, iar verii de-al treilea, sunt în gradul 8. De mare nevoie verii de-al treilea se căsătoresc, dar numai atunci când totul este pus la punct și descoperirea că sunt veri se face chiar în săptămâna nunții. Biserica poate da o asemenea derogare, noi spunem că până la gradul 7, dar **veri de-al 3-lea nu e bine a se căsători**.

Î-67. Spuneți-ne câteva cuvinte despre: ne îndrăgostim-iubim, ne iubim și iarăși ne reîndrăgostim....

R-67. Așa se întâmplă, mai întâi îți place de o fată, pe urmă te îndrăgostești, pe urmă o iubești, pe urmă te căsătorești, iar o iubești, iar te îndrăgostești și așa până la 86 de ani și 4 luni, dacă este iubire. **Iubirea presupune o continuă reîndrăgostire, care de fapt anulează și rutina**.

Î-68. Vă rog să ne spuneți 2-3 idei cu privire la testarea în urma căreia se alege una din cele două căi.

R-68. Testarea este: reziști tu călugăr? Poți să faci tu rânduiala de călugăr, de rugăciune, de muncă, de ascultare? Corpul tău, din cele ce a cunoscut el acum, din ce reține din aventurile tale, este un corp care să reziste la călugărie? Dacă ți-ai cam făcut de cap, atunci vei rezista greu; căci rezistența o dă voința, călugării și călugărițele sunt oameni normali, adică au glande, au hipofiză, au foliculină, hormoni și așa mai departe. Deci sunt oameni normali. Nu sunt oameni care n-au acestea și stau acolo în mănăstire. Ei le reglează pe toate prin voință...ascultare,...rugăciune... muncă,...post...

Î-69. Vă rog să ne spuneți: dacă cineva își cere iertare, cum se spune, te iert sau Dumnezeu să te ierte?

R-69. Păi spui: **te iert și să te ierte și Dumnezeu!...**

Î-70. Cum poți scăpa de trauma lăsată de o iubire neîmplinită?

R-70. E mai greu, dar Dumnezeu ajută, **ne rugăm și Dumnezeu ajută.**

Î-71. E mai bine să mergem în luna de miere o lună sau să încercăm eonomisim cele câteva milioane?

R-71. Mai bine să mergem în luna de miere, că milioanele le mai faci tu, dar luna de miere nu. Și te trezești cu reproșuri toată viața. Ți se va reproșa toată viața: *"N-ai fost în stare să mă duci în luna de miere"...*

Î-72. Vă rugăm să ne precizați concret atitudinea dumneavoastră legată de noaptea nunții.

R-72. Eu am mers în luna de miere după un an. Nu am așa mari reproșuri, dar sunt foarte conștient și recunosc că nu am făcut bine întârziind un an.

Î-73. Ce importanță are o iubire în viața unei persoane?

R-73. Importanță capitală.

Î-74. Care e diferența între dragoste și iubire?

R-74. Ar trebui să nu fie, sunt două cuvinte, dacă spunem dragostea lui Dumnezeu sau iubirea lui Dumnezeu este același lucru. Sunt două cuvinte care înseamnă același lucru. Dar nu mereu se pot folosi cu același sens dacă vorbim de iubirea pământeacă!...

Î-75. Ce părere aveți despre părinții care își blestemă copiii din cauză că s-au căsătorit fără voia lor? Cum poate să scape de acest blestem?

R-75. Părinții aceștia trebuie să fie convinși să nu mai blesteme. Să fie învățați că lucrurile stau ca atare, nu se mai poate face nimic altceva și după aceea cu Spovedanie, trebuie iertare. Rugăciunea cu dezlegare de blestem se cere preotului a fi citită.

Î-76. Este permisă căsătoria între rude prin alianță? Cei doi sunt rude pentru că mătușa ei este căsătorită cu un văr de-al mamei lui.

R-76. Aici este vorba de grade de rudenie numite grade de încuscrire. Cu "Pidalionul" în mână, putem spune...(Pidalionul este „Cârma Bisericii", adunare de legi...pe care Biserica le numeşte Canoane...)

Î -77. Se apropie vara; noi, tinerii, să purtăm sau nu haine pe corp, cu decolteuri, pantaloni strâmţi pentru a ieşi în relief, ce trebuie să facem în privinţa aceasta?

R -77. Este adevărat că la capitolul acesta suferim de uşurătate, deci **bărbaţii se smintesc foarte repede**. Bărbaţii sunt foarte slabi, sunt dotaţi slab cu rezistenţa, de aceea Biserica a rânduit ca bărbaţii să stea în faţă la slujbe şi femeile în spate, nu stânga şi dreapta, ci bărbaţii în faţă, iar femeile în spate.

CĂSĂTORIA - O CALE SPRE DESĂVÂRŞIRE

Omenirea de astăzi, mai ales partea creştină, are tendinţa spre un echilibru propriu creat, nu spre adevăratul echilibru. Şi anume, se spune cam aşa: „muncesc cinstit, merg la biserică, ţin posturile - într-o formă mai uşoară, pentru că muncesc, după aceea rar (dar bine) mă distrez, îmi formez un cerc de prieteni cu care să mă simt bine, nu fac avorturi - am metode proprii de a nu face copii" şi în felul acesta, creştinul se aşează într-o poziţie de el bine gândită şi pe care o pretinde ca fiind echilibrată.

Noi discutăm despre sfinţenie ca stare normală a vieţuirii noastre – deci, **sfinţenia este starea normală, orice nu este sub sfinţenie este stare anormală**. Cu alte cuvinte, trebuie să stabilim fiecare dintre noi în ce stare suntem, că dacă îi zici unuia „anormalule" se consideră jignit, deşi nu este jignire, este exprimarea unei stări a fiecăruia dintre noi.

La ora actuală, în felul în care poporul român îşi pierde identitatea, nu prea mai este de sperat. Dar nu ne permite morala creştină ortodoxă să ne pierdem speranța. Dacă vrem să fim și realiști, nu mai este nimic de sperat. De ce? Pentru că de la pretenția, justificată dealtfel, „România - grădina Maicii Domnului", prin numărul mare de biserici și mănăstiri, dar și prin echilibrul unui popor care a putut să dea un număr atât de mare de călugări, pentru că, precum și preoții și episcopii, călugării nu sunt picați din cer (să nu vă așteptați când plouă să plouă cu călugări, cu preoți, cu episcopi...), ei sunt fiii noștri, fiii poporului. Ei bine, sfințenia acestui popor a putut să dea aceste ființe formate să laude pe Dumnezeu în biserică, în mănăstire. Bulgarii au 200 de călugări, atât au reușit să mai mențină, deci să dăm slavă lui Dumnezeu că la noi încă nu este așa.

Dacă ați pierdut timpul vreodată pe la televizor, ați văzut că există niște dansuri ale grecilor care, cel puțin la început, te fac să zâmbești. Nu prea are concordanță mișcarea picioarelor, a mâinilor, a corpului cu melodia. Și când întrebi un grec despre asta, îți spune că ei au pregătit eliberarea de sub turci pe când nu aveau voie să vorbească între ei, să se sfătuiască, și atunci făceau aceste mișcări care nu însemnau altceva decât „să ne adunăm", „să ne rânduim", „tu pleci acolo", „tu ataci de dincolo". Asta ca să nu vorbim și despre versuri, care și pe turci îi făceau să râdă, pentru că erau o aiureală toate versurile, un fel de limbaj codat pentru a-și ascunde intențiile față de cotropitorii Greciei. Iată, în 500-600 de ani, ce s-a întâmplat pentru greci. La noi ce s-a întâmplat? Nu s-a întâmplat mai nimic, comparativ cu alții. Exceptând pe Mihnea Turcitul și pe câțiva care au trecut de bunăvoie la turci, exceptând pe Constantin Brâncoveanu, care din motive demografice a fost omorât împreună cu cei 4 copii ai săi, exceptând nebunia unor turci care intrau călare în biserică și scoteau cu sulița ochii sfinților - și de aceea românii au început să construiască biserici cu uși foarte joase, ca să nu mai intre nebunii cu caii - exceptând acestea, noi am plătit birul, iar ei ne-au dat moaşte... contra cost. Cu turcii aşa a fost.

Cu comuniştii lucrurile au stat altfel, comparativ cu situaţia din Rusia, de exemplu. De ce? Pentru că, exceptând 29 de biserici dărâmate, niciuna n-a fost închisă - comparativ cu Moscova, unde din 600 de biserici numai 60 erau deschise - exceptând situaţia când o biserică a fost transformată în discotecă şi wc-ul era tocmai la altar, iar altele au fost transformate în cinematografe, depozite de grâne... Însă, noi am fost scutiţi. Din această scutire pe care ne-a făcut-o Dumnezeu, am avut şi mari pierderi, anume: la Liturghie nu mai stăm nemişcaţi ca slavii, legătura noastră cu Dumnezeu nu mai este cum se cere, chiar ne cununăm în biserică cum vrem, nu cum trebuie, ci când vrem - ne cununăm sâmbăta, în ziua morţilor sau ne îmbrăcăm extravagand. De ce? Pentru că bisericile au fost deschise!...Acolo unde "cununiile" erau făcute la catafalcul lui Lenin timp de multe decenii, acolo unde înmormântarea cu fanfară era gratuită şi sprijinită de stat, iar înmormântarea cu preot - pe care abia-l găseai, că la 40-50 de sate cu câte 40-50 km între ele era un singur preot - se făcea greu, iată că acolo, când Gorbaciov "a slăbit şurubul", lucrurile au stat mai bine. Şi au rămas bine şi bune până astăzi, căci ruşii apreciază ce n-au avut timp de 80 de ani.

La noi, iată, predăm religie de mai bine de 20 ani în şcoală (cele afirmate sunt din 2011, n. red). Cei cărora acum 20 ani le-am predat religie, aceloraşi astăzi trebuie să le împărţim pliante contra fumatului, contra drogurilor, etc... Aceştia sunt tinerii noştri, dintre copiii pe care îi avem! Căci părinţii zămislesc copilul aiurea, când nu trebuie, apoi relaţiile între soţi se continuă şi în timpul sarcinii şi copilul are multe de suferit, sunt deja multe studii pe problema aceasta. Apoi copilul merge la grădiniţă unde, până vine educatoarea, toţi copiii stau şi se uită la desene animate în care violenţa este de 68 de ori mai mare decât într-un film obişnuit. Apoi continuăm cu accesul la informație, o informație necontrolată: discuții despre prezervative și altele deoarece „copilul trebuie informat", chiar dacă s-a constatat că românii au o reticență pentru prezervative și tot merg asociații special create care dau copiilor la grădiniță prezervative. Ei le umflă și se umple grădinița de baloane sub ochii mamei noastre, sau a prietenei noastre, care este educatoare, dar trebuie să execute ordine. Și ... alte multe greșeli... Nu este la modă dacă nu te duci la discotecă. Părinții nu se îngrijesc să aibă prietenie unii cu alții și să fie cu copiii într-o anumită conjunctură și ambianță; pentru că nu ai dreptul să dărâmi nimic, nu poți evita nimic dacă nu pui ceva în loc. Nu poți să iei copilului discoteca și să nu-i dai nimic, trebuie să-i dai ceva în loc, asta ar însemna întâlniri, spectacole, iarbă verde și multe altele, pe care părinții ar trebui să le facă cu copiii. Părinții nu fac așa, iar dacă apucă vreodată să meargă undeva, lasă copiii la mama, la tata, la bunica sau la vecini și se unesc 3-4 familii și se duc fără copii.

Urmează criteriile false după care se alege cel cu care o să-ți petreci restul zilelor de aici înainte și astfel nu mai putem discuta despre ***„Căsătoria - o cale spre desăvârșire".*** Căci este un adevăr duhovnicesc dat omului. Și căsătoria este una din căi, și **călugăria** este o cale, și **fecioria** este o cale, și **celibatul dedicat** este o cale, dar numai despre căsătorie s-a adresat Mântuitorul Hristos și a făcut referire prin gura Sf. Apostol Pavel când a zis „taina aceasta mare este în Hristos și în Biserică".

Hristos a spus o pildă, a comorii din țarină:

Un om a descoperit într-o grădină o comoară. Cât de mare era comoara? Pe măsură ce înainta... se împiedica de ea ... vase de aur, briliante și altele. Nu se putea mișca, pentru că dădea de ceva. A încercat să ia ceva, dar nu putea pentru că risca să-l vadă proprietarul dacă trecea pe acolo sau putea fi pârât. S-a gândit să aștepte să se facă noapte, a pus niște lucruri într-un sac mare, dar tot n-a reușit să le ia. Atunci a lăsat totul acolo, s-a dus acasă, a vândut tot ce avea, s-a dus la proprietar și i-a zis: „Nu vrei să-mi vinzi mie grădina?" „Cât îmi dai?" „Atât." „Nu este prea mult?" „Nu este, ia tot, numai vinde-mi!" Spre uimirea amândurora, târgul s-a făcut. Atunci, cel care găsise comoara a înconjurat bine grădina cu gard și s-a apucat să scoată comorile. Și nu s-a mai oprit...

Aceasta este pilda comorii din țarină. Putem noi vinde tot pentru comoara Împărăției Cerurilor? Că dacă nu putem, degeaba ascultăm conferințe și citim cărți. Putem sau nu putem? Așa trebuie să se analizeze fiecare dintre noi. Poate el să vândă tot ca să cumpere grădina cu comoara, adică Împărăția Cerurilor? Putem noi să avem aici întâlnire cu Hristos? Dacă nu putem, să nu cumva să ne așteptăm ca în lumea cealaltă să avem această întâlnire. Pentru că **dacă nu-L recunoaștem pe Hristos aici, El nu se recunoaște în noi acolo**. Nu că nu ne recunoaște pe noi, că Dumnezeu este bun, dar nu se recunoaște pe El în noi. De aceea, îndemnăm la Sf. Liturghie, Spovedanie, fapte bune, rugăciune, post, milostenie.

Unii preoții, uneori și-au deformat predica: în loc să vorbească despre **iubirea lui Dumnezeu pentru oameni**, vorbesc despre **pedeapsa lui Dumnezeu pentru păcatele oamenilor.** De ce au ajuns așa? Pentru că păcatul, răul stăpânește mai mult decât stăpânește binele. De aceea a venit Hristos, ca să facă acest echilibru.

Sunt printre noi oameni care au înțeles, și tineri, și mai în vârstă. Unii au înțeles de la început, alții au înțeles mai târziu, iar în unele situații au înțeles și el și ea, în altele numai el, sau numai ea. Lucrul acesta este foarte periculos, pentru că dacă înțeleg amândoi odată este bine, dar dacă înțelege numai unul este complicat. De obicei, cel care înțelege, în loc să zică *„Doamne, mulțumesc că am înțeles, mulțumesc că m-ai luminat, mulțumesc că am aflat"*, merge înainte și-l lasă pe celălalt în urmă. De exemplu, soțul a găsit cumva scris, a citit și l-a „pișcat" de inimă puterea lui Dumnezeu, lucrarea Duhului Sfânt, așa că s-a îndrăgostit de posibilitatea întâlnirii cu Dumnezeu și apoi o uită pe soția lui, care habar n-are...încă... A luat-o din mediul obișnuit al ei, din discotecă, sau a luat-o de pe unde a putut și el, dar ea nu știe nimic de schimbarea lui. Acesta ar fi unul din aspectele tragice în familie. Dar ne putem replia fiecare și corecta poziția.

Stăteam de vorbă cu un bărbat și am rămas uimit de ce mi-a zis. Mă întreabă:

„Părinte, știți ce-am pățit? Soția mea a aruncat pe geam candela!"

„Cum adică?"

„S-a enervat, a luat-o din perete și a aruncat-o, dar nu numai asta, altă dată a spart o icoană și zob a făcut-o!"

Când auzi așa, te gândești: ***„Măi, ce femeie nebună!"*** Dacă ajungi să discuți și cu ea și să afli câteva lucruri vei constata că soțul ei nu a procedat cu înțelepciune, ea nu a înțeles nimic și a reacționat ca atare (atât a putut, cu atât s-a născut, atât a primit de la părinți, atât a lăsat ea în sufletul ei să pătrundă lucrarea diavolului). De fapt el a avut un demers ciudat, a schimbat macazul fără să anunțe, fără să explice, a continuat singur ... face rugăciuni, metanii, ține post aspru ... Și constați că de fapt ea, care a făcut atâta rău - că nu este puțin rău să arunci o candelă pe fereastră - nu-i chiar așa de vinovată, ci el este vinovat mai mult.

Undeva, la marginea țării, am întâlnit un episcop căruia îi povesteam necazurile întâlnite. Și a zis: ***„Părinte Nicolae, din mila lui Dumnezeu, în eparhia mea nu este așa absență mare de la Sf. Liturghie".*** Eu mă gândesc că ori nu știa, ori avea așa sufletul pornit anume pentru a vedea numai binele. Nu-mi explic altfel. Chiar cineva mi-a spus că a fost un episcop bătrân, a și murit, se numea Chesarie, de la Dunărea de Jos, la care atunci când era vicar veneau mulţi amărâţi la el şi cereau. Şi el, având salariul mare, tot îl dădea la săraci. Şi într-o zi cineva a îndrăznit şi i-a spus:

„Toţi aceştia pe care-i vedeţi pe geam stând la rând vor să vă ceară bani."

„Da, pentru că n-au!"

„Aşa-i, dar uitaţi, al doilea este un nenorocit, al patrulea face cutare şi cutare rău..." - îi arăta pe fereastră pe fiecare. Şi episcopul a zis: „Nu-mi mai spune, eu nu cred că există asemenea oameni". Vă daţi seama ce curăţie a inimii avea, că nu putea să vadă răul?... Asta este o stare înaltă de curăţie a inimi, dar foarte rară. **Ochiul rău vede rău, ochiul bun vede bine!...**

Şi atunci mă gândesc că putem să sperăm că soţul, respectiv soţia, poate vor reuşi şi ei să nu mai vadă răul din celălalt. Pentru că **marea provocare este nu să vezi răul, ci binele!** Pentru că greşeala a pornit în cuplu chiar de la prezentarea celor doi. Ei se prezintă cu ce au şi ei mai bun. Şi apoi ajung pe la părinţii unuia şi celuilalt: părinţii îi laudă, dar nici băiatul, nici fata, nici părinţii nu spun: ***„Băiatul nostru are multe calităţi, dar mai are şi asta, asta, care trebuie înghiţite"***, sau ***„Fata noastră este aşa, şi aşa, se poartă bine, dar nu ştie anumite lucruri, nu are înclinaţie spre cutare lucru."*** Aceste lucruri nu se prezintă, din păcate. Dacă s-ar arăta pe faţă, atunci cei doi ar putea să lupte unul pentru celălalt ca să suporte, să acopere şi să îndrepte neputinţele celuilalt. Pentru că o soţie, un soţ, trebuie să fie iubită, respectiv iubit cu tot ce are, şi cu bine, şi cu rău, şi cu neputinţe, şi cu calităţi,... cu totul...

O fată, prietenă cu familia mea, s-a căsătorit cu un bărbat care avea un nas foarte mare. Fiind prieteni, mi-am permis să o întreb:

„Măi, cum l-ai luat pe el?" Şi mi-a răspuns:

„Părinte, vă rog să mă credeţi că-mi place aşa cum este el." Aşa mi-a spus. Înţelegeţi, că trebuie s-o iubim pe soţia noastră sau pe soţul nostru cum este? Şi dacă-i beţiv trebuie să-l iubeşti, şi dacă-i

nemernic, și dacă-i înalt, și dacă-i scund, dacă ai hotărât asta, așa trebuie să-l iubești. Și pe soția ta trebuie s-o iubești cum este, și cu batic pe cap, și fără batic, și vopsită, și cu cercei, și fără cercei, și machiată, și nemachiată - este soția ta.

Vrei să ajungi la nu știu ce stare? Ajungi foarte simplu. Urci tu și ea vine ușor după tine, nu forțat. Dar tu urci, tu comentezi, reproșezi numai și atunci apare opoziția. N-ai sădit ce trebuie la început, n-ai vorbit ce trebuie atunci, acum trebuie s-o iei mai încet,... așa este în familie.

Ceea ce vă spun eu acum știți mai bine, căci adesea o spuneți cu durere. Pentru noi, preoții duhovnici, este ca o experiență ce putem s-o împărtășim altora și putem să luăm măsuri spre bine...

Când în istorie au pierit imperiile? **Când au murit mamele.**

Când au dispărut mamele? Imperiile au dispărut odată cu declinul populației, când n-au mai fost mame.

Ce se urmărește acum? Se urmărește dispariția mamelor, să nu mai fie mame, adică să fie doar femei, dar să nu mai nască.

Și cum să nu mai nască? Acum trebuie să începem enumerarea metodelor contraceptive:

Populația actuală a lumii, chiar dacă s-ar înmulți de 5 ori, pământul ar suporta această populație. Pământul suportă 30 de miliarde de oameni cu resursele lui alimentare și nu numai. Dar acum suntem speriați de unii ce zic că trebuie să ajungem doar 2 miliarde. Din 6 miliarde, 2, în doar ceva timp. Cum? Cum făcea și Faraon în vremea lui Moise,... cum făceau spartanii: îi izbea de stâncă și...gata!... Soluția atunci era la moașe, acum Faraonul este în Occident, care furnizează la preț ieftin și chiar gratuit tot felul de mijloace "contraceptive". Pare greu, dar nu imposibil pentru cei care v-ați hotărât să vă căsătoriți, că trebuie să vă încadrați în niște reguli. Iar

aceste reguli vi le stabiliți singuri, desigur, după principiile creștine. Apoi aceste reguli trebuie respectate de ambii soți, în comuniune.

În antichitate se spunea că *„omul este măsura tuturor lucrurilor"*. Hristos a venit și a zis: *„Eu sunt măsura tuturor lucrurilor"*." Deci măsura noastră este Hristos. Vrem să-L recunoaștem pe Hristos ca măsură a tuturor lucrurilor? Eu nu vorbesc acum de aspectele mistice, de înalte trăiri, eu vorbesc de normalitatea vieții. Și o să spuneți că normalitatea vieții înseamnă sfințenie. Da, ți se cere să fii sfânt. Ți se cere să fii student, ți se cere să te căsătorești, să faci copii, să-i educi, să mergi la biserică, să muncești, să te mai și relaxezi din când în când. Și imediat vine întrebarea: „Dar cum? Cum, că eu n-am unde să stau, uitați ce s-a mai ivit acum, ce-am pățit ..." N-ai unde să stai pentru că ești prea pretențios. Trebuie văzut ce vrea Dumnezeu cu tine, nu numai ce vrei tu cu tine. Tu încerci, dacă vezi că nu prea merge, lasă așa, că Dumnezeu știe cum, știe de ce, știe în ce moment, nu putem forța lucrurile. Știe de ce nu te măriți, știe de ce te măriți.

Deci, toată lumea își dorește o căsnicie fericită, dar fără să pornească de la bază, de la educația de bază a fiecăruia, în credință și iubire...

Întrebări și răspunsuri

Î-1. Ce ne puteți spune despre prietenia dintre un băiat și o fată înainte de căsătorie?

R-1. Este bine că există!

Î-2. Ce fel de relație trebuie să aibă? Cum să privească ei relația dintre ei, având în vedere că este un obiectiv foarte îndepărtat, fiind încă studenți?

R-2. Nimeni nu are voie să aibă o prietenie de dragul de a se simți bine. Mergem la cofetărie, în parc și alte câteva ieșiri...și gata... Toți cei care vor să fie prieteni trebuie să fie în perspectiva căsătoriei. Deci, nu zici: sunt prieten cu tine, poate mă voi căsători cu tine, dar să fim prieteni vreo 2-3 ani ca să ne cunoaștem cât de cât bine. Nu-ți va rămâne timp de studiu dacă acum pierzi vremea. Deci, relația trebuie să fie într-o perspectivă. Sigur că dacă după 2 ani o să constați că nu se poate, îi zici „la revedere".

Î-3. Se poate întemeia o familie doar pe faptul că cei doi sunt credincioși, fără să fie unul din ei îndrăgostit de celălalt?

R-3. Adică, fără să fie îndrăgostiți unul de celălalt. Dacă este numai unul îndrăgostit este mai complicat. Este multă teorie de făcut aici, dacă vreți teorie. Starea de îndrăgostit vine după iubire, deci atenție, căci ea nu precede iubirea! Atunci, noi ne înșelăm. Dacă vreți să punem ceva înainte de a apărea iubirea, este a se plăcea unul pe celălalt. Iar a fi îndrăgostit unul de altul nu este ceea ce vedem pe stradă, cu intimități arătate în public; aceea nu este stare de îndrăgostit, este prosteală. **Îndrăgostirea este practicarea iubirii. Îndrăgostirea poate să revină, să se repete sau poate să ajungă până pe la 89 de ani. Dacă ați văzut în parc bătrânei, soț-soție, ținându-se de mână, să știți că ei sunt îndrăgostiți; au reușit să se iubească o viață și acum sunt iarăși îndrăgostiți**.

Dacă poți să te îndrăgostești și la 19 ani și la 89 de ani atunci este foarte bine, înseamnă că ai o putere deosebită de a iubi. Iubirea vine și din sinceritate, nu vine numai din sentiment. Este bine să fie cei doi credincioși, dar dacă nu se plac de la început și dacă nu se iubesc apoi, dacă în final nu se îndrăgostesc, nu este bine, nu ține. Dumnezeu a zis așa!

Î-4. În timpul adolescenței, cum ar putea să treacă mama sau tata peste granițele care se interpun între ei și copil?

R-4. Este greu. Dacă-l lași să se informeze singur, apoi granițele sunt greu de trecut. Este mult de discutat aici, trebuie citite cărți întregi. A apărut una interesantă care se numește: „Părinți și copii”. Sunt multe cărți care apar, dar nu toate se potrivesc cu ce avem noi în intenție. Sunt multe lucruri de luat în seamă pentru că omul este un unicat.

Î-5. Cum poți să împarți timpul în mod echilibrat și pentru familie, dacă ai un loc de muncă care te solicită multe ore pe zi?

R-5. Multe ore pe zi ce înseamnă? Șantier sau computer? Multe ore pe zi cât timp, câți ani? Că dacă trebuie să faci un efort un anumit timp este bine, dar dacă vrei și familie, trebuie să reduci din timpul de lucru ca să-l petreci și cu ei. Ceea ce spun acum este pentru acei oameni care sunt atrași de carieră în detrimentul familiei și uită de tot, lucrează duminica, nu mai merg la biserică (sau n-au mers niciodată) și apoi încep plângerile: acatiste, paraclise, pentru îndreptare; nu este bine așa!

Î-6. Intră în rânduiala creștin-ortodoxă cununia unui ortodox cu cineva de altă confesiune?

R-6. Pe scurt, zicem că nu. Dacă nașii nu pot fi de altă confesiune, cum pot fi mirii de altă confesiune? Întrebare: noi trăim într-o țară cu majoritate musulmană și cu doar câțiva ortodocși???... Nu, noi trăim într-o țară majoritar ortodoxă, 97% din populația românească a României este ortodoxă, deci avem de unde alege. Și ce fete avem!... Ce băieți avem!... Greșeala este la început când se plac tinerii, pentru că pe urmă spun:

„Părinte, dumneavoastră nu înțelegeți că țin la ea?”

„Ba da, cred că ții la ea, cred că ești și îndrăgostit!”

„Da, părinte, sunt îndrăgostit!”

„Păi, nu te-a sesizat mama, tata?"

„Ba da!"

„Păi atunci? Acum noi ce să spunem, să rupem iubirea ta, sau ce să facem?" **Fiecare își are o responsabilitate, dar există posibilitatea de a-l aduce la ortodoxie pe cel ce nu este.**

Î-7. Ce înțelegeți prin pregătire cu calcul și precizie?

R-7. Adică să începi să gândești. Cât durează căsnicia ta? Dacă dă Dumnezeu, 75 de ani de acum încolo. Ce faci în perioada asta, cum o abordezi, este om de nădejde, este omul potrivit? Asta înseamnă precis, să nu te iei după orice. Azi am întâlnit o fată la Pitești pe care am întrebat-o:

„Ei, te măriți?" - avea 28 de ani. „Părinte, bună întrebare, aș vrea să mă mărit." „Păi, mărită-te! Ai un prieten?" „Am!" „Merită?" „Nu". „Păi, dacă nu merită, nu se mai pune problema, nu mai spune da, lasă-l!"

Nu știa ce să facă, el nu merita, dar voia să se mărite cu el. Dacă nu merită, lasă-l, că rânduiește Dumnezeu ceva, nu se poate să nu rânduiască Dumnezeu. Iar dacă nu rânduiește, cine știe de ce anume te-a ferit, cu acela cu care ezitai.

Î-8. De ce în unele familii, la un moment dat, dispare iubirea dintre soți?

R-8. Nu dispare, ci n-a fost! Dacă a fost, nu mai dispare!

Î-9. Cum se poate păstra iubirea între soți?

R-9. Fiecare trebuie să lupte să o păstreze. Căsătoria este întru veșnicie, soții vor fi împreună întru veșnicie. Se zice că pe lumea cealaltă o să fim fără să ne deosebim bărbat de femeie. Dar ceea ce rămâne în veșnicie este iubirea. Este cam adâncă teologia aceasta și nici nu ne pricepem să o explicăm... cel puțin eu,... nu mă încumet!..

Î-10. Ce sfaturi ați da pentru doi tineri care vor să se căsătorească?

R-10. Pe cele pe care le-am dat până acum. De exemplu, tinerii din ziua de azi nu vor să înțeleagă că nunțile nu se fac sâmbăta, deși se cunoaște dedicarea zilelor: luni este pentru îngeri, marți pentru prooroci, miercuri ținem post pentru că L-a vândut Iuda pe Hristos, joi pentru apostoli, vineri este ziua Crucii, sâmbătă pentru morți, duminica este Ziua Învierii. Cum să faci nuntă în ziua morților și să-ți meargă bine? Dar de ce se fac sâmbăta? Răspunsul este: din neștiință sau din încăpățânare!... Nuntașii vor lipsi duminică de la Liturghie și va veni asupra voastră, ca mire și mireasă, acest păcat. Din păcate, acum s-a despărțit cununia de Liturghie, căci înainte se făceau odată, mirii se împărtășeau, fiind pregătiți deja de câteva zile. Așa ne învață Sf. Ioan Gură de Aur că este de folos.

Și când se hirotonește diaconul, stă un timp îndelungat la icoana Mântuitorului și a Maicii Domnului. Apoi îl cheamă arhiereul la un moment dat și-l face diacon. Așa făceau înainte și mirii, dar acum nu se mai face așa. De ce? Pentru că oamenii au dorit să scoată sacrul și să pună în loc ceea ce este lumesc. Au acum pe primarul sau pe ofițerul de stare civilă! Își pun o banderolă și citesc, se creează un protocol, apoi se oferă flori și se toastează cu șampanie, unii aruncă cu confeti, pentru ambianță. Nu este rău, dar asta este altceva. În momentul în care scoți Slujba Cununiei din Liturghie și în loc de Împărtășanie dai mirilor vin în care înmoi un pișcot, s-a deturnat sensul inițial. Trebuie să știm foarte clar ce am făcut noi: am desacralizat acest moment unic din viață! De ce? Așa au vrut oamenii și așa vor și acum.

Î-11. Ca tânăr, cum ne dăm seama că persoana de lângă noi este potrivită pentru a ne petrece tot restul vieții alături de ea?

R-11. Lucrurile acestea se simt, dacă se explică este greu, ele se simt. Dacă te rogi, nu se poate ca Dumnezeu să nu te lumineze.

Trebuie să te rogi. Și ți se întâmplă ceva. Dar Dumnezeu nu comunică așa cu tine, deodată, nu suntem noi vrednici de asta, Dumnezeu comunică prin diverse întâmplări. Dar pentru asta trebuie să fi făcut multă rugăciune și să fi avut multă sinceritate în inimă. Dumnezeu privește în sinceritatea inimii.

Un exemplu: Un băiat care n-avea părinți mi-a zis:

„Părinte, vreau să mă căsătoresc cu fata asta!"

„Ai studiat bine?" „Părinte, este o fată bună..." Ne-am dus acolo, ne-a primit bine și ne-a întrebat:

„Ce serviți?" Eu am zis: ***Lapte.***

„Lapte? Ce fel de lapte?"

„Dacă aveți, lapte acru, bătut." „Avem, părinte!" Mi-a dat lapte și băiatul acesta, nu știu cum i s-a părut lui chestia cu laptele, a cerut și el tot lapte. Când a băut, ce și-o fi închipuit, că a râs în cană și ne-a stropit pe toți și nu s-a mai făcut nimic. După aceea, au trecut anii și fata s-a căsătorit cu altcineva și a mers foarte prost căsnicia, avea un caracter altfel decât îl afișa. Și asta, după 3-4 ani de când s-a întâmplat lucrul acela (eu cred că a fost o întâmplare pusă la punct de Dumnezeu), că dacă nu era, el s-ar fi căsătorit cu ea.

Eu cred că **Dumnezeu le așează și altfel, numai că trebuie să lăsăm puțin și Lui. Noi am luat totul, noi facem planul, noi știm câte murături să punem toamna, câte caiete trebuie la copil, ce bani ne mai rămân. Dacă noi facem planurile așa, Dumnezeu nu mai are nimic de făcut și atunci ne lasă pe noi singuri, ca să ne descurcăm. Și singuri nu ne descurcăm, trebuie lăsat ceva și la mila lui Dumnezeu.**

Î-12. Chiar dacă azi nu mai există un ideal în căsnicie, dați-ne măcar un sfat ca să putem duce o căsnicie cât mai apropiată de voia lui Dumnezeu.

R-12. Nu spunem că nu mai există un ideal. Este trist că nu mai putem vorbi masiv despre unitatea căsătoriei, cum puteam vorbi înainte, cu țăranii noștri, cu oamenii de la oraș, cu intelectualii. **Și chiar, până în '89 puteam să vorbim de o orientare în familie, de o seriozitate a soților. Acum, nu.**

Spre exemplu, o doamnă în vârstă merge frecvent la McDonalds și-și duce nepotul și îi ia pachețel și pentru a doua zi. Am întrebat-o:

„De ce-i luați și pentru a doua zi, lăsați să mănânce acasă, i-ați făcut deja plăcerea ..." Și-mi răspunde*:*

„Lăsați, părinte, să mănânce de aici, dacă are taică-său bani..." Și-i încălzește a doua zi, că au și cuptor cu microunde. **Îl lipsește de mâncarea sănătoasă și făcută cu iubire**.

Dacă omul este om serios, soțul, soția, părinții unei fete, dar totuși o lasă pe fiică să se poarte aiurea îmbrăcată și încă sub ochii lor - nici nu au plecat ei de acasă și ea a și ieșit afară. Și la fel se poartă și în fața lor...

„Părinte, zic ei, s-au schimbat timpurile". „Cum s-au schimbat timpurile, la 15 ani s-au schimbat timpurile pentru o fată?" **Nu este bine, chiar fata va pierde. De ce pierde? Pentru că nu va atrage niciun băiat. Nici pe soțul ei nu o să-l mai atragă cândva. De ce? Pentru că umblă dezbrăcată.**

Să știți că moda aceasta pe care o vedeți pe stradă nu apropie, ci depărtează. Dar noi nu vrem să recunoaștem asta. Ne ducem la psiholog și întrebăm: „Ce produce în ochii și subconștientul bărbatului o femeie goală?" Și el o să ne răspundă. Și o să vedeți că toate acestea înseamnă accelerarea momentului divorțului - dar nici nu mai ajungem la divorț - avem de-a face cu alte experiențe, căsătorii de probă și alte lucruri de genul acesta.

Este complicat să te căsătorești. Ca să te căsătorești, în primul rând trebuie să ai soacră, în al doilea rând trebuie să ai copii, așa se rezolvă toate lucrurile, lărgind familia, asumând responsabilități. Dar la noi se poate observa că prezervativul a distrus familia românească. Oamenii cred că prezervativul și anticoncepționalele rezolvă totul și nu trebuie să te mai căsătorești. Te culci cu o fată, nu rămâne gravidă, nu zice nimic mama, nu zice nimic tata... Vedeți ce distrugere, distrugerea poporului român.

Ce-au făcut turcii cu Brâncoveanu? L-au terminat. De ce? Pentru că a vrut să încurajeze înmulțirea neamului românesc. L-au arestat, l-au condamnat pentru motive înscenate și l-au ucis cu neamul lui bărbătesc!... Înțelegem în ce pericol se află neamul nostru?.... Nu se mai poate!... De ce ni se răspunde de „sus" că în țara noastră nu avem educație sexuală? Ei obligă Ministerul să producă peste 30.000 CD-uri în care prezintă copiilor poziții sexuale! Nu contează cine este ministru, este vorba de un Minister, o instituție. Pe noi nu ne interesează programul "Keiser", pe noi ne interesează rezistența noastră ca popor. Ca persoane mai rezistăm, dar ca popor? Se zice că fiecare popor intră în Uniunea Europeană cu identitatea lui! Care este identitatea noastră, de exemplu? Intrăm în Europa cu mănăstirile? Cum să intrăm în Europa cu mănăstirile când Cuvântul lui Dumnezeu își găsește cu greu locul?

Cine hrănește 5 milioane de oameni pe an? Biserica! Dă de mâncare la 5 milioane. Prea puțin 5 milioane? Atunci dă de mâncare la 50 de milioane. Biserica Ortodoxă dă 50 de milioane de mese pe an numai în România. Cum? Prin parastase. Nu contează asta? Păi, de ce nu? Pentru că țăranii amărâți se împrumută ca să-i facă parastas mamei și tatălui. Cum să nu pui la socoteală asta, când el împrumută și prepară și împar-

te și cheamă în curtea lui săracă și dă de mâncare? Cum să nu pui la socoteală asta? Sunt oamenii, nu este instituția Bisericii, dar instituția este formată din oameni.

Î-13. Ce trebuie să facă o fată care a făcut avort?

R-13. Să nu mai facă niciodată, să se spovedească, să facă canon, să sfătuiască pe alta să nu facă ... Pare simplu,... cum am zis, dar este esențialul.

Î-14. Ce părere aveți de divorț, poate fi acceptat în anumite situații? Ce situații?

R-14. Cele din Noul Testament, le-a enumerat Hristos. Situațiile, astăzi, se cam inventează. Sigur că și eu condamn un bărbat care-și bate nevasta, totuși ea nu poate să-l lase pentru c-o bate. De ce? Păi asta a jurat, ea l-a ales, ea l-a acceptat? Biserica nu se joacă cu jurămintele, noi oamenii ne jucăm cu jurămintele, din păcate...

Î-15. Tinerii care își doresc din suflet să aibă copii, dar nu au, ce trebuie să facă?

R-15. Să se mai roage și apoi, dacă vor, pot să înfieze și să meargă așa tot împreună. Știe Dumnezeu de ce este așa, ca și cu Rahela. Preotului i se spune: părinte!!!. De ce i se spune așa? Pentru că și el tot naște copii - fii duhovnicești. Deci nu totul este să naști. Totul este să poți să te apropii de Dumnezeu. Sigur că ar fi și asta o formă, acceptând tot ceea ce El îți dă.

Î-16. Ce atitudine trebuie să aibă copiii atunci când părinții lor se ceartă sau divorțează?

R-16. Când eram tânăr am văzut un film despre situația asta, cu niște copii care au făcut multe ghidușii prin casă și au împăcat părinții. Păi, ce să facă? Să încerce să-i împace.

Î-17. Dacă într-o iubire mai este loc de mândrie și egoism, mai putem spune că iubim?

R-17. Sigur că nu mai putem spune, dar trebuie luptat cu mândria și cu egoismul, nu trebuie renunțat la om, trebuie mai întâi luptat o perioadă de timp și apoi văzut. Și poți să-l suporți și mândru dacă vrei, dar este greu.

Î-18. Este o limită până unde să-l iubești și să-l ierți pe cel de lângă tine?

R-18. Până unde să-l iubești, este limita ta: „iubește-l pe aproapele tău ca pe tine", deci măsura ești tu. Cât să-l ierți, tot El ne arată, fiindcă Hristos este măsura tuturor lucrurilor: pe cel pe care l-a iertat El,... trebuie să-l iertăm și noi.

Î-19. Pierzându-ți demnitatea și respectul de om, trebuie să accepți orice, chiar și adulterul?

R-19. Se spune în Scriptură că bărbatul poate să-și lase femeia prinsă în adulter. El *"poate să-și lase femeia"*, deci, nu este obligat s-o lase. Dacă ajunge s-o ierte este bine. Nu i se știrbește demnitatea, dimpotrivă.

Î-20. Care este diferența între iubire și atașament?

R-20. Răspunsul la întrebarea aceasta este pe scurt, căci despre aceasta se poate scrie o carte: cum, de ce, până unde, cum ar trebui să procedăm, sunt multe lucruri de spus. Dar, ca enunț zicem doar: **iubirea se manifestă față de om, iar atașamentul se poate manifesta și pentru cățel. Atașamentul este altceva. Nu înseamnă că nu poți fi atașat de un om, dar numai omul se poate iubi. Dacă spui că iubești o pisică este groaznic, pentru că n-ai cum să iubești ceva care n-are chipul lui Dumnezeu în el, cum doar omului i s-a dat.**

Î-21. Faptul că băiatul este cu 11-12 ani mai mic decât fata poate fi un impediment pentru căsătorie?

R-21. Dacă îți asumi riscul, nu este niciun impediment, dar depinde și care este vârsta lor de fapt, dacă sunt maturi sau nu în gândire. Complexarea poate apărea la ea, nu la el...

Î-22. Dacă doi tineri sunt studenți și vor să se căsătorească, ar trebui să mai aștepte 2 sau 3 ani, sau să se căsătorească în timpul facultății?

R-22. Asta este complicat de spus. Trebuie să te căsătorești când ești „în vârf". Cum cunoști vârful acesta: când nu se mai înțelege nimeni cu tine, adică doar căsătoria devine cel mai important lucru...

Î-23. Este importantă compatibilitatea intelectuală între cei doi soți / prieteni? În ce măsură? Poate fi aceasta piatră de poticneală?

R-23. Poate sau nu, de la caz la caz. De obicei ea este, datorită preocupărilor diferite. Însă n-ar trebui să fie. Am văzut și cazuri când treaba merge.

Î-24. De ce nu se fac nunți în posturi?

R-24. Pentru că nunta este bucurie și trebuie însoțită și de o masă. Iar în posturi nu se mănâncă de dulce, dar nu numai pentru asta. Pentru că am putea să facem o nuntă cu mâncare de post, dar asta nu-i permis. **Pentru că bucuria nunții nu poate să umbrească tristețea postului**. Nunțile nu se fac sâmbăta. Mai înainte nu se făceau nici duminica, se făceau numai marțea și joia. Lunea, miercurea, vinerea post, sâmbăta pentru morți, duminica este Ziua Învierii, și deci nu puteai să vii cu bucuria ta peste bucuria Învierii. Și atunci nunțile se făceau marțea și joia cum ne-a arătat și Sf. Ioan Gură de Aur. Acum, preoții, la presiunea credincioșilor, mai cedează.

Î-25. Dumneavoastră spuneți că sâmbăta nu trebuie să se facă nunți. Atunci de ce marea majoritate a preoților acceptă acest lucru și chiar participă la aceste nunți, care numai creștine nu sunt?

R-25. Păi, din motivele pe care le-am spus înainte. La presiunea creștinilor, preoții fac voia lor. Dacă vreți, încercați asta, să vedeți. Nu mai merge, pentru că oamenii și-au făcut lege pentru ei.

Î-26. Ați spus că nu se fac nunți sâmbăta. În ce zile este bine să se facă nunți?

R-26. Păi, așa să faci nuntă, cum am zis, iar dacă faci duminica s-o faci dimineața, la Liturghie când e de față toată comunitatea. Nu știu cum este la dumneavoastră, dar la Cununia săvârșită după amiază sunt 10, 12, 30 de persoane, 50 cel mult... De ce? Pentru că ceilalți vin seara la masă. La momentul cel mai important, nuntașii lipsesc.

Î-27. Ce putem face pentru cei care trăiesc în concubinaj și nu vor să se cunune la Sf. Biserică? Cum să ne rugăm pentru ei?

R-27. Este greu să ne rugăm pentru ei, că nu avem unde să-i pomenim decât "la Psaltire". Pentru că nebotezații, ateii, ereticii, spânzurații și necununații nu se pot pomeni la Proscomidie și nici nu se îngroapă în cimitir. Vă dați seama în ce păcat se află ei? Dacă nici nu se îngroapă în cimitir, unde să-i pui la rugăciune? La Liturghie nu poți să-i pui. Este greu de sufletul lor!....

Î-28. De ce este un păcat să se împreuneze trupește doi oameni înainte de căsătorie?

R-28. Pentru că jignesc relația Hristos-Biserică, Biserică-Hristos, pentru că relația celor doi soți are simbolism în relația Hristos-Biserică, Biserică-Hristos. Și Biserica, fiind mireasa lui Hristos neîntinată, simbolul ei intră în biserică întinat. Aici este problema și lucrarea tainică!...

Î-29. Credeți că un creștin trebuie să ajungă la sfințenie pentru a se mântui?

R-29. Am mai auzit asta și este foarte discutată această afirmație. Și răspunsul este da. Poți să ajungi la sfințenie și prin suportarea durerii. De aceea, pentru cei plăcuți ai lui Dumnezeu, moartea de obicei este dură. Ori în chin, ori pe neașteptate și așa mai departe. Poți ajunge și așa, Dumnezeu, în iubirea Lui, permite și asta.

Î-30. Vorbiți-ne despre acțiunea de ocrotire a copiilor pe care o desfășurați la Vale Plopului. Vorbiți-ne despre prezent dar și despre proiectele viitoare.

R-30. Proiecte viitoare n-avem. Ce să mai ocrotim, că nu mai avem copii? Dacă nu se mai nasc copii, ce să mai ocrotim? Dacă fetele și nevestele nu se mai spovedesc, cine să mai facă copii și să-i mai abandoneze?

Î-31. Dacă părinții au avut păcate mari, dar le-au spovedit înainte să aibă copii, copiii vor fi afectați?

R-31. Asta este o problemă. Pe de-o parte spunem că părinții au mâncat aguridă, iar copiilor li s-au strepezit dinții și pe de altă parte spunem că Botezul, Spovedania, Liturghia șterg păcatele și susțin starea omului de după iertare. Ce nu știm noi este altceva: că prin Spovedanie, făcută în 5 trepte, bineînțeles, se obține iertarea. Asta o obții. Dar numai prin canon obții eliminarea efectelor păcatelor. Dacă ați înțeles asta, ați înțeles cel mai important lucru.

Dacă te spovedești în 5 trepte (spunere, părere de rău, căință și promisiune de îndreptare, canon, dezlegare), Dumnezeu, prin mâna preotului, iartă. Deci ești iertat - și cu toate astea treaba merge greu. De ce? Păi, au rămas efectele. Cum anulezi efectele? Prin canon, adică luându-ți medicamentul - canon înseamnă și medicament. Aceasta este important, dacă nu facem asta, degeaba ne spovedim. Luăm iertare și ce facem cu iertarea? Este important să anulezi și efectele.

Î-32. Din ce cauză ne îmbolnăvim de boli psihice? Este adevărat că păcatele părinților se transmit la copii?

R-32. Este adevărat că zestrea se dă. Ce-i dai, aceea are, nu poate să aibă ce nu-i dai, nici nu poate să nu aibă dacă i-ai dat. Cum putem crede că un copil seamănă cu tine la nas, la ochi, la păr, la gesturi, iar restul nu primește? Primește!.... Tot primește și de aceea trebuie să fim înțelepți.

Iar despre bolile psihice, am observat o regula simplă: unde se „dărâmă" o biserică, adică unde nu mai este Spovedanie, se construiesc 7 spitale de nebuni. Asta este regula. De ce? Pentru că psihanalistul nu poate decât să amelioreze puțin, în timp ce prin Spovedanie creștinul se poate vindeca. Psihanalistul analizează, dar preotul, prin puterea lui Dumnezeu, vindecă. **Spitalele și azilele de boli psihice se construiesc în locul bisericilor „dărâmate". Nu neapărat clădirea, ci unde nu mai este Spovedanie. Și câți din cei ce merg la biserică, se spovedesc, ca să nu mai zic: câți se spovedesc cum trebuie?**

Î-33. Este iertată sinuciderea în cazul bolnavilor mintal?

R-33. Păi, așa zice, că dacă a fost bolnav, dar cine mai constată cât de bolnav a fost? Totul rămâne la mila lui Dumnezeu. Oricum, noi trebuie să știm, ca să nu-i facem parastas. Dar știm noi? Nu știm. Credem ce scrie medicul legist.

Î-34. Cum se pot izbăvi tinerii de patima beției?

R-34. Totul este să nu ajungă. Sunt niște studii făcute și spun că alcoolul se înscrie în rezervele astea neutilizate ale creierului și de acolo izbucnește. De aceea avem de-a face cu: *băutor, bețiv și alcoolic*. Bețivul nu este așa periculos, dar dacă devine alcoolic, atunci este nevindecabil și trebuie să evite chiar oțetul din salată.

Î-35. O familie a trăit 30 de ani necununată la Biserică, unul din soți a murit, ce poate să facă celălalt pentru mântuirea sufletelor lor?

R-35. Să facă rugăciuni, milostenie și celelalte. Nenorocirea este în unele zone, când li se pare că soluția este să se facă Cununia celui viu cu cel mort. Ați auzit de nebunia asta? Moare soțul și soția cheamă preotul și îi cunună. Cel viu cu cel mort. Sunt 2-3 preoți care fac asta în toată România, dar se întâmplă...din păcate!...

Din păcate, din lipsă de cateheză... foarte mulți creștini cer împlinirea unor momente ale vieții lor când nu își mai au rostul și sensul!...

E penibil ce explicație să dăm momentului de dans nupțial,... Isaie dănțuiește!.. etc...

Dacă am ține cont de ordinea scopurilor Căsătoriei,... nu ne-ar mai veni așa idei năstrușnice:

- Implinirea unul în altul și amândoi în Hristos
- Nearderea,
- Într-ajutorarea
- Nașterea de copii.

... Omul religios trebuie să aibă o rânduială. Pentru că religia trebuie să fie liber-consimțită,... adesea omul alege ce vrea și cum vrea în necunoștință de cauză.

În Biserica Ortodoxă,... creștinii trebuie să aibă o rânduială. Fără rânduială creștinii pot deveni vulnerabili.

Auzim adesea: ”...Cred că mi s-au făcut vrăji!...” Subiectul e foarte amplu de discutat. Până a ajunge să cunoaștem mecanismul prin care se poate face rău cuiva,... ar trebui să știm cum devenim imuni la vrăji, farmece... și orice lucru rău sau lucrare a dracului, mai precis cum facem să fim imunizați ca orice rău să nu pătrundă în noi.

Foarte mulți cer dezlegări. Dar dezlegările își au rostul lor. Nu se pot citi dezlegări dacă cel ce le cere nu e spovedit și e în afară de rânduială și apoi... bineînțeles, participarea la Sfânta Liturghie.

Sfântul Maslu este pentru cei bolnavi, nu pentru orice fel de neajuns. Creștinii trebuie să ceară sănătate la Taina sf. Maslu, nu orice și oricum.... când nu avem rânduială în viața noastră precum am zis mai sus, degeaba facem câteva prescripții religioase!... (aprindem lumânări,... facem sfeștanie în casă,..

Dumnezeu nu poate fi șmecherit de noi!...El,... în IUBIREA Lui ne primește oricum, dar DREPTATEA Lui nu lasă împlinirea dorințelor noastre.

SOȚUL IDEAL, SOȚIA IDEALĂ

Tema aceasta este foarte potrivită cu Postul Mare, pentru că soțul ideal și soția ideală postesc și chiar dacă n-ar posti, prețuiesc postul. **Se spune că anumite lucruri nu pot fi discutate de Biserică și în Biserică.** Adevărul este că orice trebuie și poate să fie discutat de către Biserică și în Biserică. Biserica, ocupându-se de toate sufletele, ea fiind definită ca doi sau trei adunați în numele lui Hristos, sau totalitatea botezaților, sigur că este în măsură să se ocupe de absolut toate problemele. **Astăzi lumea nu mai postește. Creștinii, respectiv creștinii ortodocși, mai postesc totuși. Iar cei care nu mănâncă decât verdețuri și alimente, care-i situează într-o categorie numită vegetarieni, sunt mult mai numeroși decât postitorii. Este drept că ar trebui să nu cunoaștem câți postitori sunt, pentru că postul ar trebui, după cuvântul Evangheliei, să se facă în ascuns și cu față veselă. Așa zice Evanghelia, așa trebuie să facem!**

Trăim vremuri în care postul ar trebui să se facă văzut și cinstit. Oare cum să ne manifestăm că postim și de ce? Pentru că așa de mulți nu postesc, așa de mulți habar nu au ce este postul, așa de mulți nu numai că nu prețuiesc, dar chiar și disprețuiesc postul, încât mai ales tinerii sunt cei mai potriviți să arate că postesc! Astfel ei chiar pot să demonstreze societății că postul este actual. Porunca postului rămâne actuală și va rămâne până la sfârșitul veacurilor, când nu se va mai auzi de post, pentru că postul este și el situat între acele fapte bune care ne conduc pe noi la unirea, măcar în conștiința noastră, dacă nu în trăirea noastră, - cu Dumnezeu.

Soțul ideal este foarte dorit astăzi, de aceea când el își face greu simțită prezența ca ideal, atunci dezamăgirea este foarte mare! Soţia ideală, de asemenea, este destul de rară sau nici nu cunoaştem că există şi că prezenţa ei se face simţită în diferite familii. Umblăm după ideal, căutăm idealul, fiecare îl caută în felul lui. Poate în istorie au rămas ceva urme (dacă am ştii să facem o analiză a modului în care oamenii au căutat idealul), dar în căsnicie căutarea idealului este neapărat necesară. Fără un soţ ideal, o soţie nu poate să spună că este fericită, asemenea un soţ nu poate să spună cuvinte frumoase despre soţia lui dacă ea nu este ideală.

Cuvântul pare prea pretenţios, dar nu este. Nu poate exprima îndeajuns ce înseamnă soţ ideal şi soţie ideală. De ce? Pentru că Domnul Dumnezeul şi Mântuitorul nostru Iisus Hristos, cap al Bisericii Sale, întemeiată de El din coasta Lui pe Cruce, în chip nevăzut, iar la Cincizecime în chip văzut, a binevoit şi El prin gura vasului său ales Sfântul Apostol Pavel să facă o comparaţie inedită la vremea aceea, inedită rămânând până în zilele noastre şi anume că reprezentarea soţ-soţie în iubire este aceea Hristos-Biserică. Precum Hristos a iubit Biserica Sa, aşa soţul să-şi iubească soţia sa; precum Biserica se supune lui Hristos, aşa soţia sa se supune soţului. **Nu este vorba de o supunere de tip sclavagist**, ci este vorba de acea relaţie a omului cu Dumnezeu, frica de Dumnezeu care nu înseamnă crispare, ci înseamnă o relaţie apropiată. În acest caz avem de-a face cu o supunere care nu se numeşte produs al fricii, ci al înţelegerii şi al iubirii conştiente.

Soţul ideal nu se formează într-o zi, el nu se prelucrează, el nu se pregăteşte într-o şcoală anume; el are un timp mai îndelungat de pregătire, ca şi soţia ideală, adică fiecare se pregăteşte de la naştere şi dinainte de naştere. De la naştere înţelegem cu toţii cum, prin educaţia dată de părinţi şi chiar prin autoeducaţie, dar dinainte de naştere este un pic mai greu să înţelegem cum. Însă lucrurile acestea sunt verificate şi anume: părinţii, înainte să-l conceapă, se pregătesc ca viitorul copil să devină un soț ideal sau soție ideală; de lucrurile acestea ținem cont foarte puțin. Auzim în Biserică: *"păcatele tinereților noastre, ale neștiinței noastre, ale neputințelor noastre, ale bătrâneților noastre, ale părinților noștri nu le pomeni Doamne"*, așa ne rugăm noi și de aici înțelegem că copilul poate să aibă asemenea moșteniri pe care le anulăm ușor: pe de o parte, prin Sfântul Botez și pe de altă parte prin prezența lui în Taina Spovedaniei și în Taina Împărtășaniei.

Soțul ideal se alege cu grijă de către partener. Alegerea proastă duce la deziluzie. Sigur se nasc întrebări: de când alegem, cum alegem; de ce atâtea fete au ales și nu pot vorbi în căsătoria lor despre soți ideali și de asemenea, mulți băieți au căutat fete bune și nu au reușit să găsească, astfel încât acum să mărturisească: eu am o soție ideală sau eu cunosc pe cineva care are o soție ideală. Dacă nu suntem atenți cu noi înșine, ne formăm ca atare un cuplu ne-ideal, de aceea, un băiat și respectiv o fată nu-și pot permite orice. Au libertate acum, dar nu pentru orice (după 1989, nu pentru asta au libertate), ci pentru că Însuși Hristos a dat libertate tuturor! *„Îmi este de folos numai ceea ce este în perspectiva mea, nu orice mie îmi place";* adică am voie să mă dau cu capul de pereți, dar nu mă dau, întrucât nu-mi este de folos. Deci, am voie să citesc orice, am voie să privesc la televizor orice, am voie să vorbesc oricum, dar nu îmi este de folos și atunci toate acestea încerc să le evit; îmi fac o regulă a vieții mele, nu citesc orice, nu privesc orice fel de reviste, când sunt singur acasă nu stau oricum, nu stau cu picioarele pe masă, nu stau cu picioarele pe pereți chiar dacă sunt singur acasă. De ce? Pentru că mă respect, nu-mi permit să fac așa. De obicei încercăm să avem un anumit comportament numai când suntem de față cu cineva.

Să-nțelegem că Hristos a ridicat femeia la treapta la care Dumnezeu a lăsat-o să existe, dar pe care societatea a aruncat-o în foarte adânci prăpastii. El a ridicat femeia născându-se din Preasfânta

Născătoare de Dumnezeu, Sfânta Fecioară Maria, apoi participând la nunta din Cana Galileei și demonstrând Apostolilor ce importantă este femeia și ce stabilă poate să fie ea neînfricoșându-se de tot ce s-a întâmplat la Răstignire. Și după aceea, arătându-se Mariei Magdalena și femeilor mironosițe în grădina Ghetsimani după Înviere și celelalte; sunt multe care ne conduc la această idee. **Relația de supunere a femeii însă rămâne o relație de supunere doar în sensul recunoașterii relației Biserică-Hristos și Hristos-Biserică și atât.**

Fetele noastre astăzi (când spun fetele noastre mă refer la fetele României care sunt botezate, care sunt împărtășite, care se și spovedesc, cel puțin din când în când, dar care au manifestări în neconcordanță cu chemarea botezului, cu chemarea credinței), din păcate nu vor mai fi vreodată, nu mai pot fi vreodată soții ideale, decât dacă au avut grijă să nu denatureze ceea ce Dumnezeu a lăsat sfânt în ele. Se pare că relația de prietenie dintre un băiat și o fată, apoi chiar relațiile conjugale și celelalte aspecte pe care le numim "de cuplu", astăzi sunt puțin discutate în societate. Din mila lui Dumnezeu, s-au scris ceva cărți în ultima vreme care intră în aceste amănunte, dar societatea nu percepe lucrul acesta și anume că este bine și trebuie ca Biserica să se amestece prin preoții ei și prin credincioșii ei în aceste probleme. Unii spun că această relație de prietenie între un băiat și o fată este o problemă strict personală, este o problemă care se întâmplă în parc, pe stradă sau la o întâlnire și atât.

Se poate face următoarea încercare, pentru că foarte mulți întreabă, cum verificăm faptul că suntem potriviți în formarea și păstrarea unei prietenii? Să ne pregătim! De exemplu: peste patru ani vreau să mă însor sau vreau să mă mărit. Atunci nu este permisă o relație doar de dragul de a ne ține de mână sau ca să am cu cine să mă duc în parc sau la film sau la teatru sau să mă plimb.

Nu, nu este permis așa. Când ai constatat deja nepotriviri importante, trebuie să fii sincer, să spui și să închei această relație. De aceea, spunem că nu putem ajunge să înaintăm mult cu prietenia noastră, pentru că trebuie, măcar puțin, să ne cunoaștem. Există unii extraordinari care rezolvă această nelămurire într-un an și există niște excepții care rezolvă în câteva zile. Asta este după fiecare, după cum reușește, dar desigur că fiecare își asumă riscul în măsura în care nu cunoaște de ajuns pe celălalt. Sigur că nu lăsăm totul la latitudinea noastră, adică la puterea noastră de cunoaștere, sigur că ne sprijinim în această cunoaștere, cerând de la Dumnezeu, în rugăciune, luminarea minții noastre. Și prin această luminare El nu ne lasă să ducem o prietenie 5-6 ani și după 5-6 ani să constatăm că de fapt totul s-a terminat. Dumnezeu nu ne va lăsa așa, dacă ne rugăm cu stăruință.

Căsătoria nu trebuie să fie o preocupare permanentă (mai ales la studenți lucrul acesta poate să împiedice studiul), dar nici sa lăsăm să vină automat, fără o lucrare, pentru că Dumnezeu sprijină această acțiune, El privind în perspectivă viața noastră. Atunci spunem că totuși, în vederea căsătoriei, putem să verificăm pe prietenul nostru, respectiv prietena noastră.

- Astăzi ne vedem?

Și tu spui***: - Da!...***

El zice: ***unde?***

Și tu spui:

- Pe treptele Bisericii Sfântul Nicolae.

Nu mai auzi nimic în cască, după care zice:

- Unde...?

Și repeți:

- Pe treptele Bisericii sau la poarta Bisericii sau vrei în Biserică? Poate nu-i deschisă la ora aia, mai bine pe trepte.

- Bine, pe trepte..., - o să accepte, deși i se învârte mintea, de ce mi-a dat întâlnirea acolo, de ce mi-a zis așa, de ce mi-a repetat? În cele din urmă pune problema și spui:

- Acolo. Nu este bine? Este în drumul nostru..., este bine, este frumoasă arhitectura, și astfel se nasc niște discuții.

Căci **de ce ar trebui să ne întâlnim numai la cofetărie sau numai la soclul statuii nu știu cui? De ce asta? De ce să nu ne întâlnim și la Biserică? Nu neapărat în Biserică, dar putem face și asta, ne închinăm la sfintele icoane și plecăm.**

Acesta ar fi un mijloc să verificăm, pentru că cine are frică de Dumnezeu se va vedea apoi că are și respect față de oameni. Dar noi ce facem?

Aflăm pe viitorul soț sau pe viitoare soție de oriunde, din afara Bisericii, apoi întemeiem căsnicia, vedem că nu merge și alergăm la Biserică, cu acatiste, cu rugăciuni, cu intervenții... De ce să nu luăm noi așa de la început, în studiu?...

Nu este nimic mai grav decât să nu îl ai pe Dumnezeu. Sigur, fiecare cu puterea și în forma în care el reușește. Nu toată lumea se poate căsători cu oameni care știu de ajuns cele ale lui Dumnezeu! O să ziceți: „Bine, dar dacă pierd prietenia aceea?" Dacă pierzi prietenia? Nicio problemă?..., ai pierdut-o mai devreme cu 5-6 ani. Bine că ai pierdut-o acuma, bine că n-ai pierdut-o peste 5-6 ani. De ce? Pentru că așa se verifică rezistența ei!

Omul se verifică. Cu sinceritate îl verificăm, dar bine că-l verificăm, pentru că n-avem voie să ne periclităm mântuirea în cazul în care nu poți să duci crucea căsătoriei nereușite. Este posibil să și câștigi mântuirea tocmai ducând această cruce, dar nu trebuie să încercăm prea multe. „Ajunge zilei răutatea ei", ne spune Sfânta Scriptură și să ținem cont de lucrurile acestea. Nu putem risca. **Dacă o fată se căsătorește cu un băiat care este bețiv și ea îl aduce pe calea cea bună și nu mai bea, va fi de-**

corată, premiată, declarată erou. Dar dacă nu reușește, va fi cotată ca vinovată pentru că a știut și a riscat această stare, care în căsătorie este dezastruoasă.

Aceasta ar fi etapa prieteniei. Există o altă etapă a punerii problemei. Cei care sunt foarte apropiați Bisericii și cei care sunt grupați, așa cum ar fi o asociație, deja sunt foarte apropiați, foarte preciși și asemănători în comportament. Ei bine, acești băieți nu reușesc, de obicei, să spună fetelor cu care au o relație de prietenie, nu reușesc să spună partea finală. Totul merge foarte bine până la propunere. Dacă reușești să faci asta, lucrurile s-au și rezolvat. Urmează o altă treaptă, o vizită acasă și o înțelegere, dar dacă nu reușești lucrul aceasta, nu avansezi.

Eu cunosc problemele fetelor cu care discut foarte mult și comentând problemele fetelor, transfer aceasta și la băieți. Despre băieți eu spun că (vorbesc de băieții cuminți și bine orientați) sunt moi, adică nu au inițiativă. De aceea, ei amână căsătoria pe ani de zile. Cunosc băieți care fac facultatea, încă o facultate, două masterate și patru doctorate. Mult, mult! Ba chiar este modă și din cauza aceasta prietena lui nu face decât să îl imite. Face și ea încă o facultate. Este poate bine ca intelectual „de clasă" și ajung chiar după 30 de ani când se căsătoresc și apoi constată că este foarte complicat să nască un copil, și și mai greu pe cel de-al 2-lea că nu știu ce probleme au avut la naștere, etc. Altfel este la 21 de ani să procreezi și eu nu sunt de acord cu atâta școală! Sau **sunt de acord cu multă școală (poți să faci până la 60 de ani școală), dar te căsătorești în timp util. Adică în acel „vârf" în care tu consideri că ai ajuns la maturitate fizică și de gândire de unde să pornești în viață și să realizezi căsătoria și urmașii.**

Totuși, unde este soțul ideal? Nu știm unde este exact, dar el există. Nu există numai unul, există mulți, depinde fiecare soție cum îl privește. Nu trebuie să spunem că soțul ideal

trebuie să fie așa și așa. Soțul ideal este acel soț pe care soția îl acceptă și-l admiră în felul în care se manifestă el, iar soția ideală, de asemenea. De aceea nu este nevoie de școală pentru a deveni soție, pentru a deveni soț. Nu avem nicăieri o școală pentru soți - ar trebui să avem niște cursuri pentru soți - asta este adevărat. Pentru băieți multe cursuri trebuie să fie, dar doar atât,... nu trebuie o școală.

Soțul ideal știe să mențină în căsnicie acel suflu, acel elan al primei zile de prietenie. Acesta este soțul ideal. El știe să se roage, să admire, să facă observație într-un fel anume și multe alte calități are... Soția ideală este aceea care înțelege tot. Dacă înțelege tot, ea dă dovadă de bunătate și din bunătatea inimii decurg toate. Este foarte simplu să devii soție ideală, este așa de simplu...!, numai că trebuie atenție și pregătire. Ceea ce vedeți că nu merge, a fost făcut fără pregătire. Aveți veri, verișoare, vecini, cunoștințe, prieteni cărora nu le merge bine în căsnicie. Constatați că au cele materiale, chiar că merg la Biserică, sunt niște oameni onești și totuși ceva nu merge. De ce nu merge? Nu s-au pregătit. S-a întemeiat căsnicia și atât, nu a fost pregătită. De aceea dumneavoastră, cei care vreți să vă căsătoriți, este bine să vă pregătiți încet-încet și apoi la vreme, mai intens. **Fără pregătire nu reușiți**.

Au fost situații reale când o fată foarte frumoasă a fost desfigurată într-un accident sau s-a îmbolnăvit foarte grav și cu toate acestea prietenul ei a luat-o de nevastă. Sigur că este o extremă a discuției noastre. Oare ne iubim noi așa mult ca atunci când vin asemenea nenorociri peste noi și de alt gen și de altă natură, să putem să continuăm? Sau ne speriem și o luăm la fugă, părăsind căminul și spunem: *"Iată ce ni s-a-ntâmplat, nu mai putem!"* Există și o altă situație când pe cineva l-a călcat trenul și a rămas fără picioare și fără mâini și totuși prietena lui s-a căsătorit cu el. Să ne ferească Dumnezeu de așa ceva, dar în viitor, dacă vin lucruri chiar obișnuite, greu de dus, oare o să rezistăm? **Oare o să ducem crucea căsătoriei? Căsătoria este o cruce ca și călugăria. Crucea căsătoriei urmează să fie dusă de amândoi**.

De exemplu, crucea căsătoriei este dusă de soție când avem de-a face cu un soț bețiv și nemernic și totuși ea nu renunță la căsătorie. Suportă, este nedrept, dar își ține jurământul. Observați că cea mai puternică admirație o au din partea noastră, călugării?... Noi admirăm la culme călugării. Dacă un călugăr sau o călugăriță nu și-ar respecta jurământul, voturile, imediat ne scandalizăm, nu ne convine, criticăm și cred că suntem îndreptățiți să facem aceasta. Nu să judecăm, dar să fim nemulțumiți pentru că s-a întâmplat așa. Știți de ce? Pentru că ei își țin voturile, dar noi nu ne ținem jurământul: noi jurăm cu mâinile pe Sfânta Evanghelie și pe Sfânta Cruce, dar la un moment dat totuși suntem în stare să divorțăm, călcând jurământul. Deci suntem în stare să divorțăm, să ne despărțim.

Biserica Ortodoxă recunoaște de drept ceea ce de fapt s-a întâmplat, adică ruptura. Nu este de acord cu divorțul, dar recunoaște ruptura și atât. Știți că romano-catolicii nu admit divorțul, asta **nu înseamnă că noi admitem divorțul, înseamnă numai că recunoaștem ruptura**. Ei bine, dacă ajungem să divorțăm, rămâne întrebarea dacă noi am putut să ducem crucea sau nu și dacă am ales bine de la început, ne-am orientat bine sau nu, iar răspunsul va fi nu. Dacă începem să întrebăm de ce, este mai mare durerea! Ca să nu ajungem la asemenea aspecte, este bine să gândim și să ne rugăm împreună, dacă este bine ce vrem să facem...

Cei doi să se roage și separat, apoi să meargă și la duhovnic și să se lase sfătuiți de el, rugându-se ca Dumnezeu să le vorbească prin gura duhovnicului.

La ora actuală, în lume, familia este în pericol, dar ne stă în mână s-o punem la punct dacă revenim la Capul ei, care este

Hristos. Îndepărtarea lui Hristos de la masa cununiei face ca legătura mirilor să nu fie trainică. Aceasta este explicația pentru care familiile se despart. Copiii unesc soții, dar dacă facem avorturi, dintr-o dată legătura s-a rupt și chiar copiii ce-i avem vor suferi. Foarte greu se mai reface această legătură. Sunt studii psihologice care s-au făcut și care au demonstrat lucrul acesta. Dacă o folosesc pe soția mea ca pe un obiect de plăcere, nu mai există o legătură frumoasă între noi.

Foarte greu se înțelege aceasta într-o societate nebună, într-o societate care creează și dă voie să existe o asociație care luptă contra SIDA, propagând ideea că românii nu sunt obișnuiți cu contracepția și atunci trebuie să-i obișnuim de mici. Acum un an, nu știu pe unde, o educatoare a primit aceste asociații și a permis să se joace copiii cu prezervative umflate; pe valea de unde sunt eu, luna trecută s-a întâmplat acest lucru. Adică au venit acolo și au dat copiilor prezervative umflate ca niște baloane și copiii se jucau cu ele. Și explicația a fost aceasta: românii sunt foarte îndărătnici cu contracepția, deci să facem ceva ca să-i obișnuim de mici. Ei bine, într-o asemenea societate care nu-i zdravănă, este foarte greu să formezi o familie, un soț ideal, o soție ideală, o familie ideală, dar nu imposibil.

Dumnezeu ne-a descoperit tot ceea ce este în folosul nostru. Noi nu ne lăsăm duși de val, valul trece, noi rămânem și rămânem pentru că suntem cu Hristos. Nefiind cu Hristos, nu poți să rămâi tare. Însă rezistența nu ne-o dă cunoașterea problemei ca și informație. Rezistența ne-o dă Liturghia, adică trăirea cu Dumnezeu în Taina Sfintei Euharistii. Împreună, credincioșii și familiile fac acea Biserică de unde în unitate pornește și se formează Biserica cea mare. Ce este Biserica Domnului? O adunare de multe familii care trăiesc în Hristos.

Întrebări şi răspunsuri

Î-1. Ce ar trebui să facem ca soţul, soţia să fie ideal, respectiv ideală şi după căsătorie?

R-1. Da, am scăpat din vedere că soţul poate să fie cu soţia şi înainte de căsătorie, că mai ales acum, Occidentul ne propune căsătoria de probă. Dar noi nu putem să-i numim soţ şi soţie decât după cununie. Iar intrarea în Biserică în altă formă decât feciorelnică atrage după sine osândă. De aceea trebuie să fim atenţi cu spovedania şi canonul care să rămână şi în timpul căsătoriei. **Dar să ţinem cont şi de lucrurile mici. Dacă soţia nu uită, îşi aminteşte şi soţul ce-i face ei plăcere, dar dacă ea uită de protocolul acesta, atunci şi soţul mai uită atenţiile cu florile, cu cadourile. Aşa, prin prezenţa ei şi amabilitatea ei, îi tot aminteşte să se poarte mereu frumos.**

Î-2. Nu credeţi că în raport cu evoluţia actuală a societăţii civile în ceea ce priveşte sexualitatea, şi mă refer la abordarea atât de libertină a acesteia, Biserica face prea puţin?

R-2. Desigur, **dar şi tu care ai pus întrebarea, pentru că şi tu eşti din Biserică, faci prea puţin! Asta este!... N-am definit la început că Biserica este formată din toţi cei botezaţi?** Tu, care ai pus întrebarea, eşti botezat, iar dacă eşti botezat, faci parte din Biserică şi Biserica face foarte puţin prin tine pentru asta. Spunem aşa pentru că suntem obişnuiţi să transferăm responsabilitatea la vârf. Cine trebuie să facă acum un pretext împotriva libertinajului? Cine? Patriarhul. Este adevărat că şi patriarhul. Cine? Sinodul? Cine? Episcopul? Cine? Preoţii? **Da, şi aceştia, dar este mult mai important dacă lucrurile vin de la credincioşi, pentru că oricum credincioşii au pulsul la ceea ce se întâmplă.** Oricum, ar fi de luat în seamă!.... S-a făcut destul, dar ce înseamnă destul pentru tăvălugul acesta?

Sunt lucruri impuse care nu se discută, observați că nu se discută?... Biserica? N-a reușit nimic, decât conștientizarea. Nu a putut opri tăvălugul. Biserica nici nu are scopul de a opri, pentru că a opri nu-i stă în putere. A opri, înseamnă a forța deja. Biserica a conștientizat poporul de păcat,... înseamnă că este bine! E adevărat: n-a făcut de ajuns, tot prin noi n-a făcut de ajuns. Sigur că ar trebui să facă mai mult Biserica, dar nu ca instituție, ci Biserica aceasta vie formată din credincioși.

Î-3. Dorind să te căsătorești, ce înseamnă să lași lucrurile să decurgă de la sine și ce înseamnă a forța lucrurile?

R-3. A curge de la sine înseamnă a face un acatist pe zi, iar a forța înseamnă a face 40 de acatiste pe zi, cu rugăciunea după fiecare condac și icos: „Doamne, în ce știi că vreau, eu fiind limitat, Tu care vezi în perspectivă și în folosul meu sufletesc și trupesc, rânduiește ce este bine!" Asta înseamnă oarecum a forța, adică a micșora timpul de cunoaștere cu ajutorul lui Dumnezeu. Uneori este bine să și forțăm. Am cunoscut câteva fete care au fost curajoase și au forțat lucrul și au realizat căsătoria lor care merge bine. Adică au spus: este negru sau este alb, atunci băieții au prins curaj și au spus: da! și s-a rezolvat impasul și prelungirea. În rest, toți stăteau așa într-un „respect" care era deranjant, acest respect care se întindea de câțiva ani.

Î-4. Cu privire la exemplul cu cel căsătorit cu prietena care suferise acel grav accident, s-a căsătorit cu ea din milă, frică de Dumnezeu sau iubire?

R-4. Nu știu. Însă nu avem voie să facem ceva în căsătorie din milă. Nu este voie. Dacă faci din iubire, este bine. Mila este, desigur, o virtute creștină, dar nu poți să faci asta în aspectele căsătoriei. Nici nu ne convine, dacă ar spune cineva: „aș vrea să te iau în căsătorie din milă", dar dacă spui: „te iubesc așa de mult, că vreau să te iau în căsătorie, dacă și tu ești de acord", este cu totul altceva!

Î-5. Ați afirmat că o femeie ideală, obligatoriu nu trebuie să se abată de la calea cea dreaptă, dar dacă se abate și apoi (datorită pocăinței) se întoarce pe calea cea dreaptă, nu poate să mai fie ideală? Istoria ne-a demonstrat contrariul, de exemplu împăratul Iustinian și Teodora. Nu credeți că exagerăm?

R-5. Poate că exagerez, dar mai bine să exagerez și să se realizeze așa. Spre exemplu, dacă cel care sare la paralele cu prăjina, dacă ar putea să nu vadă ultima bară acolo, ci să vadă una mai sus care nu există, atunci sigur că reușește să câștige. Totul este să tindem sus și apoi să realizăm cât se poate, dar nu avem voie să nu năzuim, trebuie să năzuim la ceea ce este căsătorie creștină, căsnicie fericită, soț ideal și soție ideală. Căderea este omenească, ridicarea este posibilă. Să facem asta, **Dumnezeu nu ne va judeca că am păcătuit, ci pentru că nu ne-am ridicat din păcat!...**

Se întâmplă multe în căsnicie, și căderi și ridicări. Oamenii pot deveni sfinți și din tâlhari și din desfrânați... Avem dovezi în istorie..., am verificat și merge. Dar dacă nu poate să nu fie decât rău, ridicarea se poate, dar cu revenirea iarăși la credință, la trăire și aceasta este obligatoriu. Eu nu cred în morală fără Dumnezeu. Există morală și fără Dumnezeu, dar nu cred în ceea ce poate să realizeze aceasta. Nu se poate, nu este compatibilă, **de aceea unele căsătorii nu merg, pentru că soțul spune: eu aduc acasă de toate, sunt corect cu soția mea, nu o bat, are de toate, avem copii, ne dăm interesul, dar aventurile mele personale fac parte din alt episod al vieții mele. În așa ceva nu cred. De ce? Pentru că intervine o lege, se numește legea echilibrului sau legea compensației. Și așa intervine Dumnezeu, care nu se lasă înșelat! De aceea avem de-a face cu multe necazuri.**

Î-6. La relațiile intime conjugale: cât de importante sunt, dacă după căsătorie soții realizează că nu se potrivesc, ce se întâmplă? Dacă un soț înșeală pe celălalt, ce trebuie să facem?

R-6. Relații intime... Este o problemă, cum se numește astăzi, în vogă, adică în special telenovelele arată asta. Propagă această idee continuă că putem să ne înșelăm unul pe altul sau că nu este bine să ne înșelăm, pentru că de fapt legea este aspră. Ei bine, asta nu este corect, nu este bine. Aceste aspecte sunt aspecte pe care Sfântul Apostol Pavel le critică vehement. Spune acolo că acest păcat se întâmplă „în corpul vostru", și desigur că în căsnicie apare o dereglare care se simte. **Soția nu știe că soțul o înșeală, dar simte, este simțământul ei. De ce? Pentru că s-a întâmplat ceva în relația lor consfințită de Dumnezeu**. Atunci întrebarea este, ce să facem? Trebuie să ne rugăm și să revenim la normal, nu putem să facem altceva. În momentul în care ți se taie o mână într-un accident și încă mai se ține de corp, mergi la spital, că, doar-doar, ți-o pune la loc. Foarte mulți își doresc, cei cărora li se taie un braț sau un picior, să le aibă la loc. Din moment ce suntem un singur trup (Sf. Ap. Pavel ne învață așa), sigur că trebuie să luptăm să ne readucem soțul sau soția. Este ceva care s-a pierdut puțin de noi, s-a desprins total, chiar, dar trebuie reîncercat.

Î-7. Cum se poate păstra de-a lungul timpului intensitatea începutului?

R-7. De o parte și de alta, trebuie să avem calitatea și puterea să vedem prin celălalt pe Dumnezeu. Dacă am reuși să devină în ochii noștri soțul sau soția noastră transparent/transparentă, iar dincolo să vedem pe Dumnezeu, atunci se menține această intensitate. Dacă nu, este greu, pentru că intervine în primul rând rutina. Rutina care este ca o rugină. **Cum este rugina pentru metal, așa este rutina pentru căsătorie. Și despre gelozie, de exemplu, spunem că este rugina iubirii**. Evităm rutina doar dacă gândim în perspectivă; în rest, viața trece, este o vreme frumoasă, după aceea apar probleme, apar neputințe și așa mai departe. Putem să spunem că este o artă, arta menținerii intensității.

Î-8. Ce părere aveți despre următoarele modalități în care se cunosc doi oameni și vor să ajungă la căsătorie: prin scrisori și prin internet?

R-8. Prin scrisori este interesant, este posibil și bine și chiar de multe ori merge, dar numai prin scrisori cred că nu este bine. Adică, după o avalanșă de scrisori trebuie să ne și vedem. Mai ne trimitem fotografii, mai ne vedem, dar la ora actuală foarte puțini își scriu, datorită telefonului și internetului. Vorbesc din cerneală, pentru că și prin internet scriu, dar scriu altfel, lucrează printr-un aparat care este rece! Prin internet?.... Și așa este bine, **dar dezvoltăm o relație care nu este bună, adică nu este verificată.** Omul se poate exprima, este adevărat, oricum, dar prin viu grai discutăm altfel, sesizăm altfel lucrurile. Nu putem să comunicăm sentimentele noastre prin internet, nu cred că este bine. **Dar oricum vei minți dacă-i spui prin internet „te iubesc"! Nu prea cred că asta se poate, pentru că nici nu l-ai văzut.** Noi suntem totuși oameni palpabili, nu putem fi virtuali, să crezi că te iubește cineva fără să te vadă. Bine, poate o să mă și vadă, folosesc scanerul și am rezolvat. Este prea de tot dacă ajungem aici, deja nu mai vorbim de personalitate, de modalitate de manifestare! Din păcate se mai întâmplă, sunt unii care mărturisesc că s-au cunoscut prin internet și s-au căsătorit. Nu spun că nu se poate, pare o modalitate obișnuită azi, dar nu știm cât rezultat dă în timp.

Î-9. Ce sfat ați da tinerilor cu facultate care doresc să se căsătorească cu tineri fără facultate, însă părinții nu sunt de acord?

R-9. Aici este complicat, dar se poate rezolva. Este bine, totuși, ca cei doi tineri să fie apropiați din punct de vedere al culturii... Se poate și altfel, dar cu multă atenție. Problema nu este la cel cu facultate terminată. Problema este pentru completarea celui fără ea, la care uneori apare un complex de inferioritate. Părinții trebuie lămuriți, sentimentele sunt bune, iar dacă tot nu vor să accepte, trebuie mers la preotul de parohie, după aceea la episcop, iar când cauzele împotrivirii nu sunt cele canonice, atunci li se spune că nu se pot opune. Este totuși o problemă, dacă nu-i convinge până în final, pentru că totuși căsătoria nu se poate face fără blagoslovenia părinților, mai ales dacă au argumente. Dacă n-au argumente, părinții pot fi dați deoparte și căsătoria să se facă în limitele canonice și în regulile canonice ale Sfântului Ioan Gură de Aur.

Î-10. Ca duhovnic, până unde poate merge implicarea în alegerea pe care o face fiul sau fiica duhovnicească?

R-10. Din păcate, cu unele excepții, fiica și fiul duhovnicesc se spovedesc la duhovnicii lor, sunt foarte deschiși față de duhovnicii lor, **dar duhovnicul, în afară de o invitație la nuntă, nu mai știe nimic**. Aceasta este o regulă aproape generalizată. Există și excepții, când fata sau băiatul merg la duhovnic și spun: părinte, am ajuns la concluzia că trebuie să mă căsătoresc și am găsit așa un băiat sau așa o fată... Atunci duhovnicul îi spune: „ai meditat bine?...., hai să ne rugăm pentru asta" și după aceea, eventual discută cu amândoi. Este foarte simplu, dar la momentul acesta, nu prea merg fiii duhovnicești la duhovnic. **În cel mai important moment al vieții lor, ei nu merg la duhovnic să ia binecuvântarea**. Duhovnicul oricum nu poate prea multe, nu se poate amesteca prea mult. El poate jalona alegerea, poate avertiza, poate spune să ne rugăm o perioadă de timp pe care o stabilește. În ce mă privește, duhovnicul nu este bine să se bage direct, să spună „tu te căsătorești cu acela". Nu se poate asta, nu cred că este bine. Cred că are putere, dar este foarte riscant. Poate, doar dacă e un trăitor cu darul înainte-vederii. Acelea sunt excepții pe care le acceptăm, le admirăm, ne minunăm și atât. Cred că cei doi trebuie să se studieze bine și apoi să se ducă la duhovnic să spună concluziile lor. Duhovnicul să studieze aceste concluzii și să dea sfaturile. Se poate și opune dacă sunt probleme grave, dar mai mult, nu.

Î-11. Ce părere aveți despre relațiile prietenești ”platonice” pe de o parte și despre ”căsătoria albă”, pe de altă parte.

R-11. Aceasta cu platonismul este de pe vremea lui Platon și nu mai sunt actuale astăzi, iar în legătură cu căsătoria albă, ea există, este interesantă, este minunată, dar nu o cunoaștem. Cine practică această căsătorie niciodată nu divulgă această trăire a lor. Nu poate cineva să spună: iată, eu sunt în căsătorie albă. A spus, a pierdut plata. Altul nu poate să spună: ”uite, cei doi sunt căsătoriți alb” adică n-au relații intime, pentru că n-are de unde să știe. Duhovnicul, dacă știe, este bine, dar nu este obligatoriu să spui la duhovnic, pentru că la duhovnic se spun păcatele, iar asta spui dacă vrei. Poate să știe, oricum dacă știe, el n-are voie să spună și despre persoanele astfel căsătorite este bine să nu știe nimeni în afară de Dumnezeu. Asta este părerea mea, dar părerea mea este obligatoriu să fie identică cu părerea Bisericii. Noi, preoții, nu avem voie să avem păreri proprii și nici creștinii nu au voie să aibă păreri personale. Dacă însă au niște păreri, acelea pot fi numite păreri personale și nu pot fi impuse. Trebuie să avem părerea Bisericii verificată în timp.

Î-12. Cineva mai pretențios în alegerea soției, nu cumva riscă să-și rateze căsătoria, stând prea mult pe gânduri?

R-12. Este bine să fii foarte pretențios, pentru că defectele se accentuează de zece mii de ori în căsnicie, iar calitățile se diminuează de zece mii de ori și atunci trebuie să fii foarte pretențios ca să rămâi cu ceva din idealul tău.

Î-13. Având un prieten sau o prietenă pentru care Biserica și tot ce ține de viața duhovnicească nu-l interesează, cum ar fi de dorit să se lucreze cu el?

R-13. Eu cred că prin „teatru", faci "teatru" cu el. Îl atragi în diverse conjuncturi și faci un scenariu cu el. Nu știu ce exemplu să dau, dar cred că este un aspect prea particular. De exemplu, poți să-i spui că ai visat noaptea trecută că mâncai varză. La următoarea întâlnire îi spui că mâncai varză-salată verde și tot așa. „Dar ce-i cu atâtea vise?" „Nu știu ce-i cu atâtea vise, dar mă duc să mă spovedesc să-mi spună părintele ce-i cu visele astea?..." Și apoi te duci la spovedit ca să nu minți de data aceasta și-i spui că ai fost la spovedit. „Ei, ce ți-a spus duhovnicul?" **„Mi-a spus că aceste vise le am pentru că tu nu postești."** Pare o naivitate ce spun, dar trebuie încercat cumva desțelenirea"...

În momentul acela se creează o discuție despre post, la care se răspunde că dacă postești, o să slăbești și nu mai arăți bine. „Mai bine să nu postești." „Dar ce fac cu visele?" și așa mai departe. Deci, **totul este să se creeze discuție, pentru că nu poți să-i spui: „Postește!" Dacă îi spui așa, îi poruncești și apoi n-o să postească niciodată**.

Îi spui: „Uite, am auzit că Mihai Eminescu postea". Așa scria duhovnicul lui în ziua de 8 noiembrie într-un Minei care se află la mănăstirea Neamț, că după ce a postit, s-a spovedit și și-a exprimat dorința să-i cânte maicile de la Văratec *"Lumină lină"* și să fie îngropat pe malul mării". Când el te aude așa, își pune problema, încet, încet își pune problema. Este o modalitate, însă **dacă te iubește, cedează imediat și postește**. Cum să nu postească, că altfel te duci la pizza, tu pizza de post, el cu carne, te duci la cofetărie, tu ceri prăjitură de post, el de dulce. Încet, încet se lucrează. Este o lucrare foarte puternică de schimbare a omului, nu este așa simplu. Oamenii nu se schimbă imediat, sunt crescuți într-o anumită mentalitate, cine știe ce a fost în familia lor!...

Î-14. Dacă un cuplu renunță la păstrarea castității înainte de căsătorie?

R-14. Dacă doi renunță la păstrarea castității înainte de căsătorie se numesc cuplu, iar dacă se cunună, ei devin familie. Asta este acuma problema noastră arzătoare, că folosim cuvântul cuplu pentru doi adunați la un loc, cu comportament de oameni căsătoriți, nefiind cununați. Actul în sine este același, se întâmplă la fel înainte de căsătorie sau după. Problema este dacă noi recunoaștem că unirea noastră o face Dumnezeu! Dacă recunoaștem asta, atunci aceste relații au loc după cununie. Este bine așa, căci și actul sexual are intimitatea lui. Nenorocirea de astăzi este că nici măcar nu mai există intimitatea lui. Fetele serioase se plâng că ale lor colege de cameră primesc vizitele băieților noaptea și rămân cu ele în cameră, bineînțeles și în pat și atunci se și culcă cu ele. Atunci înseamnă că actul sexual nici măcar nu mai are intimitate. Este foarte grav!... De la aventura descrisă de Rebreanu în romanul "Ion", este o mare diferență față de ceea ce se întâmplă în căminele studențești. De ce? Pentru că acolo a existat un păcat, dar și o intimitate, iar aici există tot un păcat, dar și o lipsă de intimitate. Păcatul tot păcat rămâne, dar avem de-a face cu o amplificare care duce la o denaturare și mai gravă.

Trăim vremuri dure, dacă reușiți să rămâneți întregi, este bine. Atacurile sunt nemaiîntâlnite, nici nu prea știm cum să ne apărăm, pentru că suntem luați prin surprindere. Noi știam să luptăm în trecut pentru că existau niște precedente, metode de luptă învățate de la alții, de la Sfinții Părinți, din ce-am mai citit. Acum este altfel!... Observați că, deja foarte multe cărți care se tipăresc se vând rapid doar dacă ele sunt actualizate ca problematică, dacă nu, nu. Retipărirea așa, pur și simplu, nu interesează! Ei zic că nu este sigur că Sfântul Ioan Gură de Aur este actual, dar dacă cineva analizează aspectul păcatului, atunci cartea se vinde rapid pentru că oamenii vor să vadă exemplu imediat și concret, cum se rezolvă problema aceasta.

Î-15. Cum mai poate fi vorba de iubire când soțul, soția este înșelat și ce-ar trebuie să facă cel înșelat până n-ar fi călcat în picioare încă o dată?

R-15. Înșelarea nu înseamnă călcare în picioare a partenerului, înseamnă călcarea iubirii în picioare. Dar iubirea nu trebuie să se oprească atunci când celălalt greșește, dacă ea este iubire. Problema se oprește sau nu, se oprește pentru că omul vrea să oprească. Respectivul înșelat vrea să oprească această iubire pentru că este supărat că a fost înșelată iubirea. Or, **dacă este iubire, ea nu trebuie să se oprească, ci să meargă la recuperare. Trebuie recuperat soțul respectiv soția. Asta se numește iubire. A ierta soțul sau soția care a greșit înseamnă mai mult decât a te căsători cu cel care nu mai are mâini și picioare!**

Î-16. Ce părere aveți despre căsătoriile impuse de părinți?

R-16. Nu sunt de acord cu aceste căsătorii, dar strămoșii noștri practicau lucrul acesta... Veneau în pețit părinții cu băiatul; tatăl fetei își lua fata de mână și spunea: asta este soția ta. Și nu prea existau divorțuri sau deloc. Nu sunt de acord cu asta și cred că nici dumneavoastră, dar strămoșii noștri mai făceau și așa și mergeau căsătoriile. Acum stăm de vorbă, ne tocmim și apoi divorțăm. **Foarte rapid divorțăm, constatînd nepotrivire de caracter**. Am cunoscut mame unse cu motorină, ele și copiii, bătute, cu ochii scoși... ș.a.m.d. și le-am compătimit. Am auzit și replica:

„De câte ori nu trebuia să divorțez eu, de câte ori m-a bătut pe mine și n-am divorțat, am ținut de casă”. **Este o concepție sănătoasă, nu este bine că se întâmplă așa, dar este bine ”să se țină de casă”**.

Asta nu înseamnă că ești condamnat să suferi. Nu chiar asta, dar aceasta este crucea căsătoriei și trebuie să existe multă luptă ca să ne ținem Cununia. Trebuie! Trebuie!... Poate, pentru un păcat al nostru mai tragem și așa! Soția, uneori, ține la soțul ei mai mult decât soțul la soția lui. Am avut acum 25 de ani o experiență foarte dură pentru mine. Nu mi-am putut închipui, am rămas marcat și profund impresionat. Am spovedit o femeie care a venit ultima și care avea un ochi umflat, avea mult sânge pe față, avea doi dinți scoși, o arcadă ruptă, o buză sfâșiată... și am spovedit-o și am întrebat-o ce a pățit. „Părinte, m-a bătut soțul meu". Așa eram de impresionat cum arăta ea și ce-i făcuse, încât după ce am spovedit-o și am sfătuit-o, la un moment dat am spus cuvântul "nemernic", apoi "ticălos" și alte cuvinte destul de dure la adresa soțului ei. Mă miram și eu de ce-a făcut nemernicul. **La un moment dat, ia epitrahilul de pe cap și spune: "Părinte, vă rog să nu mai spuneți așa soțului meu". Eu n-am mai zis nimic. În momentul acela am trăit acel sentiment că soția aceea își iubea acel soț așa cum era el, deși aproape o desfigurase în bătaie. O să spuneți că nu era zdravănă, dar ea era zdravănă. S-a supărat că eu am zis niște cuvinte mai dure,... fiind impresionat de ceea ce vedeam.**

Î-17. Cum se răsfrâng păcatele bunicilor și ale părinților asupra celor ce vor să se căsătorească?

R-17. Asta este mai complicat de explicat. **De exemplu, cine strică casa altuia se trezește că nu i se mărită fata. Părinții sunt adesea pedepsiți pri copii pentru că suferi mai mult pentru copilul tău decât pentru tine. Dacă Dumnezeu te-ar pedepsi pe tine, ai ști pentru ce...! Dar când te pedepsește prin copil, puterea pedepsei este mai mare, drept pentru care suferința fiind mai mare și posibilitatea întoarcerii este mai mare.** Așa se petrece: "copiilor li s-au strepezit dinții după ce părinții lor au mâncat aguridă", cum citim în Vechiul Testament. **Nu este nedrept, ci este drept, întrucât contează la Dumnezeu doar finalul, adică întoarcerea omului**.

Î-18. Cum poate Biserica, în ansamblu, respectiv unul dintre soți să întoarcă pe acela care apelează la vrăjitorie?

R-18. Este complicat, pentru că din calea vrăjitorilor, ne spune Scriptura, Dumnezeu chiar stă deoparte. Vrăjitoria este o practică ocultă care nu are legătură cu ceea ce este de folos, cu mântuirea noastră. Este ceva opus lui Dumnezeu, deci dacă am ajuns acolo, este grav. Trebuie luminat acela care a apelat la vrăjitoare. Trebuie explicat ce este vrăjitoria, ce înseamnă relația cu Dumnezeu, ce înseamnă relația cu diavolul. Să-i vedem argumentele lui! Nu sunt în Biserică atâtea icoane câte are vrăjitorul în casă, - acesta nu-i un argument, nici trimiterea pe care o face vrăjitorul spre preot, să facă sfeștanie, să facă dezlegările mari, respectiv Molitvele Sfântului Vasile, ș.a.m.d. Trebuie sesizat în ce constă înșelătoria, de ce spune el așa, de ce ține el icoane în casă doar ca să facă impresie. Dar vrăjitoria, așa cum se practică ea de babe și de oameni simpli, să zicem că nu este așa periculoasă pentru că este prea evidentă. Vrăjitoria practicată de intelectuali care îi dau alte aparențe este tot înșelătorie în cele din urmă, nu contează cum procedează,.. cum o practică!...

Eu am văzut odată în munți, la Baia-Mare sus, în munți, un fals terapeut care înșela oamenii. Avea o cameră imensă, plină de calculatoare și pe fiecare ecran era câte ceva, (programe) și fiecare ecran avea câte un joc anume de lumini, care se pun ca să odihnească monitorul. Am intrat acolo și am văzut. Îi venea clientul, venise de departe săracul, cu nu știu ce problemă a lui. Iar el spunea: *„ai fost la Biserică?" „N-am fost". „Afară!..., la Biserică!"*. Acesta se ducea, că noi cu studenții din ASCOR, construiam o mică biserică acolo, dar n-avea unde să se-nchine la Biserică pentru că era abia în construcție, se-nchina și venea înapoi. Și îl asculta, apoi se ducea la un calculator, tasta ceva, pe urmă fugea repede la altul, nu știu ce mai făcea și îi prescria câte ceva. Sigur că se întorcea acela acasă și era întrebat de vecin cum a fost. „Cum am intrat, s-a răstit la mine dacă am fost la Biserică, m-am dus și m-am închinat acolo". Impresia este foarte bună pentru că el te-a trimis la Biserică, sigur că atrăgea lumea. Acesta era un vrăjitor modern, cu calculatoare, dar calculatoarele nu spuneau nimic, bineînțeles, numai că fiind multe și fiecare arătând altceva, mergea înșelătoria la oamenii care nu se pricepeau. Trebuie lămuriți toți aceștia să se ferească de orice mod nou sau vechi de vrăjitorie.

Î-19. Ce putem înțelege prin egalitatea dintre bărbat și femeie? Care sunt limitele acestei egalități?

R-19. Egalitatea n-are limite, bărbatul este egal cu soția lui. Relația aceea de supunere este relația Biserică-Hristos, relația Hristos-Biserică e relația soț-soție. Dacă vreți, vă pot spune că bărbatul **nu** este egal cu femeia, femeia este superioară bărbatului și de aici nu mai este egalitate exceptând sacerdoțiul, femeia poate să facă tot, absolut tot. Un bărbat nu poate să facă tot, spre exemplu nu poate să iubească desăvârșit, nu poate, n-are putere. Vă dau un exemplu, un bărbat nu poate să stea 6-7 luni nedormit, decât câteva minute sau 2-3 ore pe noapte, lângă copilul lui bolnav, pe când soția lui, femeia, poate să stea. **De ce? Pentru că ea poate iubi desăvârșit**. Nu iubește așa teoretic, ea își iubește copilul și stă lângă căpătâiul copilului luni de zile, doarme pe scaun. Bărbatul, nu. Plânge, adică îi pare rău că nu poate, dar nu poate, nu reușește. El nu are această putere. Are altele, are alte calități, dar aceasta n-o poate face, or aceasta este o probă a iubirii. Sau **câți bărbați își iartă soțiile lor când greșesc?... Foarte puțini! Câte femei?..., Multe, aproape toate, își iartă bărbații! Pentru că au o putere de iubire mai mare. Iertarea vine din iubire, nu din**

altceva. Iertarea nu poate să fie din milă. Și asta este o teorie proprie, nu trebuie s-o mai dezvoltăm.

Î-20. Care credeți că trebuie să fie principala calitate a unei viitoare soții și respectiv a unui viitor soț?

R-20. O soție trebuie să fie bună. Dacă este bună, toate calitățile decurg din bunătatea ei. **Soțul trebuie să nu fie bețiv, fumător, afemeiat, gelos, zgârcit. El trebuie să aibă frică de Dumnezeu.** O soție bună, când soțul ei are probleme cu ulcerul, ea îi face ceai, iar dacă nu este bună, el se zvârcolește de durere pe podea și ea doarme. Dar și invers. **Din bunătate izvorăște tot**.

Î-21. Este cunoscut faptul că știința a ajuns acolo încât să poată ști încă de la prima celulă dacă copilul care se va naște va fi sănătos sau nu. Dacă acel copil care se va naște suferă un handicap, este bine ca el să se nască sau nu? Ce părere are Biserica despre aceasta?

R-21. În primul rând, știința zice că știe, dar nu întotdeauna știe, pentru că știința este într-un continuu progres și descoperire. De fapt, **o definiție a științei este "descoperirea fenomenelor lui Dumnezeu"**. Studiază fenomenele lui Dumnezeu. Religia, respectiv teologia se ocupă cu studiul relațiilor dintre Dumnezeu-om, om-Dumnezeu. Deci, că știința știe cu precizie, asta nu putem să spunem. De exemplu, acum 40 de ani aspirina se lua cu lapte acru, de acum 30 de ani aspirina nu se mai ia cu lapte acru, pentru că laptele acru în conbinație cu aspirina distruge flora stomacală și astfel face rău. Așa a zis știința; când zice așa, când zice altfel. Noi ne supunem la ce zice ea, noi respectăm ce zice ea. Adică, se ia de trei ori pe zi, așa facem. Dacă este să limităm ideea de știință la asta. Dar, nu întotdeauna știința poate să dea lucrurilor precizia adevărată. Acesta este un aspect. Alt aspect este că **copilul poate să fie bolnav în pântecele mamei și să se vindece în timpul sarcinii**. Dar, dacă el totuși rămâne bolnav și se constată că are un handicap major, asta rămâne o problemă. Asta este de la Dumnezeu. Pentru noi este om din momentul conceperii, știința ne-a spus lucrurile acestea, adică a reușit să descopere ceea ce noi știam de mult. Dacă lucrurile stau așa, fiind om din secunda conceperii, atunci nu putem interveni în viața lui, trebuie adus pe lume și crescut ca atare, adică între noi. **Există oameni cu handicap, dar ei trebuie să crească cu noi și printre noi, nu trebuie să existe sanatorii, ospicii ș.a.m.d.** Dacă vor fi crescuți printre noi, realizăm două lucruri: în primul rând, boala lor nu se va agrava și în al doilea rând noi vom fi conștienți că am născut handicapați, că ei sunt handicapați din noi, **că noi suntem vinovați de handicapul lor, de aceea trebuie crescuți printre noi**. Occidentul are lucrul acesta bun (acceptarea persoanelor cu dizabilități), pe acesta nu vrea să ni-l strecoare ca normal, ni-l strecoară numai pe cel privitor la homosexualitate, sexualitate, avort, contracepție și celelalte. Acum s-a inventat o chestie micuță pe care o pui subcutanat și nu mai rămâi gravidă, nici nu înghiți pastile, nici nu faci injecții, nici sterilet, nici nimic. **Dar cine știe ce efecte secundare are și asta, că despre celelalte s-a demonstrat ce efecte secundare au**. Occidentul are lucrul acesta bun: persoanele cu dizabilități cresc printre oameni, sunt bine subvenționați ca să crească printre oameni. Deci, cei cu handicap trebuie să trăiască cu noi, să moară cu noi. Ce să facem? Din cauza noastră sunt așa! Undeva a existat o problemă și problema aceea noi am creat-o, noi am creat dereglarea. Biserica așa gândește că orice om, fiind om din momentul conceperii, are dreptul să se nască și să crească, cu un picior, fără un picior, cu mâini, fără mâini.

Î-22. Nu credeți că ar trebui înființate cursuri pentru mamele prea tinere de 15-16-18 ani, minore deci?

R-22. Nu putem înființa cursuri înainte să fie mame, dar după aceea este greu să le aduci la curs. După ce că sunt micuțe, să le mai aduci și la cursuri! Iar înainte de a deveni gravide nu trebuie să le aduci la cursuri pentru că de fapt le dai ideea asta. Dar este bine să ne îngrijim noi de ele, oricum ele își iubesc copii, ele au o iubire mai puternică decât mamele adulte care fac avorturi. Nu este bine ce-au făcut la 15 ani, este adevărat, dar dacă n-au omorât copilul arată că au iubire de ajuns.

Î-23. Credeți că este posibilă căsătoria dintre o tânără ortodoxă și un tânăr neoprotestant, având în vedere că în relația lor există multă dragoste unul pentru celălalt, respectul reciproc și mai ales când există dragoste pentru Dumnezeu?

R-23. Greșeala a fost făcută în prietenie, dacă s-au împrietenit, a fost o greșeală. Dacă relația lor este strânsă și de iubire așa cum ziceți, atunci se rezolvă. Asta doar dacă el o iubește așa de mult pe tânăra ortodoxă, încât el îmbrățișează odată cu fata și ortodoxia. Dacă nu se întâmplă așa și se vor căsători? Cum? Cine-i va cununa? Neoprotestanții, nu, pentru că neoprotestanții nu au Taina Cununiei. Ortodocșii nu, pentru că ei cunună numai de aceeași credință. Este foarte complicat, dar este rezolvabil așa cum v-am spus. **Din iubire pentru ea, studiază credința ei cu sinceritate; cine studiază cu sinceritate, ajunge la concluzii bune repede și s-a rezolvat**! Altfel apare riscul pe care ți l-ai asumat când te-ai împrietenit cu asemenea persoană. Iar dacă zicem mai mult, el zice: „Păi da, dar ce facem cu sentimentele?" Și răspunsul este: „Bine, dar ce facem cu mântuirea? Ce fel de copii se nasc? Cu ce viitor? Și multe... Este greu!

Î-24. Ce importanță au sentimentele într-o relație și cum pot apărea acestea într-o relație în care cei doi nu se potrivesc?

R-24. Au importanță sentimentele. Ce înseamnă nu se potrivesc? Pentru că iubirea face să se potrivească totul. Dacă nu se potrivesc, atunci de unde sunt sentimentele? Să nu confundăm palpabilul cu sentimentul, sentimentele nu sunt palpabile, ele se simt doar cu sufletul.

Î-25. De ce unii nu-și găsesc niciodată jumătatea, altfel spus nu se pot căsători?

R-25. Pentru că unii n-au jumătate. Dumnezeu a zis nu! Și El știe de ce a zis nu. De exemplu: o fată la 16 ani s-a rugat până la 19 ani să se căsătorească cu un anumit băiat. La 19 ani ai ei, Dumnezeu i-a ascultat rugăciunea și împotriva voinței părinților ei, a părinților lui, s-a căsătorit cu el. Din noaptea nunții a constatat că este epileptic. Din următoarea lună a constatat că este schizofrenic. Dumnezeu a rânduit că n-au avut copii și a trebuit să se despartă de el după mai bine de 20 de ani de conviețuire. Și o altă fată se plângea acestei doamne deja bătrână că nu se poate căsători. I-a spus istoria asta și apoi a venit fata la mine. **„Părinte, în viața mea nu mai mă rog să mă mărit. Ce vrea Dumnezeu, că știe El!..."**

Este posibil ca, necăsătorindu-te, să te ferească Dumnezeu de necaz. Dar corect este ca noi să ne rugăm: „Doamne, în problema mea, vezi tu cum faci! Fă ceva în folosul meu". Dumnezeu te ascultă sau nu te ascultă. Dacă nu te ascultă, știe El de ce nu te ascultă. Pentru El, filmul este gata. Pentru noi, filmul este în derulare, atunci El, care știe, te ferește prin asta de ceva. Sigur că este teoretic ce spun eu, sigur că este complicat când trecem la aspectele practice. Adevărat!... Sigur că dorești să te măriți, sigur că trece timpul și am 24, 32, 36, sigur că intri în panică și spui, vreau să realizez și eu ceva în viață, să am și eu copii. De acord. Dar trebuie să faci totul. Dacă nu faci totul, nu poți să verifici voința lui Dumnezeu. După ce faci totul, atunci ai verificat. Este clar atunci că Dumnezeu nu vrea, știe El mai bine pentru tine ce vrea. Trebuie să fii superior ca să spui așa, să înțelegi așa. Este mult asta. Deja avem de-a face cu un om deosebit, care realizează astfel clar voința lui Dumnezeu pentru sine.

Î-26. Cum se poate vindeca încăpățânarea unuia dintre soți cu privire la fixurile lui pe care le are dinainte de căsătorie?

R-26. Dacă le are dinainte de căsătorie, înseamnă că partenerul le-a știut, iar dacă le-a știut, le-a acceptat. Dacă-l iubește, îl acceptă în continuare. De obicei fixurile astea sunt suportabile.

Î-27. Cât de grav poate fi afectată o căsătorie ideală printr-o nuntă cu muzică și cu dansuri? Părerile sunt împărțite și vă rugăm să ne vorbiți despre aceasta.

R-27. Nu este vorba numai de dans și muzică, este vorba de modalitatea de a înțelege momentul Cununiei, momentul Tainei și prezența lui Hristos, precum incompatibilitatea unor aspecte cu sublimul încununării, a binecuvântării lui Dumnezeu asupra mirilor. Despre asta, desigur că mai putem discuta. Adică, nu este compatibil dezmățul cu ceea ce se întâmplă în Biserică. Nu este compatibil actul pogorârii Duhului Sfânt peste capetele mirilor cu lăutarii. Așa ne spune Sfântul Ioan Gură de Aur. Deci, dacă vreți să aflați răspunsul, **puneți-vă problema compatibilității**. Dovadă că la Botez, care este un act capital, adică o taină de intrare în creștinism fără de care nu ne putem mântui,... nu avem nevoie de lăutari. Nici Sfântul Maslu nu este însoțit de lăutari. Când ne împărtășim, lăutarii sunt absenți. Deci la Sfintele Taine nu au ce căuta lăutarii. Dacă vreți, discutăm despre ierurgii, dar nici la sfeștanie nu se aduc lăutarii, ci numai la nuntă. Despre care Sfântul Pavel zice: ***„Mare este Taina aceasta în Hristos și în Biserică"***. Argumentele sunt pro și contra, discuțiile sunt interminabile. **Numai atâta trebuie să discutăm, compatibilitatea. Este compatibil una cu alta sau nu?...**

E o mare problemă prezența nefirescului în cele mai sfinte momente ale vieții noastre!...

TINERII ÎN BISERICĂ

Există un etern omenesc, și, mai ales, există un etern feminin, înțeles în sens pur creștin, fără prea multă filozofie, **căci sunt foarte mulți oameni care la ora actuală cred în Dumnezeu, fac binele, dar nu cred în viața de dincolo.** Ei cred în Iisus Hristos, cred că a înviat, dar nu cred că este o garanție a învierii noastre și nici că există rai și iad. **Există o tendință extraordinar de periculoasă de a raționaliza așa de mult, încât să rămânem fără fond**. Să rămânem numai la formă și tradiție, tradiție cu mare rezonanță la poporul nostru, dar nu trebuie numai atât. Noi toți suntem tineri!. Într-adevăr, noi toți suntem tineri, întrucât sufletul nu îmbătrânește niciodată, sufletul fiind scânteie din focul dumnezeirii,- după har. De aceea zice Domnul nostru Iisus Hristos: ***„Ce va da omul în schimb pentru sufletul său sau ce-i va folosi omului de ar câștiga lumea toată?..."*** , cu toate aurăriile ei, cu toate mașinăriile ei, cu toată arhitectura ei, cu toată pictura ei, cu toate valorile ei, cu toate zăcămintele ei, dacă își va pierde sufletul? Nimic nu-i va folosi!...

Pentru suflet, omul trebuie să aibă toată preocuparea. Din păcate, preocuparea pentru suflet apare la o vârstă când omul nu mai are fie puterea de înțelegere, fie puterea de desăvârșire. Din păcate, noi ne rezumăm la preocuparea despre suflet numai la o vârsta fragedă, după aceea ne prostim 40-50 de ani și ne revin mințile abia după aceea. La vârsta fragedă avem de-a face cu credință fără putere de a înfăptui prea mult, iar la penultima sau la ultima noastră vârstă nu mai există puterea și resursele necesare pentru a primi și a face vie credința noastră. Rămâne doar toată puterea consumată în plinătatea vârstei. După ce se formează un copil, credem că adolescența, tinerețea, maturitatea sunt vârstele cele mai potrivite pentru ca noi să facem voia lui Dumnezeu, or astăzi, cu mici excepții, tineretul României este de plâns. Avem de-a face cu o generație spre sfârșitul vieții, să zicem de peste vârsta de 60 de ani, care speră că urmează să trăiască până la 96 de ani. Avem de-a face cu o generație foarte tânără, copii, care sigur că sunt ușor de cultivat, putem semăna în sufletele lor, dar rodul îl vom avea peste 10 de ani, 20 de ani, vorbesc de plinătatea rodului, nu de roadele imediate, care sunt micuțe, plăpânde și firave și avem de-a face cu o generație în care nu mai sperăm decât cu puterea lui Dumnezeu să mai realizăm ceva, o generație care nu mai are loc să primească în suflete pe Dumnezeu. Așa de pildă, între 35-50 ani se lucrează foarte greu cu omul. De aceea bisericile sunt foarte pline cu oameni până la această vârstă și după 50 de ani.

În schimb, Biserica Ortodoxă Română are marea satisfacție că tineretul a făcut o curbă extraordinară după evenimentele din 1989! Biserica Ortodoxă Română nu a fost pregătită să facă față foamei și setei de spiritualitate de după evenimentele din '89. Au venit toate libertățile, dar Biserica Ortodoxă Română nu a avut destule resurse. Dacă este cazul, putem aminti că ne lipsesc în România 1 milion de preoți. Suntem cca. 11.000 de preoți, (în 1995, n. red.) dintre care 8.000 activi, (aproximativ), și ar mai trebui, poate, încă 1 milion. Cu 1 milion de preoți s-ar putea schimba fața României! Sunt preoți care au și 180.000 de suflete în păstorire. Mai precis, nici nu-i prea au, pentru că în afară de botez, cununie, înmormântare și o liturghie și ceva parastase, nu reușesc să facă pentru ei altceva.

Sunt preoți cu 10.000 de familii arondate, sau cu 5.000, sau cu 2.000, sau cu 1.000, sau cu 400. Și chiar numai o parohie cu 400 de familii ar însemna 1.200 de suflete. Este enorm. Ca să poți face pastorație la nivelul cerut și după această criză de mai bine de 45 de ani, este mult să reușești doar cu voința lor să redresezi starea spirituală. Cu toate acestea, Biserica constată cu foarte multă mirare și satisfacție că evanghelizatorii de pe stadioane și curentele asiatice de tip yoga, etc, au făcut un extraordinar serviciu (serviciu, sigur, pe care nu l-au făcut voit, căci au avut o atitudine și o pătrundere pe care noi am condamnat-o și o condamnăm), dar în sensul că observăm după 4 ani de zile că tineretul care a trecut pe la o sectă sau alta, au fost pe la yoga,... sau pe la feluritele curente propovăduite, s-a reîntors și studiază și dorește să cunoască valorile inestimabile din tezaurul ortodoxiei, **mai ales ortodoxia românească**. Este un lucru pe care îl merităm din plin, pentru că după atâta furt din turmă era și cazul să se mai întoarcă și la noi o parte. Și aceasta este satisfacția noastră,... deocamdată.

TÂNĂRUL

Ca să înțelegem mai bine ce este omul - și se țin conferințe extraordinare în străinătate pe această temă - ar trebui să folosim o comparație care ne este foarte la îndemână și anume că **omul poate fi asemănat în evoluția sa psihosomatică cu vinul**. Să privim vița de vie. Nu crește așa, oriunde. În al doilea rând, numai după 3 ani dă roade. În al treilea rând, este foarte pretențioasă la îngrijire. Ridică foarte multe probleme, cu boli, cu dăunători. În sfârșit, rodește. La început strugurele nu are niciun farmec, ba, mai mult, când devine aguridă nu ne place deloc. Așa este și **bebelușul** care se crește greu, căci totul prezintă pericol și greutate. Însă vine toamna și se coace și strugurele este foarte dulce. Asta este copilăria noastră. Extraordinar de dulce. Acum constatăm că a fost foarte dulce: **inocența copilului,** ca dulceața strugurelui.

După aceea se culege. Se culeg roadele. Uneori la copil culegem roadele la 8 ani, la 12 ani. El ne aduce satisfacții. El însuși, pentru sine, începe să producă. Chiar începând cu 14 ani. Astăzi mai puțin la vârsta asta. În vechime, cu 2 generații în urmă, deja la 14 ani își câștiga pâinea.

Urmează ceva foarte frumos. Urmează o perioadă a culegerii viei. Apoi punerea strugurilor la teasc. Încă și mustul este foarte dulce. Este **adolescența** care, de asemenea, ne-a lăsat niște amintiri de vis. Dar după câteva zile se întâmplă un lucru extraordinar: mustul începe să se tulbure. Avem de-a face cu „tulburelul”. Asta este perioada de la 17 ani până la 21, 23, 25 ani, de la caz la caz. **O primă tinerețe care este foarte tulbure. În același timp, tulburelul este foarte periculos**, dacă vă aduceți aminte din toamna trecută.

El urcă imediat și tulbură și mintea. Este plăcut, dar trebuie luat cu măsură. La această vârstă, tânărul trebuie să lucreze el însuși și să se lucreze pe el cu foarte multă măsură. Trec încă 2 săptămâni și lucrurile încep să se așeze. Și trebuie tras odată și a doua oară. Și până la urmă avem de-a face cu vinul. Foarte bun. **Deci avem de a face până la urmă cu culmea vieții. Și culmea vieții, pe care Sf. Părinți o văd la 28 de ani. Și durează până la 33 ani - 33 ani și jumătate**. Atâția ani a trăit Mântuitorul Iisus Hristos pe pământ și așa s-au orientat și Sf. Părinți la această culme.

(de observat descrierea în ”Erminia Bizantină” cum se pictează ”Roata Vieții”). **Tinerețea, însă, nu s-a sfârșit. Ea se continuă printr-o etapă a vieții numită maturitate**. Și vinul, peste timp, devine mai bun. El mai păstrează din când în când legătura cu vița de vie. Și tânărul nostalgic adesea se întoarce la locul natal. **Spun unii că la 7 km rază de locul unde te-ai născut se găsește orice plantă pentru vindecarea oricărei boli ce ți-ar**

apărea în corp. Foarte important este locul unde te-ai născut și mereu întoarcerea, măcar așa în vizită la locurile natale, pentru că ele și-au pus amprenta asupra configurației tale sufletești. Urmează o învechire a vinului. Vinul vechi, vinul cel mai bun!... Legătura pe care vinul o păstrează cu vița de vie, ori de câte ori vița înmugurește și începe să curgă sevă din ea, primăvara, vinul fierbe din nou în butoaiele beciurilor noastre.

Exista această legătură și nu întâmplător Hristos Mântuitorul nostru a ales ca element în Sfânta Jertfă vinul și nu întâmplător pâinea făcută din grâu. Iar vinul cel mai vechi este vinul cel mai bun. Poporul român a creat un proverb extraordinar: ***„Cine n-are un bătrân să-l cumpere!".*** Așa de folositor este un bătrân cu trecerea timpului lui, ca tragerea continuă de pe boască. Aceasta este purificarea de-a lungul vieții. Cam acesta este și omul și cam acolo în perioada în care sper că ați înțeles-o, se încadrează tânărul,... la tulburel, deci...

Am spus că noi încercăm să înțelegem, dar în același timp nu admitem amestecul lui Dumnezeu în intimitățile noastre. Fără să ținem seama de un element esențial: **nu există corp fără suflet și nici suflet fără corp**. Atunci înseamnă că Dumnezeu formează sufletul în momentul formării corpului, deci în momentul zămislirii. Iar dacă Dumnezeu face acest lucru, în acel moment, înseamnă că Dumnezeu este prezent cu lucrarea Sa dumnezeiască în cele mai intime momente ale vieții noastre. **Dacă ținem cont de acest lucru, atunci nu-L vom mai îndepărta pe Dumnezeu, din momentele noastre intime**.

Dacă din 3 familii, una divorțează, închipuiți-vă care este dezastrul în România. Înseamnă că există o lipsă de orientare în alegerea soțului și acest dezechilibru s-a creat de la prima sau primele prietenii; că pentru acela prietenia a fost un mijloc de a se distra, de a trece timpul, de a se simți bine, de a se plimba cu o fată pe stradă și atât. Asta a lăsat răni și **acum urmează să se echilibreze nedreptățile. Înseamnă că de acolo avem de-a face cu începutul dezechilibrului care apoi duce la despărțire, duce la divorț, duce la copil fără ambii părinți și chiar copii abandonați, etc. Înseamnă că noi, tinerii, trebuie să fim mai aproape de Dumnezeu în aceste lucruri care nu sunt numai ale noastre.**

Femeia este net superioară bărbatului, mai puțin din punct de vedere **al sacerdoțiului** (știți că femeia nu poate fi preot). Noi ne exprimăm, fie peiorativ, fie chiar aiurea, cu termenul „femeia – "sexul slab". Ceea ce este o totală minciună, deplină, o minciună perfectă. Pentru că femeia nu este "sexul slab". Femeia este "sexul fin", pentru că Dumnezeu a înzestrat-o cu finețe. În timp ce pe bărbat l-a înzestrat cu puterea bărbăției. Însă această putere în niciun caz nu poate să eclipseze finețea femeii. **Femeia are însă și un handicap. Handicapul de a iubi doar desăvârșit. Și este handicap și calitate, funcție de situație. Iar pentru că ea poate iubi desăvârșit, ea nu poate iubi decât o singură dată.**

Bărbatul nu reușește să iubească desăvârșit. De aceea el poate iubi de mai multe ori. Și pentru că am ajuns aici, ar trebui să înțelegem ce înseamnă iubirea, căci și capitolul acesta este de asemenea declarat ca „intangibil". Există un termen în limba greacă care se numește *fileo* și exprimă relația noastră cu ceea ce este înconjurător și ceea ce produce plăcere. Când privim florile, ne aflăm în starea aceasta de *fileo*. Când mângâiem o pisică, se numește tot așa: *fileo*. Sau când privim un păun, de asemenea. Există un alt termen care se numește *eros* și care arată relațiile existente între noi și sexul opus. Desigur, aici are puțin amestec și fileo și ceea ce noi numim erotism, dar în limitele pe care creștinismul le acceptă. Și mai avem un alt termen, *agapi*, ceea ce exprimă relația noastră dezinteresată, fie cu Dumnezeu, fie relația cu semenii. Deși avem de-a face cu trei termeni, trebuie ca primii doi termeni să ducă în final la cel de al treilea, adică starea aceasta pe care o avem de exemplu admirând natura trebuie să conducă la admirarea Creatorului naturii.

Inclusiv erosul, care are multe trepte și el, în final trebuie să conducă la termenul *agapi*, la iubirea noastră față de semeni și față de Dumnezeu, în mod dezinteresat. **Pentru că erosul trebuie să meargă până acolo încât soția să vadă în soțul ei pe Dumnezeu și soțul să vadă în soție pe Dumnezeu. Și mai mult, soția trebuie să înțeleagă că ea reprezintă în familie Biserica.** „Taina aceasta mare este în Hristos și în Biserică", zice Sf. Ap. Pavel, iar bărbatul să știe că el reprezintă pe Hristos în familie și reprezentând pe Hristos, să aibă comportamentul lui Hristos. Și anume, Hristos a iubit Biserica (Biserica fiind instituția divinio-umană întemeiată de Hristos pe Cruce în chip nevăzut, iar în chip văzut la Rusalii) și **El a iubit Biserica până la jertfă. Atunci dispare aerul de superioritate pe care, de obicei, îl are un bărbat în relație cu soția sa și dispare complexul de inferioritate pe care îl are soția față de bărbat**.

Aș încerca să vă reamintesc ceea ce se întâmplă la cununie și ceea ce ați trăit, fie că ați văzut, la fiecare cununie. Așa cum stau mirii acolo, cântărețul citește Apostolul: ***„Femeilor, supuneți-vă bărbaților voștri!"*** Cum? ***Ca Domnului.*** Atunci bărbatul, întoarce puțin capul spre stânga și își privește mireasa. Și mireasa pleacă ochii. Cântărețul continuă ***„Bărbaților, iubiți-vă femeile voastre!".*** Atunci mireasa ridică ochii, întoarce puțin capul spre dreapta; în sfârșit, trăiește așa doar un sentiment. Pe de o parte, în prima fază a cuvintelor cântărețului, mireasa se cam întunecă la față, iar după aceea se luminează la față ea și se cam întunecă mirele. Să comentăm puțin de ce toate acestea?:

Să amintim un cuvânt al Sf. Efrem Sirul. Acel Efrem Sirul, care a zis: „Doamne și Stăpânul vieții mele, duhul trândăvirii, al iubirii de stăpânire și al grăirii în deșert, nu mi-l da mie". Un sfânt din pustiu, care cu greu era adus în Biserici ca să predice trăirea autentică în Hristos. El spune așa: **„Bărbate, ți-a fost creată femeia din coasta ta. Deci, de la mijlocul corpului tău. Nu din călcâiul tău. Drept pentru care nu-ți juca femeia în picioare." După aceea se adresează femeii și zice: „Femeie, din coasta bărbatului tău ai fost creată! Nu te urca în capul lui." Și dumneavoastră zâmbiți, dar el s-a exprimat așa ca să ne facă să înțelegem care este starea și locul fiecăruia într-o familie**. Și spunem asta **acelora care urmează să fie sau sunt deja înăuntrul unei familii și deci, trebuie să aducă acest aport extraordinar la mersul bun al Bisericii**. Este foarte adevărat că necesită toate aceste explicații amănunțite.

Însă, de-a lungul vremii, așa cum s-a și obișnuit, știința a adus un aport extraordinar prin descoperirile și comunicările făcute. **Religia în general și creștinismul în mod special, au foarte mare recunoștință pentru știință. Pe de altă parte, iată, Cartea lui Iov a furnizat date foarte importante științei. În cartea Iov se află prima afirmație despre rotunjimea pământului. După aceea, știința a studiat și a descoperit că este așa. Știința ne spune, medicii ne spun, au cercetat cu de-amănuntul, că în a 18-a zi de la concepere inima este deja formată. Este primul organ care apare. Codul genetic este prezent și complet încă din momentul conceperii. Deci, oricine ucide un om format în prima secundă este un criminal. Codul genetic este bine stabilit deja, iar în a 18-a zi inima este formată și funcționează. Când murim, dacă cineva vrea să testeze, ne pune mâna la piept și dacă găsește încă puțin cald înseamnă că n-am murit chiar de multă vreme. Deci, ultimul organ care**

se răcește este inima. Și când au fost cazuri de dezgropări din cimitire pentru stabilirea cauzei morții, uneori aspecte crimimale, **groparii mărturisesc că totul putrezise, mai puțin inima. Abia intrase în putrefacție**.

Va să zică, inima apare prima și dispare ultima. De aceea Dumnezeu, când a creat femeia din coasta cea mai apropiată de inimă, nu a făcut-o oricum, sau la întâmplare... Pentru că noi spunem: „Te iubesc din toata inima", adică ne exprimăm așa ca să arătăm căldura sufletească pe care dorim să o comunicăm celuilalt. Cuvântul *inima* a rămas simbolic și poate să fie folosit ca să ne exprime sentimentele noastre față de celălalt. Dar, deși inima mai are ceva sinonime, între care și cord, niciodată nu cred că se ivește un băiat să spună unei fete: „Te iubesc din tot **cordul**".

Așadar, așa a creat Dumnezeu omul. Așa a creat-o pe Eva. Și de aici, puterea extraordinară a ei de a iubi desăvârșit. Când spunem desăvârșit, nu ne oprim la acest eros pe care Biserica îl ia în seamă ca și primă condiție în căsătoria a doi tineri (exceptând **impedimentele canonice**, bineînțeles). Iată, acolo unde credeam noi că Biserica trebuie să fie mai puțin prezentă, **Biserica este prezentă și pune pe prima linie acest aspect, de atracție erotică, cât este necesar.**

Ce se întâmplă cu o fată care iubește desăvârșit? Care-și pune sentimentele sale în prietenul ei, dar care nu se culcă cu el? Se întâmplă un lucru grav. Se „deșartă" de tot ce are. Iar dacă acesta o părăsește, pe un motiv sau altul, avem apoi de-a face cu o fată care într-o altă căsătorie este goală pe dinăuntru și ea nu mai poate iubi. Ar vrea. Rațiunea îi spune: încearcă! Totul eșuează. Deci, avem de-a face cu o a doua situație, **adică o căsnicie nereușită**. Pentru că o căsnicie fără iubire nu există. Așadar, **atât fetele, cât și băieții, ar trebui să fie foarte atenți când întemeiază o prietenie**. Pentru că acest lucru afectează destul ca totul în viitor să aibă această amprentă. **Ce urmează pentru băiat? Urmează un dezechilibru în viitoarea lui căsătorie, o nerealizare în viața lui, pentru că, de fapt, el a creat în altă parte un dezechilibru. Și atunci avem de-a face cu două familii dezechilibrate**.

Observați că am început să vorbim despre tineri și am ajuns aici. Totuși, să revenim la al doilea subiect. Vom spune că suntem liberi să facem ce vrem. Așa este. Până **și Sf. Ap. Pavel spune: „Sunteți liberi!..", dar vă avertizez că „nu toate vă sunt de folos". Deci, dacă nu toate ne sunt de folos, înțelepciunea cere să fim foarte atenți ce și cum facem**. Dacă nu mamele, atunci bunicile noastre aveau o tradiție extraordinară: nu cumva să coboare soarele distanța de trei sulițe de pe cer, iar fata să nu fie în casă. Acest lucru pare cam exagerat acum, dar se văd urmările comportamentului ușuratic: din 3 familii una divorțează. De ce? Păi, fata aia care se întinde „pe garduri" până la 2 noaptea, nu mai are putere de dăruire într-o familie a ei. De ce? Pentru că nu numai că a asfințit soarele, dar a trecut și jumătate de noapte și ea tot nu s-a întors acasă! **Iar această golire și goliciune este extraordinar de gravă**. Pentru că până și Sf. Vasile zice așa: ***„Femeie n-am cunoscut, dar feciorelnic nu sunt!"***. Aceasta înseamnă că există o feciorie fizică și una psihică. **Întrebarea este: în România, câți tineri mai sunt feciori psihic? Și sigur că rămâne o întrebare pentru toată România, dar și o întrebare care ne-o punem singuri și răspundem singuri. Dumnezeu însă, de la Întruparea Fiului Său, din mila Lui, a lăsat și putința de a ameliora această stare, prin Spovedanie și canon. Discutabil, însă, dacă mai găsim puterea să ne schimbăm starea ușuratică, căci dacă găsim puterea necesară, încă mai putem avea această întoarcere**.

Suntem liberi, dar n-avem voie să ne facem „de cap". Libertinajul în creștinism nu există. Putem să facem caz de multe lucruri. Putem să nu ținem la formă. Putem să ne purtăm oricum. Putem să ne purtăm ca fete în pantaloni, putem să ne purtăm ca băieți în rochii; ca fete, putem să ne punem pălării, ca băieți, putem să ne punem basmale. Dar este nefolositor. **Pe de o parte Vechiul Testament spune: „Blestemat cel ce întrebuințează în mod invers îmbrăcămintea".**

Pe de altă parte, din punct de vedere psihologic, există mutații. Așa de pildă, dacă un bărbat spală rufe vreo 5-6 ani la rând, poate pierde din caracterele masculine. Și, dacă cumva este neînsurat, foarte greu se va însura, **pentru că fetele preferă ceea ce ele nu au, adică bărbăția**, toate aceste caracteristici cu care bărbatul a fost înzestrat. Și, reciproc, dacă o perioadă lungă de timp, o fată este pusă la munci specifice bărbatului, **aceasta pierde din finețe**. Ceea ce vedem noi că se întâmplă: femei în șantier, femei la drumuri și poduri, aceasta este crimă. **Este discutabil câtă finețe mai au, de câtă sensibilitate mai sunt în stare și este discutabil ce fel de educație mai pot da copiilor lor**.

De aceea, să fim foarte atenți cu copiii noștri, cu fetele noastre, pentru că acolo unde au lipsit mamele, au dispărut uneori popoare și s-au destrămat imperii. Toate imperiile au pierit în momentul în care n-au mai fost mame! Mamei lui Eminescu, nu i-a trecut prin câmpul materiei cenușii să facă un avort, sau mamei lui Mihai Viteazu, etc.... Nu eram noi nici în poziția asta geografică și nici în această admirație a lumii dacă ele ar fi avortat.

Să lăsăm deci libertinajul pentru păgâni și să folosim libertatea pentru noi creștinii, în legea harului. Noi trăim în legea harului. Dumnezeu a rânduit pe Eva cea nouă, pe Maica Domnului. **Ea, cea nouă, este modelul vieții creștine pentru tot ceea ce este femeie**. Și când spun femeie mă refer de la fetița cea nou născută până la bătrâna care peste câteva ceasuri își dă duhul. Mântuitorul Iisus Hristos și-a început activitatea Sa pământească la o nuntă. A sfințit nunta prin prezența Sa la ea și a făcut începutul minunilor sale. Mântuitorul, pe Golgota a fost însoțit de femeile mironosițe. El a fost părăsit de toți bărbații care, cu toată bărbăția lor, s-au încuiat în casă de frica iudeilor și n-au deschis, iar Hristos a intrat prin ușile încuiate la ei. Bărbații au fost niște lași - în persoana apostolilor - și prin ei toți bărbații din toate timpurile, până la sfârșitul veacurilor. Iar femeile au manifestat cea mai puternică bărbăție întrucât, în disprețul soldaților romani, au stat lângă Cruce.

Drept pentru care Mântuitorul Iisus Hristos se arată pentru prima dată femeii. În Grădina Ghetsimani prima arătare după Înviere nu este către Apostoli, ci către o femeie, prin cuvântul: ***„Bucură-te!".*** Iar cuvântul către femeile mironosițe este: ***„Bucurați-vă!"*** De atunci încoace noi ne tot bucurăm. Bucuriile noi le datorăm femeii. Pentru că am ajuns să vorbim despre aceste merite extraordinare ale femeilor, singurul om care a continuat să lupte pentru dreptate în problema procesului lui Iisus a fost Maria Magdalena, care ajunge în 6 luni pe mare la Roma și acolo reușește să ajungă la Împăratul, care era bătrân și să poarte o discuție cu el despre Iisus cel Înviat. Acesta, pentru că era spre sfârșitul vieții, este interesat de problema Învierii. Numai că, la sfârșitul discuției, el spune cam așa:

"Și eu voi învia?".

"Da, Împărate!.. Toți vom învia!.."

"Și atunci eu voi fi tot împărat?"

"Ei, nuuuu!.. Atunci nu vei mai fi împărat, toți vom fi egali!.."

Încetează discuția, nu-l mai interesează lucrul acesta pe împărat. Dar ea reușește să-l determine pe acesta să-l exileze pe Ponțiu Pilat. Și apoi Ponțiu Pilat moare în exil reclamat de Maria Magdalena. Se întoarce apoi în Efes unde îi ridică o statuie Mântuitorului (în sec. V, încă exista la Efes).

Aceasta este femeia și noi așa trebuie să o înțelegem. **Pentru că femeia este în stare de ridicare. Bisericile sunt mai pline de femei decât de bărbați. Urmarea este că pușcăriile sunt mai pline de bărbați decât de femei. Mult datorăm noi femeilor și dacă femeia ar înțelege mai bine care este rolul ei, atunci lucrurile ar merge și mai bine**. Pentru că Hristos a ridicat femeia de la starea de „res vocalis" - lucru vorbitor, sau (și mai grav) „obiect de plăcere", cum era în lumea păgână - a ridicat-o la starea de egalitate cu bărbatul. **Dar cum? În relația Hristos - Biserică, zice Sf. Pavel**.

De-a lungul vremii, femeia a mai coborât, și iar s-a ridicat. Femeia face greșeli. Dar nu face greșeli mai mari decât bărbatul. Și de asemenea, **de greșelile femeilor sunt foarte vinovați bărbații. De ce? Pentru că bărbații sunt aceia care nu creează ambianța necesară într-o familie, ca femeile să își poată împlini menirea: să nască copii, să educe copii, să crească copii... și atunci femeia, mai vizibil decât bărbatul, recurge la o stare sau alta, recurge la păcat, dar nu este singură vinovată de păcat**. Cam 96% din greșelile femeii aparțin mai întâi bărbatului. De aceea, noi greșim când spunem „sexul slab" și orice discuție despre femeie începe prin a o prezenta într-o lumină difuză, iar la un moment dat ea nici nu prea mai există, parcă ar fi doar o lume a bărbaților.

Dacă vezi femeia numai prin prisma sexului și nu a afectivității ei, atunci nu am realizat nimic, pentru că o soție, când pregătește ciorba și taie mărar și mai pune ceva pe acolo, lucrul ăsta îl face cu afecțiune; apoi, când vii la masă tu, ca soț și îți așează farfuria în față (sau îți pui singur, dacă ai un pic de bun simț, pentru că ea este ocupată), tu mănânci o mâncare plină de afecțiune. Dacă nu se întâmplă lucrul ăsta, atunci nu mai este cazul să ne căsătorim, pentru că putem mânca o

ciorbă și mai bună și mai diversificată la restaurant, iar pentru rufe există spălătorii.

Scopul este să vedem în soția noastră ceea ce Hristos a văzut în Biserică. Și dacă reușim acest lucru, atunci totul este bine. Dacă însă, o folosim pe soția noastră (în creștinism, după 2 milenii de creștinism) ca obiect de plăcere, închipuiți-vă unde ne situăm în istorie. După 2000 de ani de creștinism ne folosim soția tot ca obiect de plăcere! Acest lucru se întâmplă încă în zilele noastre, căci ne culcăm cu soțiile noastre, dar tot ce rezultă din asta trebuie omorât. Cu mâinile noastre o ducem la clinică, la „uzina" de omorât copii. Acum ne-am mai „deșteptat", zicem noi, îi dăm pastile anticoncepționale și o folosim pe soția noastră tot ca simplu obiect de plăcere. Pentru că între noi și ea nu există decât un singur scop: plăcerea. Aceasta este situația reală. Facem din casa noastră bordel și ne folosim soțiile ca obiecte de plăcere deși condamnăm păgânismul de până la Hristos, care adusese femeia în stadiul acesta.

Hristos s-a silit până la jertfă și a ridicat-o în starea binemeritată de ea, iar noi ne înjosim soția în halul acesta!... Atunci înseamnă că ea nu mai este liberă, înseamnă că noi suntem niște libertini, înseamnă că zadarnic am fost tineri că n-am știut să gândim, înseamnă că zadarnic avem tinerețe, că nu profităm de ea. **Biserica continuu trebuie să sesizeze**. Avem voie să avem idei, nu puncte de vedere. Avem voie ca, în albia Bisericii, a curgerii de veacuri a învățăturii Bisericii, să adâncim cât dorim, kilometri întregi avem voie să ne ducem în adâncime și să găsim acolo lucruri extraordinare. **Dar, în afară de albie, noi nu putem ieși, pentru că, dacă ieșim, înseamnă că „sfâșiem cămașa" lui Hristos, pe care soldații romani nu au avut curajul să o sfâșie, ci au aruncat sorți.**

Se afirmă adesea că toate religiile sunt bune, că toate credințele creștine sunt bune, afirmația este total gratuită. Dumnezeu este Unul. Dumnezeu a lăsat o linie de lumină a învățăturii. Dumnezeu este Unul și chiar omul este unicat în univers și în istorie, că nu seamănă doi oameni în istorie unul cu altul. Nici gemenii nu seamănă. Dacă seamănă fizic, sub aspect spiritual nu seamănă. Deci, dacă toate acestea sunt, credința nu poate fi decât una și Dumnezeu nu poate fi adorat decât într-un singur fel și numit într-un anumit fel. Când în loc de Dumnezeu spunem Allah, nu spunem același lucru! Și, când în loc de Dumnezeu, spunem Buddha, nu spunem același lucru ca atunci când spunem Hristos, pentru că toți, absolut toți întemeietorii religiilor au murit, au intrat în pământ și acolo au rămas. Numai Întemeietorul nostru, al religiei creștine, care este Fiul lui Dumnezeu întrupat din Sf. Fecioară Maria întrupat în veci (adică în timp), născut din Tatăl fără mamă mai inainte de veci, întrupat în Mamă fără tată, - numai acesta a intrat în Mormânt și după 3 zile a ieșit singur din mormânt. Nu se poate compara cu persoane care, prin metode specifice de control neurovegetativ, reușesc să stea într-un mormânt 2-3 săptămâni. Apoi se dă pământul la o parte și acesta revine la viață. Credem că se întâmplă acest lucru. Admirăm acest lucru. **Dar acela nu iese singur din mormânt! Acela trebuie scos din mormânt**.

Iisus Hristos, Mântuitorul nostru, a ieșit singur din Mormânt prin puterea dumnezeiască și nu a ieșit dându-se piatra la o parte, **ci piatra a rămas sigilată și el a ieșit prin piatră și apoi, după ce s-a verificat pecetea, piatra a fost dată la o parte de un înger!** Acesta este Mânuitorul nostru Iisus Hristos, Fiul lui Dumnezeu, care și-a vărsat sângele pentru noi! În Acesta credem! **Avem foarte multe scăpări, dar avem o credință dreaptă, la care,**

dacă adăugăm faptele noastre bune și conlucrarea cu harul sfințitor, - cele trei condiții ale mântuirii,- atunci ajungem acolo unde Dumnezeu ne-a promis. Iar această perioadă de tinerețe trebuie folosită și fructificată în acest fel: acum este sănătate și se pot face metanii. Acum se pot citi scrierile Sf. Părinți. Acum se poate aprofunda Sf. Scriptură, acum putem umbla prin orfelinate și prin spitale la cei amărâți. Acum ne putem agăța de semenul nostru cu tinerețea care ne caracterizează să-l îndemnăm să mediteze, că totuși s-ar putea să fie altfel de cum gândește el, și să existe Dumnezeu și să necesite prezența creștinului la Sf. Liturghie; acesta, văzându-ne tinerețea, mai întreabă unde ești, ce înveți. *„Sunt student". „Unde ești? La teologie?" „Nu, sunt la fizică!"*, să zicem. *„Și știi tu atâtea lucruri despre Dumnezeu?" „Nu știu multe, dar am citit prin cărți".*

Voi, la vârsta aceasta, puteți să schimbați fața României. Numai că trebuie să îndrăzniți. Trebuie să ne asemănăm femeilor mironosițe, trebuie să propovăduim, dar nu oricum, ci cu tact, trebuie să fim diplomați. După aceea Dumnezeu, va fi foarte bucuros să ude semănătura și să culegem roadele. Că roadele vor veni în 20 de ani, în 50 de ani, nu ne interesează. **Noi suntem datori să semănăm**. Poate că peste 20 de ani colegul tău își va aminti de tine că erai în cameră cu el, că te-ai plimbat cu el și că ai fost în grupă cu el și că ai vorbit tu de ceva sfânt. Când, la limita puterilor își agață ștreangul de grindă, poate îi vine chiar indirect gândul - dacă Dumnezeu îl va lumina atunci și îi va aminti de tine și va renunța la fapta sa. **Salvându-l de la o asemenea faptă, tu te-ai mântuit!** Pentru că nu trebuie să-ntorci decât un singur om ca să te mântuiești. **„Ți se vor ierta ție mulțime de păcate..."** (Iacov 5,20**), zice Sf. Iacob, dacă vei întoarce un om. Ori, acel om trebuie întors acum prin lucrarea noastră, în anturajul nostru**. Și câți se vor întoarce nu știu, dar eu să mă străduiesc. Ei vor reacționa într-un anumit fel sau altul, și doar-doar s-ar ivi vreunul. Acesta este tânărul! Aceasta este tinerețea! Aceasta este femeia! Aceasta este familia! Aceasta este starea în care noi trebuie să existăm la nivelul cel mai plăcut lui Dumnezeu. În rest, **totul este permis, în afară de destrăbălare, în afară de libertinaj. Tot ceea ce este bucurie este permis. Este permis orice. Mai puțin lucrurile care nu au puncte comune cu Dumnezeu**.

Probabil veți întreba așa: Este păcat cutare lucru? Dar cutare lucru? Și eu vă voi spune: „Da, este păcat!" Dar puteți să nu ajungeți chiar la întrebarea asta, dacă vă veți pune o altă întrebare: **„Ce ar face Hristos în locul meu?"** Acum, eu aș vrea să pălmuiesc pe semenul meu, întrucât m-a enervat. Ce ar face Hristos în momentul acesta? Și atunci ți-aduci aminte de porunca Lui, atunci când zicea: „Iartă-le lor Doamne, că nu știu ce fac!"(Luca 23,34.). **Asta ar face Hristos, asta am să fac și eu!** Acum, eu doresc să mă duc la ștrand. Ce oră este? Este ora 10. Este duminică și vreau să mă duc la ștrand. Ce ar face Hristos în locul meu? Hristos ar alege altă zi? Nu știu! D**ar ce face în acest moment, știu! Se răstignește pe masa Sf. Altar, pe Sf. Prestol, în chipul pâinii și al vinului, iar eu trebuie să fiu acolo martor la patimile, răstignirea, moartea, învierea și înălțarea Lui, așa că mă duc la biserică! Ca să rezolv mai ușor problema postului privesc la Maica Domnului. Ce ar face Maica Domnului în locul meu? Ei bine, am înțeles de la ea că și eu pot posti, mă pot priva. Și atunci scăpăm de aceste întrebări foarte ușor**.

Întrebări și răspunsuri

Î-1. Sunt unii oameni credincioși care fac fapte bune, sunt milostivi, dar nu cred în viața veșnică. Eu nu pot crede că părinții își condamnă copiii, chiar dacă greșesc toată viața. Dar Dumnezeu, care este Iubire!... Argumentați vă rog, existența vieții veșnice.

R-1. La început Dumnezeu a făcut cerul și pământul. ***„La început"*** înseamnă începerea curgerii timpului. Dar înainte de acest început a mai existat ceva. Acest ceva nu are finalitate și se numește eternitate/veșnicie. Aici Dumnezeu - Tatăl a născut pe Dumnezeu - Fiul și a purces pe Duhul Sfânt. Aici Fiul este născut din Tatăl în eternitate. Duhul Sfânt este purces în eternitate. Dumnezeu este din veșnicie. Apoi, din iubirea desăvârșită, Dumnezeu a creat omul ca și cunună a Creației și a încercat să aducă o participare din partea omului la Creație, ca să aibă și el un merit. Și i-a dat posibilitatea omului să fie în stadiul de a nu muri. Omul, dacă ajungea mai departe să asculte, putea să ajungă la altă stare, la desăvârșire, la „a nu putea muri".

Dar, Adam și Eva au călcat această poruncă a ascultării. În ce consta? În mâncare. Dar nu mâncarea l-a deranjat pe Dumnezeu, ci neascultarea. Apoi, chiar alungat fiind omul din Rai în lumea devenită neprimitoare, totuși Dumnezeu nu l-a părăsit și în diverse moduri a condus omenirea, iar apoi a și ales un popor, devenind poporul ales. Apoi a trimis pe Fiul Său Cel Unul Născut mai înainte de veci, în veci, adică în timp, în Sf. Fecioară Maria. Deci Iisus Hristos este Fiul lui Dumnezeu născut mai înainte de veci din Tatăl și întrupat în veci (în timp) în Sf. Fecioara Maria, și prin Tatăl care este mai înainte de veci, fără veci. Omenirea și-a schimbat numărarea anilor: anul I de la nașterea lui Hristos.

La 33 de ani, Hristos moare, răscumpără neamul omenesc. Din iubire rezolvă problema omenirii. Și lasă prin dumnezeiescul Potir posibilitatea curățirii omului. Până acum toți drepții Vechiului Testament erau în Șeol, în locul întunecos, Avraam, Isaac, Iacob, Moise, Patriarhii și Proorocii, Sf. Ioan Botezătorul (ucis fiind de Irod prin tăierea capului) ajunseseră în Șeol și toți întrebau :

„... Ni s-a născut Mesia despre care am proorocit noi? Care a fost nouă promis?"

„Nu s-a născut!.., - răspundeau de fiecare dată...." Când Sf. Ioan Botezătorul a fost întrebat, a răspuns:

„Da, s-a născut, chiar eu L-am botezat." După Răstignire, Hristos, dându-și sufletul, cu duhul s-a pogorât în iad și a ajutat pe toți drepții Vechiului Testament să moștenească Raiul cel promis!.... De la El, prin dumnezeiescul Botez, toți putem intra în Împărăția Cerurilor.

Prin Răstignirea Lui pe Cruce s-a realizat mântuirea obiectivă. Adică a început să curgă un râu din care, dacă vrem, bem. În momentul în care vrem și bem înseamnă că ne-am însușit mântuirea, iar **mântuirea obiectivă devine pentru noi mântuirea subiectivă**. Hristos s-a răstignit pentru toți oamenii din toate timpurile, cu condiția ca omul să vrea. Dumnezeu are multe însușiri, comparativ cu ale noastre: noi suntem buni, El este Atotbun. Noi suntem drepți. El este Atotdrept. Dumnezeu este și Atotbun, și Atotdrept. În virtutea bunătății ar trebui să ne ierte de toate păcatele, dar în virtutea dreptății trebuie să se creeze un echilibru. Dumnezeu este Atotbun și ar trebui să ne ierte și să nu ne condamne pentru păcate, în veșnicie.

Dumnezeu a lăsat posibilitatea curățirii noastre prin Sf. Botez și prin taina Sf. Spovedanii. ***„Datu-Mi-s-a mie putere în cer și pe pământ. Drept aceea, mergând, învățați toate neamurile. Cărora veți ierta păcatele vor fi iertate și cărora le veți ține, ținute vor fi"(*** Matei 28,18-19***).*** Este această putere dată Apostolilor, Episcopilor, Preoților, puterea de a te curăți. Și atunci venim și spunem: „Am săvârșit un păcat!" Dar ai avut puterea să te curățești de el. Dacă tu nu te-ai curățit de el, Dumnezeu a sădit în tine conștiința, iar conștiința este aceea care te rânduiește în iadul veșnic sau în raiul veșnic.

Noi spunem că Dumnezeu pedepsește. Nu-i adevărat. **Dumnezeu nu pedepsește. Dumnezeu numai își ia puțin mâna de pe**

noi și atunci diavolul își face de cap. Dumnezeu, uneori, slobozește acțiunile diavolului asupra noastră, pentru că Dumnezeu, deși este Atotbun, nu poate să intervină (pentru că atunci ar depăși cealaltă însușire a Lui: Atotbunătatea). Dar, pentru plinirea Atotdreptății Sale, Dumnezeu lasă să se producă acest dezechilibru. **Dumnezeu nu condamnă căderea omului. Dumnezeu condamnă lipsa voinței omului de a se ridica. Așa că, Hristos s-a răstignit pentru noi, și-a vărsat sângele până la ultima picătură și Hristos a înțeles cât poate omul, că de aceea s-a întrupat în chip de om, să vadă cât poate duce firea umană. Și a văzut cât poate duce. A mers și a dus crucea, a postit, s-a rugat, a răbdat de foame, a plâns, a înțeles durerea, a putut să verifice ce stare ai când cineva te pălmuiește pe nedrept și a ajuns până acolo să spună**: ***„Iartă-le lor, că nu știu ce fac! Iartă-le lor, Părinte, păcatele lor ”.***

Deci, dacă El a făcut toate acestea, dacă a înțeles slăbiciunea firii umane, dacă a lăsat botezul pentru anularea păcatului strămoșesc și spovedania pentru celelalte păcate, iar dacă omul nu vrea să se adape din izvorul răscumpărării, este foarte drept ceea ce conștiința noastră va hotărî: **iadul veșnic**. Singura discuție poate rămâne: de ce veșnic? Iată de ce: pentru că și **raiul este veșnic**. Pentru că au existat toate posibilitățile să eviți **iadul veșnic**. Dumnezeu ar vrea să te ierte, dar conștiința ta nu te lasă! La dreapta sau la stânga o vom lua funcție de **sentința conștiinței noastre**.

Sf. Vasile cel Nou, în cele 24 de vămi ale văzduhului, istorisește că după ieșirea sufletului, acesta este condus de îngerul păzitor prin toate locurile în care a umblat în viața lui. De ce? Ca să-i arate: acolo ai făcut bine, acolo ai făcut rău, aici ai ajutat pe bolnavul acesta, aici ai citit din Sf. Scriptură. În cutare zi, ai lipsit de la Sf. Biserică. Omul, sufletul omului, își amintește totul, ca apoi la 40 de zile după moarte să-și primească - conform conștiinței sale - dreapta răsplătire (provizorie, până la a doua venire a Mântuitorului Iisus Hristos, când, definitiv, urmează să moștenească o stare sau alta).

Așadar, Dumnezeu nu poate fi comparat cu părinții care pedepsesc copiii, în cazul acesta, pentru că nu Dumnezeu este cel care zice: „Tu! La iadul veșnic!" Ci conștiința ta hotărăște acest lucru, în părerea de rău a lui Dumnezeu. Și, așa stând lucrurile, **iadul veșnic este acela pe care noi ni-l pregătim, precum tot noi suntem aceia care putem să ne pregătim raiul veșnic.**

Acum să vedem, ce este raiul? **Și raiul și iadul sunt niște locuri și niște stări.** Pentru a ne putea explica mai ușor cum sunt aceste stări, Sf. Părinți au propus niște comparații. Iadul este plin de boli și de șerpi veninoși, toate aceste lucruri înfricoșătoare, dar iadul nu este ceva materialnic, precum nici raiul nu este materialnic. **Focul din iad, de fapt, este focul conștiinței noastre**. Raiul este plin de flori și de păsări cântătoare, etc. Dar toate acestea sunt nematerialnice. În asemenea situație problema iadului și raiului nu poate fi pusă decât veșnic. De altfel, Mântuitorul a și spus așa: ***„Duceți-vă de la Mine în iadul cel veșnic" și „Veniți binecuvântații Tatălui Meu și moșteniți Împărăția Cerurilor gătită vouă"*. Deci, atât Împărăția Luminii, cât și cealaltă, a Întunericului, au aspect veșnic**.

Există totuși niște șanse. Tot prin mila lui Dumnezeu. Ceea ce se întâmplă până la sfârșitul lumii, care poate fi și începând cu secunda asta și peste 2000 de ani și peste 3000 de ani și peste sute de ani, **ce facem noi în acest timp este în mâna noastră, nu în mâna lui Dumnezeu**.

Omenirea își apropie sfârșitul sau și-l depărtează,... funcție de starea morală. Există șansa ca până la înfricoșătoarea judecată cei vii să poată interveni pentru cei morți. De altfel, zicem împreună: Bogdaproste! Dumnezeu să-l ierte! Dumnezeu să primească colacul! Dar Dumnezeu nu are nevoie de colac. Ce să primească? Ceea ce dăruiești tu? **Nu, nu are nevoie Dumnezeu de așa ceva. El primește dragostea cu care tu, om drag al sufletului aceluia, faci ceva în numele lui**. Căci în lumea de dincolo avem nevoie numai de dragoste. În lumea de dincolo nu ne întreabă nici cât am postit, nici câte rugăciuni am făcut, nici de numărul păcatelor. **Ci suntem întrebați numai câtă dragoste am avut!** Și sigur că această dragoste se manifestă prin milă. În asemenea situații putem interveni: cu parastase, cu liturghii, cu milostenii pentru sufletele morților. După aceea, cu părere de rău pentru fiecare dintre noi, urmează iadul veșnic.

Totuși, de ce se naște această idee? Unora le convine să creadă că nu există nici rai, nici iad. Că nu există rai, afirmă din pricina faptului că nu-i convine, că nu se duce acolo. Că nu există iad, din pricină că tocmai acolo este el destinat prin faptele sale.

Noul Testament afirmă veșnicia iadului, veșnicia raiului. Dumnezeu nu pedepsește, **iar iadul îl stabilește conștiința omului**.

Î-2. Are Dumnezeu părere de rău pentru sufletul omului aceluia care nu se mântuiește?

R-2. Sigur, Hristos continuu se răstignește sub forma pâinii și a vinului, continuu sângerează pentru noi. În același timp, continuu înviază, continuu se înalță la ceruri, continuu ne oferă nouă această șansă.

Î-3. Cu ce îi putem ajuta pe cei care au răposat?

R-3. Pe de o parte, prin rugăciune. Să zicem că cineva a ajuns în rai cu sufletul. Cei de pe pământ nu știu unde este, în rai sau în iad, și se roagă. El n-are nevoie de rugăciunile lor, dar prin rugăciunile lor el progresează mai aproape de lumina Preasfintei Treimi, la rândul lui se roagă lui Dumnezeu pentru cei ce se roagă pentru el și astfel se face legătura între Biserica Luptătoare și Biserica Biruitoare.

Î-4. Dacă avem un prieten care aparține unei alte confesiuni sau practică yoga, cum trebuie să ne comportăm cu el?

R-4. Aici ar mai trebui o mică explicație. Cum ți-ai făcut acest prieten? Conștient sau inconștient de pericol? Dacă ai făcut-o conștient, ești de acuzat, dar, sigur, sunt soluții și pentru tine și dacă nu ai avut idee despre ceea ce înseamnă, atunci sigur că nu ești chiar așa de condamnat și mai mult meriți să te ajutăm. Noi trebuie să privim în fiecare om chipul și asemănarea lui Dumnezeu. **Chip** înseamnă rațiune, sentiment, voință, iar **asemănare** înseamnă posibilitate de desăvârșire până la unirea cu Dumnezeu.

Noi trebuie să privim pe orice om botezat, nebotezat, negru, musulman, indiferent de orice gândire, ca pe chip al Lui. Este un chip întunecat, dar este chip. Există o întunecare a chipului lui Dumnezeu în noi. În același timp, trebuie să privim foarte realist. Te iubesc acolo unde ești tu, când tu ești în nevoie de moarte sau ai nevoie de un ajutor pe care nu mai are cine să ți-l dea. Însă eu nu iubesc ceea ce tu crezi, nu iubesc ideile tale. Eu nu iubesc la tine faptul că tu vrei să te bucuri de tine însuți, **pentru că yoga este metoda umplerii omului de sine însuși**.

Ce este asceza creștină? Asceza creștină este umplerea omului de Dumnezeu. Dacă știți lucrul acesta, ați dărâmat pe toți practicanții yoga. Te-ai umplut de tine însuți, ai început să-ți controlezi sistemul neuro-vegetativ, miști mușchii, torni apă în tine, faci spălături la stomac, te așezi în cap, stai 48 de ore cu picioarele în sus, postești 80 de zile, te controlezi, îți oprești inima, după care depinde de tine iarăși să bată, etc... Da, și? Ce-i asta? O metodă religioasă? Yoga este o chestiune pur științifică de autocontrol. **Numai că yoga a făcut marea greșeală de milenii, să amestece gimnastica în sine cu aspectele religioase. Și din**

asta a ieșit un compromis și o escrocherie. Yoga în Asia n-are nimic comun cu creștinismul, pe când în România yoga are (total fals) puncte comune cu creștinismul.

De aceea unii au făcut și marea greșeală să țină conferințe cu tema „yoga și creștinismul”. Asta este culmea aberației. Nu poți să discuți despre yoga și creștinism. **Creștinismul este viață, yoga este metodă**. Știința are un plan, religia alt plan. Știința cercetează fenomenele inventate de Dumnezeu, religia prezintă pe Dumnezeu și creatura lui. **Niciodată știința nu poate fi în contradicție cu religia și nici religia cu știința. Pentru că obiectele de cercetare la care se referă sunt pe planuri diferite**. Yoga n-are niciun punct comun cu Iisus Hristos, deși yoghinii din România fac această afirmație, că ei cred în Iisus Hristos; ba mai mult, afirmă că au cercetat raza aurei Mântuitorului Iisus Hristos, care este de 600 de metri, iar a lui Buddha era numai de 400 metri. Și că Iisus Hristos a fost un om extraordinar. Într-o sală cât asta de plină, prin '90, a reușit o studentă să înfrângă pe unul care se numește Bivolaru. Bivolaru a avut neobrăzarea a spune mai demult că cine nu reușește să facă yoga, măcar să meargă la Părintele Galeriu la Sf. Liturghie. Auziți, ce escrocherii! Liturghia este pe undeva și yoga este mai sus. Auziți! Și studenta i-a spus așa: Domnule Bivolaru, **crezi în Iisus Hristos ca Fiu al lui Dumnezeu și Mântuitor al lumii sau nu?** Și Dumnezeu a rânduit că dracul i-a blocat maxilarul încât nu a mai putut să scoată nici „cred”, nici „nu cred” și l-a huiduit toată sala și a trebuit să plece. Extraordinar! O studentă! Extraordinar,... cum a reușit să-l blocheze!...

Acum s-a ivit un altul, se cheamă Mario Vasilescu. Ăsta-i mai ciudat, zice că „la ora 10 ne adunăm cu toții și ne concentrăm”. Când? Duminica. Când? Când începe Liturghia. Atunci adună și el tineretul. Sigur că se duc destul de mulți, din păcate. Din fericire însă, sunt alții, mereu alții, pentru că după o perioadă de timp aceștia pățesc câte ceva. Eu am predat o serie de cursuri la Fizică și aveam studenți care veneau din ospiciu la curs. ***„Părinte, eu vin din ospiciu"***. „Cum, din ospiciu?" „Eu am făcut yoga 2 ani și jumătate". „Și?" „Și am ajuns în ospiciu. Sunt conștient unde sunt, dar și acum de la curs mă duc înapoi în ospiciu. Trebuie să îmi revin, dacă încep să mă rog începe să mă doară capul". Cum au reușit, după 2000 de ani de practici creștine aici, unde l-am avut noi pe Paisie Velicicovski, pe Nicodim de la Tismana, toți cu rugăciunea minții și cu practici extraordinare? Cum au venit aceștia să ne spună cum să ne concentrăm?

Trist este că intelectualitatea este foarte prinsă. Dacă nu de yoga, de paranormal. Paranormal, auzi, prostia prostiilor! Hristos vine, se întrupează normal în chip de om, numai la Schimbarea la Față își arată slava Sa, se întrupează normal, viețuiește normal, mănâncă normal, totul normal în afară de păcat. Iar noi, să trăim paranormal, cu bioenergie. Bioenergia există. Dar nu o miști tu cum vrei. Și mai ales cu principiul yung și yang, etc. Asta nu se poate. Dacă noi acceptăm relația știință - religie, este mult. Un medic cunoaște corpul uman, cunoaște pe unde trec nervii, pune mâna pe bisturiu, se închină și spune: *„Doamne, ajută-mă să nu ating un nerv. Doamne, ajută-mă să reușesc să aplic științade care m-ai învrednicit să uzez!..."*

Asta este relația religie-știință. Religia nu se amestecă în știință. Se roagă pentru bunul mers al științei și atât. Deci: domnule, sau domnișoară, ca răspuns la întrebarea aceasta, iată cum ar sta lucrurile. Nu cred că persoana respectivă te poate iubi puternic, (că ai nevoie de iubire) dacă nu se încadrează pe linia celor 2000 de ani de creștinism. Adică pentru creștinism, și anume pentru ortodoxie, Brâncoveanu și-a pierdut capul dupa ce a văzut tăierea capului fiecărui fiu executat atunci. În asemenea condiții, nu se poate să avem de-a face cu asemenea oameni. Indiferent cât de puternice ar fi sentimentele lor. Sigur că ruptura nu trebuie să fie directă. Nu! Trebuie purtată o discuție. Trebuie văzut dacă acceptă o discuție cu oameni de o parte și de alta; iar dacă acceptă, atunci se va produce o iluminare. Dacă nu acceptă, **dacă nu iubește pe Dumnezeu, în niciun caz nu te iubește și nu te va iubi pe tine**. Că și așa cuvântul ăsta „Îl iubesc!" este foarte greu și foarte gol în același timp.

Prima minciună pe care o spune un tânăr unei fete este cuvântul „Te iubesc!". Asta-i prima. După minciuna aceasta, trece o perioadă de timp și ajunge să constate că există ceva special. Și el exprimă într-un fel sau altul că s-a îndrăgostit. Și iar îi spune „Te iubesc". Iar minte. După aceea constată că relațiile sunt un pic mai strânse și lucrurile trebuie gândite serios. Apoi urmează iubirea. După aceea urmează iar îndrăgostirea și după aceea iubirea și iar îndrăgostirea. Și daca vă uitați din când în când pe stradă, o să vedeți bătrâni plimbându-se de mână. Aceștia au ajuns cu adevărat la iubire. De ce? Pentru că o viață întreagă au trecut prin aceste stadii: iubire, îndrăgostire, iubire, îndrăgostire. Și dacă au mai avut și șansa să cunoască cele 3 elemente ale chipului uman și să privească în celălalt ca la Dumnezeu, atunci lucrurile au fost foarte bine puse la punct. Deci, atenție, nu-l îndepărta rapid, dar nici nu-l ține mult dacă mai rămâne pe linia asta.

Î-5. Se spune că diavolul nu-ți poate pătrunde în gândurile tale...

R-5. Așa este, dar ți le poate intui.

Î-6. Atunci cum reușesc toate ispitele să ne invadeze mintea? Cum îl putem învinge pe diavolul al cărui glas răsună în noi?

R-6. Diavolul nu-ți pătrunde în gând, dar îți intuiește gândurile, prin gesturi și mai ales, după o experiență oarecare, te citește. De aceea, când vrem să facem un bine, trebuie să nu-l spunem, să nu-l discutăm cu nimeni, ca să nu avem piedici de la diavol. Vina nu este că ne vin gândurile. El nu pătrunde în gândurile proprii, el ne poate aduce gânduri. Deci, vina nu este că diavolul ne bântuie cu gânduri, precum vina noastră nu poate fi că bate vântul, ci vina noastră este că bate vântul și noi nu intrăm în casă. Vina noastră este că Dumnezeu ne-a lăsat cămara unde să intrăm și unde să ne ferim de gândurile noastre, iar noi nu intrăm în ea. Îndulcirea cu acele gânduri, preocuparea pentru acele gânduri sunt marea problemă și nu gândurile în sine. Dacă ele sunt îndepărtate, vina noastră nu există. Deci, răsunetul diavolului, glasul diavolului în noi, într-un mod direct, sau mai puțin direct, se face în 2 trepte. Prima treaptă este **despătimirea**, despre care noi vorbim cam puțin. Și a doua este **îndumnezeirea,** despre care vorbim foarte mult și dorim să avem tangență foarte mult cu această treaptă. Mulți vorbesc despre îndumnezeire, dar puțini se preocupă cum să ajungă la despătimire.

Î-7. Este păcat doar ceea ce conștiința ne spune că este păcat?

R-7. Da, așa este, dar există și aici o condiție. Ca nu cumva becul conștiinței - deoarece conștiința este ca un bec foarte luminos - să fie îmbrobodit, înfășurat, că atunci becul nu mai luminează decât confuz. Și în lumină neclară nu putem distinge binele de rău. Deci, atunci conștiința este dreaptă, precisă, nu este pervertită, atunci este valabil lucrul acesta. Este păcat doar ceea ce conștiința zice că este păcat. **Sunt foarte mulți oameni care au conștiința atât de pervertită, încât fac răul și spun: „Ce? Ăsta-i păcat?"**

Î-8. Știu că un anume lucru este păcat de la preoți, de la părinți, din ora de religie. Dar dacă conștiința mea nu-mi spune că această faptă este un păcat, eu păcătuiesc?

R-8. Conștiința ta nu-ți spune că este păcat din pricina faptului că ea nu este lăsată să lumineze total în sufletul tău. Este posibil să afli de un lucru care nu este păcat atât de la preot, părinți, cât și de la ora de religie. Să lăsăm loc de o excepție. Este posibil și asta. Însă problema aceasta se rezolvă, așa cum am spus înainte, întrebându-ne ce ar considera Hristos? Poți întreba un preot sau un mare duhovnic. La un mare duhovnic, trebuie să te adresezi așa: ***"Ce zice Cartea despre...?"*** Iar nu ***„ce părere aveți despre?" Și atunci vi se spune: "Cartea spune așa..."*** Și Biserica procedează în două feluri: cu acrivie sau cu iconomie. Cu iconomie, adică cu multă îngăduință, și cu acrivie, adică foarte strâns. De la caz, la caz. Când omul este mai slăbuț, trebuie lăsat mai încet și cu canonul, și cu pretențiile, și cu ceea ce crede el. Când omul este foarte încrezut în sine, foarte puternic, chiar dacă nu are mândrie, atunci el trebuie să fie în procedura Bisericii numită acrivie, adică multă strictețe ca el să poată da roade.

Î-9. Păcatul a intrat în om prin femeie?

R-9. Este tot atât de adevărat că el a ieșit tot prin femeie: prin Sfânta Născătoare de Dumnezeu. Așa este.

Î-10. Atunci de ce femeile sunt considerate mult mai păcătoase decât bărbații?

R-10. Numai bărbații proști fac această afirmație. În general este doar părerea lor.

Î-11. De ce femeile în anumite perioade nu au voie sa intre în Biserică? De ce nici măcar măicuțele, care și-au ales ca Mire pe Mântuitorul Iisus Hristos, nu au acest drept?

R-11. Din pricina faptului că în corpul lor atunci au loc foarte mari transformări, care dau de foarte multe ori tulburări. Și Dumnezeu iubește omul liniștit în Biserică, iar unul dintre scopurile prezenței noastre în Biserică este liniștirea. Acesta este motivul. Acest lucru nu este un păcat prin lipsă de la Sf. Biserică, pentru că femeia într-o asemenea perioadă, în timpul Liturghiei trebuie să fie în genunchi acasă și să citească Acatistul Mântuitorului Iisus Hristos și alte rugăciuni. Deci nu este vorba de o lipsă de participare. Dimpotrivă, este o participare destul de intensă, la fel cum în uzina cu foc continuu, cel care are rugăciunea minții se gândește la Dumnezeu și este ca și cel prezent la Sf. Liturghie. Precum **în Sf. Mănăstire cel trimis cu vacile și cel ce face de rând la bucătărie este egal cu cel care este prezent la Sf. Liturghie.**

Î-12. Dacă ceva sau cineva, un necaz sau altceva îți provoacă o durere foarte mare în suflet, un gol, ce trebuie să faci personal din punct de vedere al Bisericii? Te destăinui duhovnicului? Sau unei persoane apropiate? Te închizi în tine sau te exteriorizezi într-un mod mai anormal, la o fire de om mai rece?

R-12. Da, este interesantă problema aceasta. Ceea ce este păcat se spune duhovnicului și numai duhovnicului pentru că numai duhovnicul are puterea de a rezolva această stare a ta, până la iertare, sigur, dacă faci canon. Căci spovedania are 5 trepte: spunerea păcatului, părerea de rău că l-ai făcut, dorința de îndreptare, tratamentul sau canonul și dezlegarea. Un păcat mărturisit și trecut prin cele 5 trepte este definitiv iertat. Dacă nu treci prin cele 5 trepte, iertarea nu este. Adică am furat, îmi pare rău, fur iar, aici iertare nu este. Sau: am furat, îmi pare rău, nu mai fur, dar nu vreau să dau înapoi ce am furat. Nici asta nu aduce iertare. Canonul se dă înainte de dezlegare, se trimite creștinul acasă și, după ce face canonul, vine la preot după 1 an, 2, 10 să-l dezlege. Practica a făcut mai eficient acest lucru: spui păcatul, părerea de rău, promiți că nu-l mai faci, promiți că faci canon, se spune ce canon și dezlegarea pe loc. Dacă tu faci canonul, dacă fără voie te mai întorci la păcat, asta se poate, atunci păcatul este iertat. Dar dacă cu voie te întorci la același păcat, dacă nu faci canonul, tratamentul de vindecare - canonul nu este o pedeapsă, este un tratament - de fapt este și un pic de pedeapsă, dar mai mult tratament, atunci păcatul nu este iertat. Gândurile le spui și duhovnicului la vreme, dar până ajungi la duhovnic, în fiecare zi trebuie să-ți mărturisești gândurile unui apropiat al tău (în sensul că am avut azi un gând aiurea, un gând năstrușnic, am gândit că...). Și, dacă se poate, să-i spui mai ales celui despre care ai gândit, dacă el este afectat, pentru că atunci diavolul te scapă din mreajă. Gândul ascuns te face să fii rob acestei acțiuni diavolești. Or, mărturisirea de gânduri, ajută; și gândurile pot fi un păcat, gândurile vin continuu, aceste gânduri imediat se ușurează.

Ca să te exteriorizezi într-un mod mai anormal, aceasta nu este bine pentru că Dumnezeu iubește numai lucrurile normale. Unei persoane apropiate, așa cum am zis, desigur este bine.

Î-13. Iubirea este singura modalitate de a ne apăra împotriva oricărui dușman, chiar și împotriva celui mai de temut: singurătatea.

R-13. Da, este singura modalitate. Pentru aceasta, iubirea trebuie înțeleasă cum trebuie. Pentru că iubirea nu cunoaște margini. Sf. Ioan Evanghelistul spunea mereu că Dumnezeu este iubire, iar când a depășit suta de ani nu mai putea să zică „Dumnezeu este iubire" și atunci zicea numai „iubire". Dumnezeu a trimis pe Fiul Său din iubire. Problema iubirii are 2 tăișuri, pentru că dacă nu facem față prin comportamentul nostru iubirii lui Dumnezeu, iubirea ne taie, ne arde. Atât a iubit Dumnezeu lumea încât Însuși pe Fiul Său l-a dat ca să fie răstignit. Deci Dumnezeu, care a trimis pe pământ pe unicul Său Fiu, a lăsat să se răstignească propriul Fiu. Ce se va întâmpla din partea propriei noastre conștiințe dacă noi „jucăm" sângele dumnezeiesc în picioare, în bătaie de joc, neparticipând la jertfa lui? Adică răstignindu-l mereu, bătându-i cuie și pălmuindu-L prin păcatele noastre? Dumnezeu așteaptă întoarcerea. De aceea singurătatea este pe de o parte atacată de diavol, speculată și împropriată nouă, după aceea, pentru ca să aducă omul la lipsă de iubire, la impresia că nu mai este iubire pentru el și că trebuie să fie singur. Deci, una este însingurarea de bună voie, iar altul este păcatul însingurării fără iubire.

Î-14. Cum să ne iubim pentru a nu ne simți singuri?

R-14. Dacă am fi precizat puțin despre care iubire am vorbit, atunci poate că răspunsul ar fi fost mai complet. Trebuie să ne iubim așa cum Dumnezeu ne-a iubit. Chiar în stările acelea trei, numite în grecește *agapi, fileo și eros.* Pentru că am zis că toate trebuie să conducă acolo. Trebuie sa ne iubim între noi, pentru că fluxul de sentimente pătrunde în celălalt. Iar de la celălalt trebuie sa vină o înlocuire a sentimentelor noastre, ajungându-ne la o completare a ființelor noastre.

Î-15. Dacă tot s-a discutat atât de mult despre iad și despre rai, **unde va ajunge un chinez, sau un musulman, sau taoist, sau budist?**

R-15. Noi nu îi rânduim un loc. Noi știm că singura credință mântuitoare este creștinismul ortodox. De ce? Pentru că cele trei condiții ale mântuirii sunt: credința dreaptă, faptele bune și conlucrarea cu harul sfințitor. Aceste trei condiții pot fi împlinite numai în ortodoxie, pentru că, din mila lui Dumnezeu, noi avem credința dreaptă. Este acum puțin lucrătoare credința noastră în ultimii zeci de ani, este adevărat, dar credința ortodoxă este dreaptă. De unde știm că este dreaptă, că toți spun că a lor este dreaptă? Ce dovezi avem? Acea credință este adevărată, care a fost ținută de toți, pretutindeni și întotdeauna, or, catolicismul începe prin secolul al IX-lea și ruptura apare în sec al XI-lea la anul 1054. Protestantismul, cu ramurile sale prin secolul al XVI-lea, la 1517, contrareforma, baptismul apoi în America și adventismul pe la 1843; în deceniile trecute, apare tudorismul și celelalte. Deci, aceștia nu pot susține că au o credință care a fost ținută din totdeauna și de toți și pretutindeni. Or, noi avem firul acesta de învățătură al Mântuitorului Iisus Hristos cu care, sub aspect de doctrină, ne suprapunem ideile.

Nu ne batem cu pumnul în piept, dar venim cu aceste argumente. Faptele bune, **sigur că trebuie să facem fapte bune, dar prin conlucrarea cu harul sfințitor; dacă nu lucrezi în Duhul lui Dumnezeu, în frica lui Dumnezeu, ca pentru Dumnezeu și în Dumnezeu, toate faptele tale n-au valoare**. Dacă vrei să faci ceva bun, atunci Dumnezeu îți socotește bun. Dar dacă faci ceva bun fără să vrei, Dumnezeu nu-ți socotește, așa cum și dacă faci un rău pe care nu-l vrei, Dumnezeu nu-l socotește. Precum un soldat care execută un ordin în război, face un rău, dar nu face un păcat. Un om care stă la masă și ia o bucata de pâine și o zboară pe geam și o găsește unul înfometat, a făcut un bine, s-a săturat acela, dar nu i se pune ca faptă bună. Că el n-a voit să ajute pe unul înfometat, ci a fost pur și simplu un gest oarecare, fără să aibă vreun scop.

Așadar, cel care împlinește cele trei condiții va atinge mântuirea. Dacă Dumnezeu va voi să mântuiască și un chinez taoist, și un musulman, și un budist etc, treaba Lui. El poate face lucrul acesta, El însă ne-a spus cele trei condiții care conduc la mântuire sigură. Care este vina omului? Este și vina lui, pentru că Dumnezeu, în conștiința lui, a lăsat să lucreze unicul Dumnezeu și adevăratul Dumnezeu. Sf. Pavel a găsit în Areopag o statuie a zeului necunoscut! Deci, la grecii antici exista această conștiință a existenței unui zeu necunocut!... Sibilele și toți înțelepții antichității au prefigurat, au profețit prin scrierile și zicerile lor pe unicul Dumnezeu. Deci, avem profeții despre Hristos, pentru Hristos, nu numai din Vechiul Testament, ci și din lumea păgână. Așadar, conștiința adevăratului Dumnezeu a fost sădită în fiece om.

Î-16. Ce ne puteți spune despre durerea care vine din suferința prietenilor sau fraților noștri? Dacă cineva plânge și suferă, noi vrem să-l ajutăm și totuși nu putem, pentru că el nu vrea să-l ajutăm. Spuneți-ne cum să-i ajutăm pe cei care suferă și sunt neliniștiți. Apoi durerea care vine din această suferință. Ce ne puteți spune și ce putem face?

R-16. Este adevărat că nu poți ajuta un om decât dacă el vrea. La un moment dat există lege prin care te poate da și în judecată pentru că ai atentat la libertatea voinței lui. Însă sunt și lucruri care trebuie aplicate pe moment și procedat cu mult tact. Omul trebuie ajutat forțat. Am avut un profesor care povestea că în marșuri nesfârșite prin zăpezile Siberiei la un moment dat a căzut. Ce urma era știut. Rusul scotea revolverul și-l împușca. Ca nu cumva să se prefacă. Cine cădea, era împușcat. Un camarad s-a dus la el, i-a tras câteva palme, l-a frecat cu zăpadă, i-a mai tras câteva palme, l-a pus în rând. Nici n-a murit înghețat, nici n-a murit împușcat și a scăpat. Dumnezeu a rânduit așa.

Deci **binele mai trebuie făcut și forțat. În special asupra copiilor noștri binele trebuie făcut forțat. Neapărat forțat. Noi întâlnim, bineînțeles după cele zise de 10, 14, 28 de ori, când încercăm să-i explicăm calea pe care trebuie să o apuce, părinți disperați deoarece copiii lor nu vor să vină la biserică.**

„Câți ani are copilul?" „Opt ani, părinte". „Și nu vrea să vină la Biserică?" „Nu vrea.", iar altul: **„Câți ani are?" „12 ani". „Și nu vrea?" „Nu vrea." „Acum nu mai vrea să vină". "Părinte, a venit cât era la școala generală, dar acum la liceu nu mai vrea".** Altul: **„Tot liceul a venit la Biserică, Părinte, dar când a intrat la facultate, gata!". „Și ce-i de făcut? Ce să fac, Părinte? Este cât mine!" „Când vine acasă?" "Vine la o lună". "Unde mănâncă? "La noi." "Unde doarme?" "La noi doarme".**

Atunci e simplu: **„Vrei să mergi la biserică cum te-am învățat? Precum a făcut bunica ta, bunicul tău, străbunicul tău, străbunica ta, Ștefan cel Mare, Brâncoveanu, Mihai Viteazu? Vrei sau nu vrei?" „Nu vreau!" „Dacă nu vrei, ia-ți ce vrei de pe**

aicea în traistă, de îmbrăcat, perechi de pantofi, ce mai ai și mergi într-ale tale".

Și atunci tânărul acela de 18 ani sau 28 de ani cât are, sau 32, va zice așa: „Ori a înnebunit mama, ori are dreptate". Probabil se enervează vreo 2 săptămâni, vreo câteva luni, după aceea își revine. „Măi, dar ce-mi cere mama? Îmi cere ca de la 10:30 la 11:30 să fiu la biserică. Ce este asta? Nimic. Măcar să o fac din iubire pentru mama". Sigur, pofta vine mâncând, etc.

Dacă nu facem așa, cine ne va mai face nouă parastasele și pomenirile? Observăm un lucru: oamenii sunt săraci, se împrumută și fac pomelnice, parastase și toate rânduielile pentru morți. Dacă îi ceri 1.000 lei pentru Biserică îți dă, nu-ți dă. Dar dacă trebuie să facă rânduielile pentru morți se împrumută de 20.000, face, stă un an dator, își dă datoria, dar tot nu lasă. Și există un cult extraordinar pentru morții noștri. Cum perpetuăm noi acest respect? Că dincolo de rugăciune, este și respect! Dacă copiii noștri nu mai știu ce să facă, dacă copiii noștri nu mai cresc în Biserică. Păi, nu este rușinea rușinilor? Dacă citești *„Amintiri din Copilărie"* a lui Creangă, ce scrie acolo, că de Paști a mers la biserică, întors de la seminar și a tras un „Îngerul a strigat!" de toate fetele s-au mirat. Și tu să nu știi ce înseamnă „Îngerul a strigat!" Te pretinzi om de cultură și tu nu știi ce a zis Creangă în biserică? Iată ce înseamnă cultura!...

Deci și din motivul acesta, și din motivul tradiției, și din motivul credinței, și din motivul dăinuirii neamului nostru, așa trebuie să lucrăm noi cu tinerii, cu copiii noștri. Iar cu ceilalți prin îndemn. Însă aspectele sunt deocamdată invers, din rânduiala lui Dumnezeu ne întâlnim cu oameni pe stradă, cu polițiști chiar ce ne spun: „Părinte, să mă lași în pace, că mi-ai zăpăcit fata de tot". „Câți ani are fata ta?" „Părinte, are 8 ani și eu nu mai pot să rezist". „La ce nu mai puteți rezista?" „Dimineața mă scoală din pat să zicem Tatăl nostru". „Ce clasă este?" „A doua. Seara vreau să mai stau și eu la televizor, dar de unde? La 9, toată lumea în genunchi. Vinerea nu a vrut să mănânce, din clasa întâi mănâncă numai de post că așa i-ai spus dumneata sau cine i-a spus. Acum nu mai mănâncă nici miercurea. Acum, de unde o fi auzit, că nu mai vrea nici lunea". Deci, din mila lui Dumnezeu, acum se întâmplă altceva. Copiii educă părinții, nu mai avem probleme!

Dar, dacă părinții nu au dat educație corectă copiilor, este o problemă stringentă, complicată. Însă nu-i timpul pierdut. Omul mai are și nași. Sf. Ioan Gură de Aur zice că: **„Dacă ar ști omul ce răspundere are la botez și cununie, ar alerga mile întregi până să găsească un naș". Ori, noi acceptăm să fim nași oricum și oricui**. Căci ce am spus cu părinții este valabil la nași. Că nașii trebuie să-și rezolve problemele promise la lepădările din fața ușilor la dumnezeiescul Botez. „Te lepezi de Satana, de toate lucrurile lui, de toată lucrarea lui, de toata trufia lui? Și nașul a zis: „Mă lepăd". Și a promis că va învăța punctele de credință pe finul său, care acum nu știe ce se întâmplă cu el, căci este bebeluș și îl va conștientiza de darurile ce s-au dat lui prin dumnezeiescul Botez. **Mare răspundere este și pentru naș!**

Î-17. Este normal ca o tânără de 16-17 ani să iubească și să fie iubită?

R-17. Este normal. Problema numărul unu este dacă această iubire are tangențe în Hristos și mare problemă ar fi dacă cumva afectează studiul, etc. Deci, problema iubirii este o problemă care are niște limite pe care singur ți le stabilești și trebuie neapărat să nu te afecteze, ci dimpotrivă, să te stimuleze. Problema iubirii cum este pusă aici, sigur că este cam minciunică, nu prea este a iubirii, vine mai târziu iubirea adevărată. Dar cum este prietenia aceea începută, ea este minunată. Depinde și unde îl cunoști pe celălalt. Dacă îl cunoști în Biserică sau în viața Bisericii, sau în viața aceasta, care are tangență cu Biserica, este minunat. Dacă îl cunoști între lumină și întuneric, unde orga de lumini creează felurite umbre și întuneric, atunci este clar că nu este bine ce ai întemeiat tu. Este chiar un pic cam târziu spus 16-17 ani, poate să fie și mai devreme. Depinde de decența cu care tratezi lucrurile. Dacă nu tratezi cum trebuie, nu ajungi la 18 ani, la 20, 21 la o împlinire firească.

Omul trebuie să se căsătorească într-un anumit moment, atins la vârste diferite de fiecare. Marea problemă este dacă la 26 de ani se poate administra Taina Sf. Cununii cu punerea cununilor pe cap. Asta-i marea problemă. Dacă ți se pun cununile pe cap sau nu. Dacă ți se pun, atunci este minunat, dacă nu ți se pun, este foarte complicat. Fiecare să se cunoască pe sine, să se studieze și mai ales să se roage. Să zică așa: „Doamne, învârte-le Tu cum vrei în folosul meu!". Și face 40 de zile de acatist, iar după aceea, iar se roagă și zice: „Doamne, nu cum vreau eu, ci cum crezi Tu, care vezi în perspectivă, întrucât eu nu reușesc să văd... Și atunci El echilibrează!" Și te trezești după aceea cu un mic semn! Dar trebuie să-l sesizezi și să-l accepți. Cu un mic semn. Din căruța de flori pe care ți-a tot cărat-o câte unul de-a lungul vremii, acum brusc nu ți-a mai adus flori, ba ți-a mai zis și vreo două în public; nu știu pe ce linie te-a mai tras, te-a mai încadrat și în nu știu ce categorie, iar tu faci ochii mari și nu-l mai recunoști! Daca ai dat acum glas conștiinței tale pe de o parte și dacă dai importanță gestului, atunci te-ai lămurit. Pentru că **o calitate pe care o ai înainte de căsătorie se diminuează după căsătorie de 10.000 de ori, iar un defect pe care îl ai înainte de căsătorie se amplifică de 10.000 de ori. Așa că nu se admite nici un compromis**.

Bineînțeles că nu există om perfect. Și atunci trebuie să vedem care defecte sunt suportabile pentru noi. „Suport eu să fumeze? Nu suport. Dar să drăcuie? Nu. Suport eu să nu gătească mâncare?

Da, suport. Eu știu să fac mâncare. Îmi iau o soție căreia puțin îi pasă de mâncare. De ce? Pentru că suport. Bine? Suport eu ca el să n-aibă studiile mele? Da, suport. Nu mă interesează asta sau nu suport. Păi, cum pot eu să ies în lume cu el, el cu școala profesională și eu cu licență? Nu, nu se poate". Dar, dacă suporți, se poate. Și tot așa. Ce câștigi aici, pierzi dincolo. Ce găsești extraordinar la o fată, nu găsești la cealaltă. Se poate prelungi situația și te trezești că te încadrezi în vârsta în care canoanele opresc să se mai săvârșească căsătoria! Apoi poți să scrii o carte ca să învețe și alții din lunga ta gândire.

De altfel, unul din gânditorii antici spunea clar și precis că oricum, peste 10 ani o să-ți pară rău și dacă te însori și dacă nu. Și dacă ai spiritul acesta umoristic de a rezista situației, atunci stai așa pe marginea șanțului, la temelia casei și te gândești, după ce ți s-a făcut capul foarte mare, ca după o ceartă zdravănă, este posibil să te trezești cu o găleată de apă în cap, așa cum i-a făcut Xantipa lui Socrate, încât și trecătorii râdeau de el și el știți ce a zis: *„După atâtea fulgere și tunete trebuia să vină și ploaia!"* Dacă poți rezista așa, desigur că este foarte bine. Să nu credeți că sunt foarte învățat dacă vă spun lucrurile acestea, ci doar le-am amintit. Noi, preoții, avem o destul de mare experiență de Spovedanie. Sf. Ioan Gură de Aur zice că cele mai spurcate lucruri din lume sunt urechile preotului. De ce? Pentru că aude tot ce vrei și ce nu vrei. Așa stau lucrurile sub acest aspect. Trebuie să înțelegeți ce importantă este pentru creștinism fecioria (aceasta fiind caracteristica Bisericii), chiar Sf. Ioan Gură de Aur pusese și hotărâre pentru a o păstra. Dacă avem de-a face cu temperamente mai deosebite, cu stări mai aparte de dezvoltare în corpul copiilor noștri, în atitudinile lor, în mentalitatea lor, nu este rău ca pe la 14 ani fata să se mărite și băiatul pe la 16. Așa zice el în secolul al IV-lea și elaborează atunci 11 reguli canonice. Sigur că pentru zilele noastre aceste reguli sunt destul de fragede, însă să fim atenți, pentru că nu-i important la câți ani și cât timp îți trăiești tinerețea. Altceva este important. Important este cum intri în biserică, dacă ți se pot pune cununile pe cap sau nu și mai departe, câtă dăruire mai poți să acorzi tu soțului sau soției tale, pentru că depinde cât de epuizat sentimental ești!

Î-18. În lecturile mele am întâlnit următoarea afirmație: „sufletul nu are sex și în creștinism iubirea nu înseamnă decât concesivitate". Ce părere aveți?

R-18. Sufletul nu are sex. Dar nu are sex în sensul „în unire cu trupul"; în lumea de dincolo nu avem de-a face cu bărbat și femeie. În lumea de dincolo, în Împărăția lui Dumnezeu, nici nu se însoară, nici nu se mărită, chiar Mântuitorul Iisus Hristos spune saducheilor acest lucru. Există însă afinități ale sufletului care lasă să se întrevadă existența acelui suflet într-un corp de femeie. De ce? Pentru că noi iubim o femeie nu numai trupește, ci și sufletește. Iar sufletește, ea are anumite afinități. De aceea sufletul unui bărbat are tot rațiune, sentiment, voință. Sigur că nu are sex. Iată, acesta este suflet de bărbat! Sau Dumnezeu zice: creez suflet de bărbat!

Ce înseamnă concesivitate în creștinism ca și o urmare a iubirii? **Înseamnă a lucra tuturor, a te dărui tuturor, a te face tuturor toate ca să câștigi pe fratele tău.**

Î-19. Ce atitudine trebuie să am față de fata mea care a rămas însărcinată înainte de căsătorie?

R-19. Dacă s-a întâmplat așa, trebuie să ai o atitudine față de ea ca față de o viitoare mamă. Este copilul tău, sigur că nu este bine ce a făcut, sigur că nu! Asta se rezolvă prin Spovedanie, se face canonul, se naște copilul, se face canon destul, se crește copilul și Dumnezeu le rânduiește. Dacă omoară copilul, ce viitor mai poate avea acea fată? Ori aici, dacă avem

de-a face cu așa ceva, trebuie multe rugăciuni, multă atenție. În general, cei ce greșesc, greșesc din vina lor și nu numai, ci cam trag păcatele părinților și în special ale bunicilor. Este vorba de ceea ce psihologia numește moștenire atavică. Atavismul însă poate fi foarte ușor învins prin Spovedanie, împărtășanie și participarea la Sf. Liturghie. Deci cu foarte multă atenție să fim, pentru că ceea ce săvârșim acum se repercutează cel puțin până la al treilea neam. Și Dumnezeu așa zice că se milostivește până la al 9-lea, dar pedepsește până la al treilea. Asta nu este predestinație, este altceva. Când se naște un copil, vin vecinii, bunica, bunicul, sunt prezenți acolo... și una din vecine spune așa:

"Vai, ce seamănă la ochi cu tine, Mario!" (Bunica are 86 de ani).

"Seamănă cu mine? Da, pe unde?"

"Pe la frunte". "Eh, îmi pare bine", zice ea cu voce tare, sau în sine. Se bucură. După aceea îi zice bunicului:

"Măi Gheorghe, parcă este nasul tău ăsta!" Și așa mai departe... Precum atunci ne bucurăm că moștenește ceva din noi, tot așa trebuie să acceptăm și ceea ce se transmite moral.

Î-20. Ce părere aveți despre cabinetele de energoterapie?

R-20. Dacă știința se pronunță că asemenea cabinete sunt permise, deci lucrează cu metode pur științifice, atunci este foarte bine. Deocamdată știința nu s-a pronunțat și are toate rezervele. S-a pronunțat știința că există energie, că exista bioenergie, etc, dar nu s-a pronunțat asupra posibilității manevrării acestei energii asupra vindecării, etc. Deocamdată este un amestec între știință falsă și, bineînțeles, religie falsă, care în final înseamnă escrocherie. Da, avem de a face cu metode științifice de tratament, chiar dacă nu sunt cele tradiționale. Vorbesc de ceea ce noi ne-am obișnuit să zicem: medicina înseamnă medicamente, injecții și ceai. Totuși, doar știința explică cum și de ce se întâmplă vindecarea.

Dacă știința explică, Biserica este de acord cu aceste cabinete și cu aceste metode. Dacă nu explică, atunci așteaptă până când explică și apoi se pronunță. Că sunt rezultate, știm. Cu ce efecte secundare, nu ni se spune.

Eu, în ceea ce mă privește, nu am văzut decât „apă de ploaie", adică practicantul acela ține post și crede în Dumnezeu, dar de spovedit nu se spovedește. Mergeți la un bioenergetician și întrebați: la ce biserică mergeți dumneavoastră și cine vă este preot duhovnic? Veți avea un răspuns negativ. Noi acceptăm tot ce știința ne propune și avem o mare încredere în știință, dar calificăm ca escrocherii orice amestec de știință cu principii religioase. Orice amestec. Am spus mai înainte că religia participă, în cazul unui om de știință, la rugăciunea de ajutor. *„Doamne, ajută-mă să descopăr noi lucrări înăuntrul atomului. Să descopăr ce s-ar întâmpla, dacă aș crea o viteză mai mare a electronilor"*. Sau: *„Doamne, sprijină-mi metodele specifice de cercetare"*.

Toată treaba asta se încearcă să se denatureze, ca idee, în filmul Iisus din Nazaret. Acolo Mântuitorul Iisus Hristos vindecă un epileptic. Mântuitorul Iisus Hristos, într-o poziție nefirească, la un moment dat se concentrează cu ochii deschiși și într-un minut, cu mâna tremurândă, degetele se duc în semnul binecuvântării și cu o concentrare extraordinară, îndreptând mâna asupra acelui lunatic, acela se vindecă. Escrocherie, denaturare și șarlatanie, pentru că Hristos a vindecat cu propria putere fără concentrare și fără tremuratul mâinii. S-a arătat o legătură între aceste atitudini ca să sublinieze minunea. El a scuipat, a făcut un pic de noroi, i-a dat pe ochii orbului. Gata, te-ai vindecat! Așa a lucrat Hristos, cu puterea dumnezeiască, nu concentrându-se așa, ca bioenergoterapeuții. **Regizorul filmului a primit, poate, milioane de dolari ca să bage scena acolo, ca să-l denatureze pe Hristos ca pe un om extraordinar, cu o putere extraordinară**. Ori Hristos nu a fost un om cu puteri extraordinare, a fost Fiul lui Dumnezeu cu puteri dumnezeieşti. Şi-a primit poate alte milioane de dolari ca să prezinte pe Sf. Fecioară Maria ca de 26 ani căsătorită cu Iosif de 42 de ani, când în realitate fecioara Maria avea între 12-14 ani, nu se ştie exact, iar bătrânul Iosif peste 86 de ani. Şi alte milioane de dolari a primit, probabil, ca să poarte Hristos în spate o bârnă şi nu o cruce. Şi încă sute de alte favoruri pentru ca să redea între Fecioara Maria şi Iosif din Nazaret şi ritualul unei nunţi. A fost un film atât de gustat şi de noi.

Asta este problema cu bioenergia. Este mai sigur ca ştiinţa să se pronunţe şi atunci şi Biserica este de acord cu acestea. Precum este de acord acum şi cu transfuziile, şi cu perfuziile, şi cu medicamentele, şi cu injecţiile şi cu intervenţiile chirurgicale, şi cu toate celelalte.

Î-21. În cabinetele de contracepţie, medicii ginecologi păcătuiesc voluntar sau involuntar în curmarea vieţii?

R-21. Sunt nişte criminali împreună cu tot personalul medical care participă la orice mijloc de contracepţie. Avortul este crimă, contracepţia este de mii de ori crimă. De ce? Pentru că prin contracepţie opreşti zeci, sute de izvoare ale vieţii, iar printr-un avort curmi o viaţă. Exista ideea că este mai puţin păcat să previi viaţa decât să curmi viaţa. Ceea ce nu este adevărat şi ascultaţi următoarea comparaţie. Ce face omul când pune un bec, este şi curent, apasă pe comutator, dar becul nu se aprinde? Studiază puţin siguranţele, verifică dacă vine curent şi schimbă becul. Dumnezeu are planul Său, bugetul Său, concepţia Sa, care ştie câte ouă să facă găinile pe Terra şi câţi viţei să fete vacile şi să se taie şi să fie carne pentru toţi, etc. Şi noi, avem planul nostru de toamnă, ne punem la beci şi la cămară şi ne facem conserve şi ne asigurăm pentru iarnă, etc. Dar Dumnezeu, care are putere şi El a făcut toate acestea? Că El ne iubește pe noi mai mult decât ne iubim noi pe noi înșine și decât iubim noi pe copiii noștri.

Deci, dacă așa stau lucrurile, Dumnezeu ne-a lăsat să ne aprindem și noi nu ne aprindem! Că atunci când femeia nu mai poate să nască, iar Dumnezeu știe aceasta, atunci Dumnezeu ia din ea forța fertilității pe la 38 de ani, pe la 40 de ani, pe la 52 de ani, de la caz la caz și femeia nu mai poate să nască. De ce? Pentru că are o vârstă, pentru că Dumnezeu cunoaște corpul uman, etc. Or, noi încă de la 21 de ani, umblăm la planul lui Dumnezeu și întrerupem în mod abuziv acest circuit, acest ciclu extraordinar, care face din om să fie cununa creației și să se asemene cu Dumnezeu. ***„Tatăl Meu lucrează și Eu lucrez!"(***Ioan 5,17***).*** Deci, Dumnezeu lucrează continuu. Iar noi ne asemănăm cu Tatăl dacă avem condiții pentru o lucrare bineplăcută Lui. Omul nu are în mână un buton prin care să zică: acum da, acum nu!

Dumnezeu este cel ce rânduiește când să fie conceput omul. Și atunci el vine și dă sufletul unui copil. Deci, în actualele cabinete de contracepție, medicii păcătuiesc voluntar, conștient sau inconștient, oricum păcătuiesc și calcă jurământul lui Hipocrate.

Î-22. Depărtarea de Dumnezeu duce la răcire morală? Atunci când se ajunge la pervertire, mai poate fi reparat moralul?

R-22. Orice mai poate fi reparat dacă poate contrabalansa un rău printr-un bine egal cu acel rău. Răul care nu se poate repara este sinuciderea sufletului, este atunci când te prinde moartea în indiferență, în necredință, în nebotezare, în necununie. Dacă nu ești cununat, dacă nu ești botezat, dacă ești indiferent religios, dacă ești ateu sau dacă te-ai sinucis, atunci, la moarte, nu poți fi îngropat nici tu în cimitir. În aceste cazuri vechile scrieri ale Sf. Părinți spuneau că un om dintr-o asemenea categorie (mai puțin cei nebotezați care nu aveau vină, copii morți nebotezați), nu se îngropau, ci se lăsau mâncare câinilor. Astăzi, noi nu facem lucrul ăsta. Ba mai mult, am rezervat un loc în marginea cimitirului mai la margine, unde îngropăm asemenea oameni.

Așadar, dacă putem face ceva în loc, orice săvârșim putem să reparăm. Dar oare, mai putem face noi ceva în loc? Un om care se sinucide ce mai poate face? Un om în care urlă conștiința, dar în același timp respinge pe Dumnezeu, ce mai poate face? Sigur, se agravează situația lui, apropiindu-se moartea cu pași repezi...

Î-23. Dacă însăși conștiința noastră ne osândește la iadul veșnic încă de aici, de pe pământ, noi mai putem fi salvați?

R-23. Noi zicem în „Tatăl nostru" astfel: *„Vie Împărăția ta!"* Ce înseamnă asta? Înseamnă să fie vie Împărăția Lui în noi, dar și să vină Împărăția Lui în noi. Deci Împărăția lui Dumnezeu începe de acum, aici, iar noi, după starea pe care o avem, putem să vedem în momentul respectiv ce destinație am putea avea, din autodestinarea noastră. Noi nu credem în predestinare, dar dacă facem binele, suntem predestinați la bine, dacă facem răul, suntem predestinați la rău. Deci, în starea respectivă, noi cunoaștem deja unde ne-ar fi locul, numai că noi, cunoscând deja, vrem să modificăm ca să fie bine.

Î-24. Ce este patima și neputința voinței omului de a se dezrobi, de a lupta împotriva ei?

R-24. Sf. Pavel zice așa ***„Binele pe care voiesc să-l fac, nu-l fac, iar răul pe care nu voiesc să-l fac, pe acela îl săvârșesc."*** Deci există această contradicție în noi. Ceea ce știm, ceea ce avem sigur și experimentat în noi este că ființa noastră poate să fie mai puternică decât ispita împătimirii. Deci, voința omului poate dărâma ispita diavolului. În om trebuie să existe numai acest lucru: **„Vreau!"** Nu trebuie să existe **„Nu vreau!"**, sau **„Nu pot!".** Totul este să vrei și Dumnezeu sprijină acțiunea omului. Daca vrei să te însori, să te măriți, dacă vrei să intri la facultate, lucrul acesta este foarte simplu de rezolvat dacă vrei. Sigur că la această voință a ta trebuie să lași loc lui Dumnezeu, care vede în perspectivă. Totul este să vrei. De aceea și de fumat, și de beție, de alte patimi te lași dacă vrei, nu întrebuințând o metodă sau alta. Nu mâncând bomboane, nu fumând azi trei țigări, mâine 2 și poimâine una. Nu reducând, ci vrând și tăind relația cu păcatul.

Î-25. Care este vina smochinului neroditor, căci încă nu era vremea roadelor?

R-25. Noi trebuie să avem roade continuu, pentru că nu știm în ce timp va trebui să dăm seama de roadele noastre. Și noi dăm seama de roadele noastre în momentul în care Dumnezeu a hotărât să murim. Adică a hotărât să trecem prin puntea numită moarte dincolo. Deci, Dumnezeu ne judecă întru acea stare în care suntem găsiți la moarte. Deci smochinul, deși nu era vremea roadei, este o pildă pentru noi, căci neavând rod a fost blestemat de Iisus. Hristos n-a făcut niciun rău cu asta și a trebuit să ne dea explicația că totuși fără roade cădem în sentința asta. Și el n-a procedat așa cu un om. Erau atâți păcătoși, pe care putea să-i distrugă, să arate ce lucrare poate avea răul!... Și atunci a ales ceva fără rațiune, sentiment, voință. Fără suflet! A ales o plantă, un smochin. Și pentru el a acordat această stare, a lăsat să se întâmple așa ca să ne dea nouă pildă. Răspunsul la întrebare este: **să fim atenți oricând, pentru că noi nu știm ceasul în care trebuie să dăm seama**.

Î-26. Puteți să ne spuneți ceva despre energiile necreate ale lui Dumnezeu, acea vedere a luminii taborice? Există vreo legătură între acestea?

R-26. Sigur că există legătură. Câtă legătură și cum este legătura, este o teologie adâncă. Pentru că noi nu putem să-l înțelegem pe Dumnezeu în esența Lui, în ființa lui. Noi Îl înțelegem pe Dumnezeu din manifestările Lui. Așadar, Lumina Taborică este acea lumină lăsată vizibil nouă pentru momentul în care omul a trebuit să se convingă mai cu adevărat că Hristos este cu adevărat Dumnezeu. Și ea nu s-a descoperit la toți. Numai la 3 apostoli: Petru, Iacob și Ioan. Și nu mult, pentru că era insuportabil să privești această Lumină.

Noi trebuie să pornim pentru început cu rugăciunea de seară, de dimineață, la toată trebuința, cu un acatist pe săptămână sau la 2 zile, Paraclisul Maicii Domnului și cu post, mai întâi încet, după aceea mai mult. Cu post fără ulei sau cu ulei, după putință, postind miercurea și vinerea, mai adăugând și lunea, după sfatul duhovnicului. Acesta ne lasă să postim așa de bucate după cum muncim, după cum trăim, după cum avem nevoie de una sau de alta, dar accentuând postul de păcate. ***„Tipic, tipic, și la inimă nimic!"*** există o vorbă. "***Faptele***, zice poporul, ***„nu oala cu laptele"***. Așa de înțelept a fost poporul nostru și încă mai este, încât ne lămurește toate prin proverbele sale. Și cu Spovedanie în mod regulat la duhovnic și cu împlinirea canonului și cu nelipsirea de la Sf. Liturghie și cu schimbarea vieții noastre ca ***„văzând oamenii faptele noastre să-l proslăvească pe Tatăl cel ceresc",*** iată, acesta este începutul. După aceea ajungem și la împroprierea luminii taborice și la pogorârea minții în inimă, etc. Până atunci zicem rugăciunea inimii: „Doamne Iisuse Hristoase, Fiul lui Dumnezeu, miluiește-mă pe mine păcătosul." Dar facem ca asceză creștină, nu ca metodă yoga. Pentru că dacă facem ca metodă yoga, mai bine ne vedem de treabă, să nu ne condamne Dumnezeu.

VALOAREA VIEȚII ȘI LIBERTATEA CUPLULUI

Este o temă care privește România, care privește întreaga lume, familia, și care pune mari probleme la ora actuală în Biserica Ortodoxă, pentru duhovnici în mod special. **Tot ce vedem rău este din lipsă de trăire duhovnicească în familie**. Noi ne-am obișnuit să condamnăm numai răul, mai precis numai efectul răului, nu și cauza răului. Nu este cineva care să observe cum a ajuns omul într-o întunecime a minții atât de profundă. În afară de gravitatea avortului, în afară de gravitatea divorțului, puțini mai încercăm să înțelegem de ce se întâmplă toate acestea. Înțelegând de ce se întâmplă acestea, nu scade gravitatea faptei, dar se poate ajunge la anularea cauzei. Scăpăm de efect dacă studiem cauza. Ne punem întrebarea: pentru noi ce este familia?

Pe soț și pe soție i-a unit Dumnezeu în căsătorie? Pentru noi familia este prezența Sfintei Treimi: Tatăl, Fiul și Duhul Sfânt în lume? Pentru noi lipsa copilului este o neîmplinire, ca reprezentare numai, a ceea ce noi suntem datori să recunoaștem că suntem? Sau: cuvintele Sfântului Apostol Pavel: ***„Taina aceasta mare este în Hristos și în Biserică"*** răsună în inimile noastre? Înțeleg soțiile că reprezintă Biserica? Atunci când suntem soți înțelegem că reprezentăm pe Hristos? Soțiile înțeleg că este Hristos, capul Bisericii? Înțeleg ele că sunt create din coasta lui Hristos? Căci Biserica, în chip nevăzut, a luat naștere din coasta lui Hristos prin vărsarea Sângelui pe Cruce. Înțeleg că este Hristos capul lor, iar ele sunt corpul și mădularele, iar împreună formează ceea ce se poate continua ca omenire, perpetua ca ceea ce Dumnezeu a lăsat să fie și apoi a sfințit și sprijină să existe în continuare? Toate aceste întrebări rămân întrebări și așteaptă răspunsul, dar nu un răspuns pe care să ni-l dea cineva, ci un răspuns care să vină dinăuntrul nostru.

În primul rând, în lume, și mai ales în România, femeia nu este de ajuns de prețuită. În al doilea rând, în special în România, legea nu ocrotește îndeajuns femeia. Deși căsătoria și celelalte Sfinte Taine ale Bisericii se fac în chip văzut, adică de față cu oamenii, de față cu martorii. Un preot niciodată nu poate să săvârșească o Cununie numai el, mirii și cântărețul și nașii, trebuie să mai fie cineva ca martor a ceea ce se face, martor pentru oameni, martor pentru Dumnezeu. Nu este de ajuns de prețuită femeia, nu este ocrotită. Femeia în zilele noastre este bătută, disprețuită, chinuită, maltratată, jertfită, în final nerăsplătită și neapreciată pentru cât face ea pentru omenire. Dimpotrivă, i se văd numai defectele... Și toate acestea sunt etalate ca și cum avem de-a face cu un lucru rău în sine. **Dacă femeia nu este prețuită, atunci Însuși Hristos nu este prețuit, pentru că, reîntorcându-ne la simbol, Hristos este Capul Bisericii.**

O să spunem: dar cine disprețuiește așa mult femeia? Noi! Noi, femeile, noi, bărbații, noi, oamenii, noi toți nu acordăm îndeajuns de mult femeii atenția și cinstea cuvenită. Și dacă nu facem așa, atunci nu reușim să prețuim nici familia și în familie apare disprețul. Astfel, bineînțeles că nu mai avem de-a face cu soliditatea unei căsnicii, cu rezistența unei familii întemeiate. Legea nu protejează femeia; ea este bătută și ca să i se facă dreptate trebuie să facă o reclamație. Până să facă o reclamație, mai ia de câteva ori bătaie, după care renunță. Este foarte greu să reclami soțul care te-a bătut, este aproape imposibil. Legea nu intră în acțiune de la ea însăși, ca să protejeze femeia, despre care spunem că este "sexul slab", dar ea nu este "sexul slab", este "sexul fin", atât. "Sexul slab" este bărbatul, cel care nu are o orientare foarte bună, ci este numai puternic. Așa a fost dăruit el cu putere, iar restul calităților le-a lăsat Dumnezeu femeii (când zic restul calităților mă refer la această bogăție de sentimente, o stare interioară de care este capabilă numai femeia).

Din disprețul bărbaților și din neprețuirea femeii a luat naștere o mișcare care se numește "feminism" și cu care Biserica pe bună dreptate nu este de acord. În această mișcare femeile spun că ele sunt totul, că se pot descurca fără bărbați, că nu este nevoie de bărbați pe lumea asta și că inclusiv copii pot face și fără bărbați.

Partea religioasă a intervenit, iar la anglicani au fost hirotonite femei și de câțiva ani încoace se hirotonesc femei și ca episcopi. O aiureală creată de această mișcare feministă. Observăm că dacă nu acordăm atenția cuvenită, apar și aceste aspecte extremiste.

Toate imperiile au pierit în momentul în care femeia n-a vrut să mai nască. În urmă cu patru sute și mai bine de ani, în provincia Kosovo erau 98% ortodocși și 2% musulmani. Anii trecuți procentul era invers: 2% ortodocși și 98% musulmani. A urmat intervenția americanilor, care au bombardat și în ziua de Paști. Au bombardat bisericile, mănăstirile și cimitirele ortodoxe și muzee. De ce? Ca să distrugă tot ceea ce însemna istorie și vestigii! Îi condamnăm și nu suntem de acord cu ce au făcut!

Dar explicăm permisiunea pe care Dumnezeu a dat-o ca să se întâmple așa, prin faptul că ortodocșii n-au vrut să mai nască. **„Nenașterea" în rândul ortodocșilor duce la pieirea lor, nu a Bisericii Ortodoxe, ci a ortodocșilor. Ce înseamnă asta? Înseamnă că suntem șase miliarde, poate și mai mult pe fața pământului, din care numai 226 de milioane suntem creștini ortodocși. De ce? În primul rând, din lipsa nașterilor. Ne văităm de țigani (ceea ce este greșit să facem, pentru că nu suntem rasiști), ne văităm că se înmulțesc, dar nu facem nimic ca noi înșine să ne înmulțim, să perpetuăm neamul nostru românesc, creștin și ortodox**. Din populația românească din România sunt 98% ortodocși, iar 86,5% sunt ortodocși din întreaga populație a României. **Cu ceva excepții, acești ortodocși pe care noi îi botezăm, îi cununăm, îi împărtășim după ce-i spovedim, cărora le predicăm, nu vor să mai nască. În familie a apărut crima**.

Dacă totuși nu credem că doar mulțimea mănăstirilor din țara noastră acoperă și rezolvă toate păcatele și nelegiuirile noastre, atunci este bine, atunci putem reveni. Dar dacă mergem pe ideea că suntem creștini de 2000 de ani, că suntem urmași ai lui Ștefan cel Mare și ai celorlalți domnitori, unii dintre ei și sfinți, dacă credem că înțelegem ce vrea Europa de la noi și ce putem da noi Europei, atunci lucrurile nu stau așa simplu. Să înțelegem că politica demografică în lume este distructivă pentru creștinism. Și dacă până mai ceva ani în urmă ortodocșii înțelegeau care este chemarea lor către Dumnezeu: „Tatăl Meu lucrează și Eu lucrez"(Ioan 5,17), în momentul acesta, puțini ortodocși mai înțeleg aceste aspecte. Să înțelegem deci ce ne așteaptă prin noi înșine: noi n-am avut și n-avem ideea că suntem poporul ales, **dar spunem că România este grădina Maicii Domnului. Nu este în realitatea de acum nici o grădină a Maicii Domnului! De ce să fie grădina Maicii Domnului, când acum noi ascultăm aceste cuvinte, mâine mergem la biserică, poimâine îl serbăm pe Sfântul Andrei, iar la fiecare clipă în clinici se omoară copii, iar femeile își montează sterilete?** Sunt copii (în maternitatea Polizu din București) născuți cu steriletul în călcâi, dovadă că steriletul nu omoară spermatozoizii, ci împiedică nidarea; dacă nu reușește, atunci copilul nidează, se dezvoltă, apoi dă cu piciorul prin uter la naștere și se naște cu steriletul înfipt în călcâi. Asta ca să ne arate nouă Dumnezeu cum stau lucrurile. La ora aceasta se omoară copii. Acum noi vorbim aici, ne închinăm, **dar la spital se omoară copii. Și atunci nu putem admite ideea că România este grădina Maicii Domnului pentru că, până la brâu, România înoată în sângele propriilor ei copii**.

Pentru care motiv a fost arestat, schingiuit și omorât Constantin Brâncoveanu? Este greu să răspundem! Toată lumea știe că a fost omorât pentru că nu a vrut să părăsească Ortodoxia si să treacă la islam. Acesta este ultimul dialog al lui cu gâdele, cel care-i tăia capul. A fost un joc de cuvinte pentru a se acoperi imaginea pentru opinia publică mondială de atunci. **Este**

adevărat că a rezistat și nu s-a lepădat de Ortodoxie. Dar motivul pentru care a fost arestat și, în cele din urmă, schingiuit și decapitat el, copiii lui și ginerele lui, a fost că el a umplut Țara Românească de copii. El însuși, prin exemplul personal (a avut 11 copii), dar a și favorizat din punct de vedere financiar, material ca poporul să nască copii și s-a umplut țara de copii. Politica lui demografică a enervat Poarta otomană care l-a chemat, dar el nu s-a dus și, în cele din urmă, l-au arestat și l-au omorât. Aceasta este cauza reală pentru care el a fost ucis. Este adevărat și cu Ortodoxia, dar aceea a fost întrebarea ultimă, este rezistența lui ultimă.

Ce ni se cere nouă astăzi? Astăzi ni se cere să fim mai puțini, deși am scăzut de la 22 de milioane la vreo 18 milioane (se spune că suntem 21,5 milioane, dar nu este adevărat) și suntem în scădere. 18 milioane de locuitori tot suntem prea mulți, mai trebuie să ne cernem. Și ne cernem în ritmul în care ni s-a favorizat această cernere: anticoncepționale abortive, divorț, etc, toate acestea sunt distructive pentru noi. Valoarea vieții și libertatea cuplului (așa ați pus titlul conferinței... așa tratăm și noi tema. Cei doi formează o familie, nu un cuplu!...), a degenerat în libertinaj. Noi am făcut aici un expozeu a ceea ce sesizăm că se întâmplă în România, în lume, dar și care afectează grav viața Bisericii Ortodoxe. Să stăm de vorbă să vedem ce-i de făcut ca să salvăm poporul român de la pieire! Fetelor, nu știu dacă vreți să vă mai măritați sau nu, dar dacă vreți să vă măritați, studiați dinainte care este chemarea căsătoriei. Observați că despre bărbați nu am vorbit nimic. De ce? Pentru că ei au modalitatea lor precisă de gândire și nu trebuie să fie amestecați în problemele astea, ei au putere și atât. Eu am vorbit de viitoarele conducătoare ale familiilor, adică despre femei, care sunt capul familiei și ele fac totul: conduc familia și le merge bine, întrețin gospodăria, dau educație copiilor, etc. Bărbații sunt recunoscuți ca puternici, cinstiți, apreciați, dar nu sunt dotați cu puterea de susținere a vieții și deocamdată, de a salva neamul românesc creștin și ortodox. **Toată salvarea este la femei. Proaspetele căsătorite, viitoarele căsătorite, tot ce este femeie poate să salveze acum România!**

Întrebări și răspunsuri

Î-1. Am dori să ne spuneți câteva cuvinte despre Asociația Pro Vita.

R-1. Asociația "Pro Vita" nu face nimic, comparativ cu ce ar trebui să facă. Este un fel de picătură într-un ocean; la ceea ce se întâmplă în România, este puțin ce face ea. Crește 208 copii orfani, majoritatea rezultați din lupta contra avortului, ceva fete izgonite din orfelinat după vârsta de 18 ani, copii ai străzii, mame izgonite de soții lor, de prieteni și de părinții lor, copile de 13-16 ani gravide sau care deja au născut (din neatenția părinților s-a întâmplat așa). Pentru ce se întâmplă la ora actuală în România, este infim. Noi creștem copiii în familie. Dacă vreți să faceți ceva bun pentru România, salvați un copil de la avort și sprijiniți creșterea lui. Este, de fapt, singurul canon care se poate da pentru avort. Luați-l acasă sau sprijiniți pe mamă să-l crească. Salvați-l și sprijiniți-l! Averea acelui miliardar care s-a numit Onasis la ora actuală nu este de ajuns pentru a hrăni cu un sandwich chinezii săraci din China. Se duce averea lui pe un sandwich. **Soluția nu este la oamenii bogați, ci la fiecare din noi. Fiecare din noi ajutăm pe altul: „Pe noi înșine și unii pe alții și toată viața noastră lui Hristos Dumnezeu să o dăm".**

Î-2. Cum trebuie ca doi tineri, cuplu, să se comporte? Ispitele vin înainte de a se căsători sau chiar dacă nu se căsătoresc?

R-2. Spuneți: cuplu, cu familie, doi tineri... Doi tineri formează un cuplu sau nu? Nu formează, ei sunt numai prieteni. Cuvântul cuplu se folosește mult în Occident și exprimă hotărârea a doi tineri de a trăi împreună, ei pot fi acum un băiat și o fată (de puțin timp, pot să fie și de același sex, tot cuplu se numește). **În Ortodoxie, cât mai putem, îi numim familie creștină. Dacă sunt familie, este altceva decât un cuplu, pentru că trăiesc împreună, dar cu binecuvântarea necesară**.

Trebuie să se comporte firesc, nu trebuie să exagerăm, dar nici să ne lăsăm duși de ispite. Să faci ceea ce simți, dar de care să nu-ți fie rușine de Dumnezeu, să nu te ascunzi de oameni. Dar să nu faci lucruri aiurea, fără pudoare, căci sunt unii care nu se ascund de oameni și fac rău. Intimitățile trebuie să rămână intimități și nu trebuie anulate ca intimități. Ori, ce vedem pe stradă nu prea este intimitate. Mântuitorul Iisus Hristos foarte mult a pus accent pe sărut pentru că-l mustră pe Iuda așa: „Cu un sărut - adică cu ceea ce este mai de preț, cu ceea ce este mai expresiv - Iudo, vinzi tu pe Fiul Omului?” Deci, sărutul este expresie foarte puternică a sentimentelor. Acest lucru este un aspect de intimitate, nu este un aspect public. Lucrurile nu prea stau bine după câte am văzut pe stradă, dar, înăuntru, cum stau lucrurile?

Î-3. Astăzi tot mai mult se invocă contracepția în lupta anti SIDA. Care este răspunsul Bisericii la aceste justificări și mai ales la educația contraceptivă?

R-3. Răspunsul Bisericii este bazat pe descoperirile științei că virusul acesta HIV trece și prin beton și prin plumb și prin mai multe materiale și în niciun caz nu poate să fie oprit de un prezervativ. Asta este o poveste care este dărâmată de oamenii de știință serioși. Sunt două tipuri de oameni de știință: unii serioși și unii neserioși. Cei serioși sunt sinceri, iar cei neserioși inventează, de fapt ei nici nu sunt oameni de știință. SIDA nu se rezolvă cu prezervativele, cu educația contraceptivă, ci se rezolvă cu moralitate. SIDA nu este inventată de Dumnezeu, bineînţeles, ci este permisă de Dumnezeu, şi nu SIDA, ci virusul HIV. **Dacă aceasta există, ea este permisă ca pedeapsă a riscului sexual pe care noi îl acceptăm**. O să zicem: dar de ce suntem noi aşa supăraţi pentru că, în cele din urmă, asta este viaţa!? Dacă asta-i viaţa, cu riscul ei, asta tragi! Sau o altă întrebare: ce sunt eu vinovat că cineva a luat SIDA şi mi-a dat-o şi mie printr-o rană (cum ar fi un medic stomatolog, spre exemplu). **Răspunsul este că tu n-ai luat atitudine împotriva imoralităţii şi atunci mai tragi şi tu aşa, din când în când, urmările lipsei de atitudine**.

Î-4. Se mântuieşte femeia căsătorită care nu poate zămisli copii?

R-4. Sigur că se poate mântui! Întrebarea este dacă trăirea ei este mai intensă neavând copii. Adică, neavând cui să jertfească, se jertfeşte în rugăciune mai mult. Poate şi înfia copii, dar nu neapărat. Aşa a vrut Dumnezeu, o poate lua ca atare.

Î-5. Care este, totuşi, rolul bărbatului în familie, dacă totul cade pe umerii femeii?

R-5. Nu totul cade pe umerii femeii. Femeia administrează totul şi bărbatul execută totul!... dacă femeia e inteligentă şi diplomată...

Î-6. Care trebuie să fie relaţia dintre un băiat şi o fată înainte de căsătorie?

R-6. Cea normală, adică să se poarte normal. Să nu ia dinainte ceea ce Dumnezeu tot îi dădea la vreme.

Î-7. Dacă o persoană pierde sarcina dintr-un accident imprevizibil (de exemplu se sperie), ce canon ar trebuie să îndeplinească pentru acest fapt neprevăzut?

R-7. Dacă nu este cu voie, trebuie să stea neîmpărtăşită un an şi ce mai zice duhovnicul. Deci, nu a fost cu voie, dar a fost pentru ceva păcate. De aceea, când suntem gravide, trebuie să fim foarte atente să nu ridicăm, să nu răcim, să nu ne enervăm, că apoi se nasc copiii înainte de vreme sau se nasc cu probleme. Asta în toate cazurile, fie că sunteți măritate, fie că sunteți nemăritate. Bine ar fi să nu fim gravide nemăritate, dar dacă tot suntem, atunci trebuie să tratăm lucrurile așa cum trebuie; ne spovedim și ne îndreptăm.

Î-8. Mulți tineri se ghidează după citatul din Fericitul Augustin: *„Iubește și fă ce vrei!"* Cum putem să le explicăm că greșesc, totuși, uneori?

R-8. Nu este mare lucru de explicat. Deci, fă ce vrei după ce iubești! Întrebarea este: tu ai ajuns să iubești? După ce ai ajuns să iubești, faci ce vrei! Or, cineva care începe să facă ce vrea, pe motiv că el iubește, de fapt el nu iubește. Măsura iubirii o dă fapta. Cuvântul „iubesc" este un cuvânt searbăd. Cuvântul acesta îl scriu sau îl spun, dar cel mai adesea îl spun. Acest cuvânt îl spun și copiii în clasa întâi. Băieții din clasa întâi, semestrul doi, scriu asta pe hârtie, o mototolesc și trimit aceste ghemotoace de hârtie prin clasă. Învățătoarea (sau profesorul) le spune să stea cuminți, dar până la urmă își dă seama ce se întâmplă și când desface hârtia găsește scris: „Te iubesc", semnat George. Se mai întâmplă și altceva: pentru că nu țintesc bine, nimeresc la altă fată, ea citește și face confuzie. Asta este prima minciună pe care un băiat o spune; el habar nu are ce e scris acolo, adică nu are greutatea cuvântului: „Te iubesc", nu știe. Pe urmă, văzând că a nimerit aiurea și au intervenit confuziile, până trece ora trimite numai din astea. Scrie sus: pentru Alina, „Te iubesc", cu drag,... Așa fac băieții. Dar asta este prima minciună; ei mai spun după aceea, repetă minciuna asta. De ce? Pentru că iubirea nu este oricum... Iubirea este o mișcare, este un flux de sentimente, care nu pornește așa, pentru că zice mintea sau a văzut ochiul. De aceea vorbim despre îndrăgostire, a plăcea, a te îndrăgosti, pe urmă a iubi,... Apoi iarăși te îndrăgostești...

Î-9. Cum trebuie să fie respectul dintre cei doi soți? În ce fel ar trebui să se manifeste?

R-9. Cum vrei... Manifestă-te cum vrei! Numai să nu fii dur. Am întrebat pe cineva: de ce îți bați soția? La care mi-a răspuns: din iubire. Dar și credea asta!

Î-10. Se invocă tot mai mult condițiile sociale și sărăcia împotriva nașterii de prunci. Este justificată aceasta?

R-10. Nu este justificată! Dovadă că bogații nu fac copii, nu fac mulți copii. Dacă ar fi adevărat, atunci săracii n-ar naște și bogații ar naște.

Î-11. Scopul căsătoriei este exclusiv al nașterii?

R-11. Nu. Căsătoria are multe scopuri; primul dintre acestea este **împlinirea în iubire**, care se poate face în căsătorie, în monahism sau în celibat. Al doilea **este întrajutorarea**. Al treilea este perpetuarea neamului. Deci, scopul căsătoriei nu este numai nașterea de prunci, așa cum consumarea căsătoriei nu este actul sexual. Am întâlnit cazuri când s-au cununat civil, s-au cununat religios și a fugit mireasa de la ușa bisericii (după ce s-a cununat), după care au reapărut, și de o parte și de alta, dorind o altă căsătorie. S-a mers pe ideea că nu a fost consumată căsătoria. Cum? Dacă a fugit după ce s-au cununat. Păi, nu s-au culcat unul cu altul. Ce legătură are una cu alta? Acest lucru nu dă greutate, sens, justificare căsătoriei. Cununia este Cununie.

Î-12. Biserica romano-catolică este de acord cu metodele contraceptive? Dacă da, de ce?

R-12. Nu este de acord, dar pentru că ei au avut în istoria lor un ordin care s-a numit al iezuiților, știu să găsească portițe pentru tot. Pe de o parte, în catolicism există un curent care se numește „cazuism" - fac caz din tot și, pe de altă parte, este un aggiornamento continuu, ca pentru orice să găsim portiță. Biserica (învățătura ei) nu este de acord cu aceasta, dar o ia ca atare. Biserica romano-catolică nu recunoaște **de drept** ceea ce **de fapt** s-a întâmplat între cei doi, adică s-a rupt legătura dragostei. Biserica Ortodoxă nu admite divorțul, dar Biserica Ortodoxă recunoaște de drept ceea ce de fapt s-a întâmplat, adică ruptura.

Î-. 13 Este păcat ca doi tineri să stea împreună, dar ei, totuși, să trăiască curați înaintea lui Dumnezeu?

R-. 13 Sigur că este păcat. Doi tineri, adică necăsătoriți. Doi tineri însemnând un băiat și o fată - pentru că de la o vreme trebuie să fim atenți cu termenii. Ce să mai trăiască curați, dacă stau împreună... se poate, am văzut eu câteva cazuri, dar este greu... n-aș recomanda.

Dacă doi tineri - băiat și fată - vor să trăiască împreună, în aceeași casă, în aceeași cameră și vor să se păstreze curați înaintea lui Dumnezeu, n-avem nimic împotrivă, dar noi spunem altceva: este foarte riscant. De ce? Pentru că Dumnezeu a lăsat în om mai multe substanțe chimice, adică hormoni de la mai multe glande, cum ar fi glanda hipofiză. Noi ne rugăm Tatălui nostru: „Și nu ne duce pe noi în ispită", în sensul „nu ne lăsa pe noi în ispite mai puternice decât puterea noastră de rezistență. Atunci, dacă facem așa, este o vitejie pe care ne-o asumăm, **dacă biruim suntem niște eroi; dacă picăm suntem niște proști. Trebuie să fim atenți: și nu ne duce pe noi în ispită, că ne ducem noi înșine!** Dacă trăirea celor doi este așa de puternică încât aceste aspecte nu-i lezează, nu ne deranjează. Dacă știm - și aici este problema - că ei sunt necununați, în niciun caz nu ni se poate servi pe tavă ideea că ei trăiesc în curățenie și sunt bineplăcuți înaintea lui Dumnezeu. **Deci, pentru sminteala ce o pot aduce altora sau pentru evitarea smintelii lor, acest lucru nu trebuie făcut așa**.

IUBIRE ȘI SENZUALITATE

La tema aceasta foarte discutată putem enunța pe scurt: iubire da, senzualitate da, libertate da, libertinaj nu, senzualitate da, dar nu oricum! **Iubirea nu poate să aibă decât un singur sens, o singură definiție, un singur obiect, un singur subiect, pentru că iubire este chiar numele lui Dumnezeu.** Noi despărțim numele lui Dumnezeu de iubire, sau despărțim iubirea de numele lui Dumnezeu. Pentru că iubirea, în orice formă s-ar manifesta ea, este spre Dumnezeu. Când spunem iubire nu spunem nici plăcere, nici falsitate, nici senzualitate, nici ceea ce este pământesc, ci spunem numai ceea ce este ceresc.

În ce constă greșeala noastră? Greșeala constă în faptul că nu vrem să înțelegem că noi, oameni pământești, putem trăi pământește, totuși tinzând spre cer. Dacă am putea înțelege lucrul acesta, mai mult de 4,3% din ortodocși ar putea fi în biserică duminica. **Dar noi despărțim ceea ce este firesc de ceea ce este suprafiresc, uitând că Hristos într-adevăr a luat chipul nostru și toate ale noastre în afară de păcat, iar în același timp, Hristos a înțeles firea umană.**

Noi suntem trup și suflet, fără să facem confuzia între suflet și psihic. Sufletul este domeniul de studiu al teologiei, iar psihicul este domeniul de studiu al științei numite psihologie. În paranteză fie spus, dacă este cineva student la psihologie și nu are un duhovnic bun și nu se spovedește des, nu are șanse să scape întreg la cap până la terminarea facultății.

Nu putem spune că Biserica este aici sau acolo pentru că Biserica este în noi, Biserica suntem noi, sau noi suntem parte din marea Biserică, precum într-o oglindă zdrobită, fiecare ciob oglindește soarele. Aceasta este marea taină și a Sfintei Împărtășanii. Ortodoxia se poate afla printre noi, se poate vedea în noi. Unii dintre noi suntem mai păcătoși, alții mai puțin păcătoși. Cine știe care suntem mai puțin păcătoși? Nu știu. Cine știe că suntem mai păcătoşi? Noi înşine. Un om poate să spună despre sine că este mai păcătos decât altul, dar nu poate să spună despre sine că este mai puţin păcătos decât altul. Pentru că în momentul acela este preluat şi dominat de păcatul mândriei, care în cazul lui devine cel mai mare păcat, precum în cazul hoţului cel mai mare păcat este furtul, precum în cazul criminalului cel mai mare păcat este crima pe care o săvârşeşte.

Noi, Biserica Ortodoxă, care avem aşa mari, puternice, rezistente valori, noi putem să realizăm ceea ce nu se mai întâlneşte în nici o confesiune, în nici o religie. Acest aspect este recunoscut de toţi aceia din alte confesiuni care sunt sinceri. Dar să nu ne culcăm pe-o ureche că suntem creştini de 2000 de ani, că avem valori mari, o sănătate genetică extraordinară, nu înseamnă că trebuie să ne adormim conştiinţa. Pentru că fiecare este sau nu este creştin prin Sfântul Botez şi fiecare este sau nu este creştin în măsura în care încearcă să îndeplinească făgăduinţele de la dumnezeiescul Botez.

Dumnezeu ar trebui prezentat ca iubire. Ce facem noi, Biserica Ortodoxă, din nefericire, cu acest aspect? Noi prezentăm pe Dumnezeu ca fiind sacru, dar şi ca Cel care pedepseşte, ca Cel care dă deoparte, ca Cel care opreşte binefacerile asupra acelui păcătos. Dumnezeu nu este aşa, Dumnezeu este iubire. Ori Dumnezeu, fiind iubire, nu face toate acestea. Adevărat este că noi înşine, cu voia noastră liberă, izgonim efectul puterii şi lucrării Lui asupra noastră. Iar de aici, bineînţeles că avem de-a face cu un teren unde puterea lui Dumnezeu nu se mai exercită, un teren unde dansează diavolul, un teren nesigur, un teren necercetat, un teren care nu este spre mântuirea noastră.

Filozofii greci şi Sfinţii Părinţi au observat că iubirea se percepe de inima care iubeşte, ea nu poate fi percepută de inima care nu iubeşte. Iubirea poate să fie doar în stadiul de a plăcea ceva, adică o iubire numită *fileo*. Și mai există și o iubire, *eros*, pe care noi o numim erotică, dar nici această iubire nu este una pe care Dumnezeu să nu o primească. Ea este o iubire care apare în urma existenței sentimentelor în noi. Și iubirea cea mai înaltă numită *agapi*, acea iubire care tinde în mod direct către unirea cu Creatorul.

Acum ne întrebăm în ce măsură iubirea numită eros este sau nu este plăcută lui Dumnezeu. Și ca să spunem de la început, ceea ce vrem să argumentăm este următorul fapt: erosul este plăcut lui Dumnezeu în măsura în care acest lucru se încadrează în largile granițe, în larga grădină a trăirii duhovnicești.

Patericul și alte scrieri ale Sfinților Părinți istorisesc și scăderi ale marilor bărbați. De ce? Ca să ne arate nouă că firea umană poate urca și poate coborî și că firea umană este ajutată de Dumnezeu și conlucrează cu harul lui Dumnezeu. Noi spunem că mântuirea aparține celui ce crede drept, lucrează fapte bune și conlucrează cu harul lui Dumnezeu. Acestea sunt condițiile mântuirii și pe acestea noi trebuie să le împlinim. Apar adesea întrebări dacă musulmanii se mântuiesc, sau baptiștii, sau catolicii. Noi nu putem spune că se mântuiesc sau nu se mântuiesc. Noi putem spune că pentru cel ce împlinește aceste trei cerințe, reguli, chemări ale lui Dumnezeu, se garantează mântuirea lui. Dintre care, cea mai importantă este conlucrarea cu harul lui Dumnezeu. Conlucrarea cu harul lui Dumnezeu se face prin Sfintele Taine. Existența Sfintelor Taine în Biserică face ca noi să putem face rodnice faptele noastre, rămânând, desigur, la mila lui Dumnezeu împlinirea lor și credința noastră să nu fie o teorie. Să fie o lucrare, să fie o credință dreaptă, dar și lucrătoare.

Așadar, să împlinim ceea ce fiecare din noi am citit sau am auzit. Poate că în totalitate nu putem. Dar să ne dăm cu părerea, să schimbăm idei, să încercăm o desțelenire a gândirii nedesțelenite care nu aparține Ortodoxiei, ci ne aparține nouă. Celor care nu prea mai studiem, celor care purtăm ochelari de cal și nu vedem nici stânga nici dreapta, celor care încercăm să-L prezentăm pe Hristos într-un singur fel, deși Hristos se descoperă în multe feluri. El s-a revelat definitiv, revelația este definitivă, însă pentru fiecare Hristos acordă o lucrare specifică, pentru că El, Dumnezeu, ne-a creat pe noi ca unicate.

Și atunci stăm și ne întrebăm de ce ne depărtăm așa de mult de ceea ce Sfântul Pavel a pus la așa mare cinste? Această relație soț-soție. De ce punem așa mari opreliști la ceea ce Sfântul Ioan Gură de Aur în 11 reguli canonice a fixat pentru căsătorie? De ce tărăgănăm așa mult relația noastră într-o prietenie? De ce suntem așa nedeciși, nesinceri într-o prietenie? Și răspunsul este: deoarece nu înțelegem că erosul conduce la *agapi*.

Ce ar însemna senzual? Este foarte greu de definit. Pentru că senzualitatea nu este ceva care trebuie să fie propriu unei situații. Pentru că nu toți oamenii au nevoie de senzualitate. Circulă acum o carte care dă sfaturi pentru tânăra soție. Cartea asta este foarte interesantă, pentru că încearcă să repună femeia în rolul ei. Cel mai bine este să punem femeia, sau bărbatul, sau tot ce se întâmplă în obligațiile lor. Noi nu ne mai știm obligațiile. Noi, ca soții tinere, nu mai știm să ne primim soții, care sunt așa cum sunt ei educați - cum i-am ales așa sunt - dar, deși îi iubim, nu știm să-i primim în casă. Și nu știm prin purtarea noastră să-i schimbăm în bine. Și apoi dorim ca prin acatiste și prin rugăciuni să-i modificăm. Dar nu reușim, pentru că noi nu facem măcar un minim - acela de a avea o obișnuință firească în amabilitatea de a-l primi, sau atunci când pleacă de a crea o anumită ambianță.

În general noi, când aflăm ceva, trebuie să transmitem. Să recunoaștem cu toții că nu comunicăm totuși suficient. Mai precis, noi nu ne simțim în Biserică. De ce? Pentru că Biserica, ca și familia, funcționează ca un corp, exact ca un corp uman. Adică există o preocupare a mâinii pentru picior, a piciorului pentru creier și așa mai departe și nu se ceartă organele între ele. Fiecare are rolul lui, iar când un organ suferă, tot trupul suferă. **Asta ne spune acum medicina, după 2000 de ani de la afirmația Sf. Pavel, că noi trebuie să funcționăm ca un corp uman**.

Poate că în orașe este mai greu, că nu se cunosc oamenii între ei. Există invidie? Există. Există gelozie? Există. Există părere de rău pentru binele altuia? Există. **Ce este gelozia? Este rugina iubirii. Ce este clevetirea? Este dorința de a ucide sufletește pe cineva**. Prima vamă din cele 24 de vămi ale văzduhului este vama clevetirii. Nu este vama crimelor, nu este vama adulterelor, nu, ci este vama clevetirii. Pentru că noi ucidem prin această poziție a noastră de a ne așeza ca și judecători ai fratelui nostru.

Înțelegem noi vreodată că Dumnezeu ne iubește așa cum suntem, în lupta noastră de despătimire? Pentru că Dumnezeu ne iubește până și în ridicarea din mocirla păcatelor. Pentru că **nu vom fi judecați pentru că am păcătuit, ci pentru că nu ne-am pocăit. Și pentru că Dumnezeu ne va judeca în acelea în care vom fi găsiți la momentul morții noastre. Care este momentul acela? Momentul acela este necunoscut, dar este continuu pregătit de noi. Noi, fiecare, tânăr, copil, bătrân, în măsura înțelegerii, trebuie să trăim în perspectiva morții. Cine nu trăiește în perspectiva morții se limitează în pregătirea sa pentru lumea aceasta și nu va fi pregătit pentru lumea de dincolo**.

Auzim, primim, citim de multe ori acatiste. Și dacă doresc să amenințe pe cineva, oamenii obișnuiți în general așa zic: „Dacă nu mă lași în pace, dacă nu te potolești, am să plătesc acatiste." Atunci celălalt imediat se potolește sau se sperie. Pentru că nu studiem despre ce este vorba, ni se pare că aceste acatiste ar fi niște rugăciuni puternice pentru răul celuilalt. În realitate nu este așa -

acatistele sunt rugăciuni foarte puternice pentru luminarea minții oamenilor, pentru binele oamenilor, pentru tot ceea ce este bineplăcut lui Dumnezeu. Nu cred că există undeva vreun preot care să se roage să pedepsească Dumnezeu pe unul pentru că i-a făcut rău cuiva. Noi trebuie să ne rugăm pentru cei pe care-i pomenim, pentru ca Domnul Dumnezeu să lumineze mintea răufăcătorilor, să se îndrepte, cu milă, cu bunăvoință, cu dreptate, cu dragoste, către cel pe care l-a jignit sau l-a nedreptățit. Asta este, pentru asta ne rugăm.

Totuși, se întâmplă un fenomen care este foarte cunoscut: dacă cineva este puternic nedreptățit, acesta merge și plătește acatiste și se fac rugăciuni pentru el și pentru cel care l-a nedreptățit. Și vedem că se întâmplă ceva rău, foarte rău, aceluia. Și zice cel care a plătit: „Vezi, dacă am plătit acatiste?" Iar noi nu știm ce să mai credem. Iată ce trebuie să credem: există un flux de sentimente către celălalt. Aceste sentimente de iubire pleacă din noi către cel pe care-l iubim. Și un acatist este o rugăciune pentru cel pe care noi îl iubim. Dacă el va răspunde cu același fel și putere de flux de sentimente, el va face un schimb. Și se va crea un echilibru între noi. Și dacă nu, sentimentele noastre intră în el, și intră, și intră, și intră, și el nu dă sentimentele lui către mine și atunci „plesnește". Aceasta este explicația la ceea ce se întâmplă.

Iată ce se întâmplă între un băiat și o fată, unul care dă sentimente și celălalt care nu dă. Cel care nu dă este foarte în pericol. De aceea, un băiat care este neserios și este iubit de o fată și nu dă el înapoi sentimente echivalente, nu spun că „pocnește", dar nu-i merge bine lui în viață. De ce? Pentru că fata dă, are sentimentele ei curate și el nu dă. Și atunci se întâmplă această pocnire, acest dezechilibru. **Iar Dumnezeu dorește echilibru, întrucât în univers este un echilibru perfect**.

CĂSĂTORIE DE PROBĂ

Omul contemporan își pune garanție casa, pământul și ce mai are, ia banii, îi investește, îi reinvestește, își cumpără mașini, camioane, duce, aduce, își creează o rețea de magazine și așa mai departe. Pentru ce? Pentru a avea. Pentru că în lumea aceasta și mai ales în societatea actuală verbul *"a avea"* vrea să înghită - și a și reușit parțial - verbul *"a fi"*. Și ce mai face patronul acesta? În primul rând, nu doarme. În al doilea rând, de obicei bea foarte multă cafea, își strică inima, capul, nu mănâncă la timp, își strică stomacul, n-are timp de copii, numai și numai să câștige materie.

O bătrână, mama unui asemenea patron, l-a bătut la cap să vină la mine. Și a venit. Și voia bătrâna să-i arate casa de copii, copiii, etc. Și el i-a spus așa: „Mamă, te-am ascultat, am venit, îmi place ce face părintele, dar trebuie să plec." Și l-am întrebat: „Păi, cum, nu stați la masă?" „Părinte, vreau să vă ajut și eu, dar nu pot să stau." Deci un patron pentru materie face așa mult, riscă așa mult, pentru ceva care și el știe că trece.

Ei bine, noi, pentru ceva care nu se mai termină, pentru ceva care nu este străpuns de rugină, furat de hoți, pentru Împărăția Cerurilor, ce facem? Adică investim, renunțăm? Pentru că observăm că un patron pentru cele materiale riscă, investește, se duce, nu are timp de una și de alta, sacrifică - mulți sacrifică și familia.

Acum doi ani într-un cimitir am cântat cu câțiva copii orfani întreaga slujbă la înmormântarea nevestei unui patron care ne dăduse niște bani și care după înmormântare mi-a mai dat o sumă foarte mare de bani pentru mine, nu pentru pomenire. Și am zis: „Nu este cazul în momentul acesta." Și mi-a răspuns: „Părinte, ia-i pe aceștia, că mai bine ți-i dădeam pe toți. Pentru că din cauza patimilor acum o bag în mormânt pe nevastă." Nu știu sigur ce s-a mai întâmplat cu el.

Va să zică, este risc mare, până la sacrificiul familiei. Pentru materie. Însă pentru Împărăția Cerurilor noi nu facem, noi nu riscăm. Și atunci, venim aici și spunem că acest cuvânt: ***„Fii veacului acestuia sunt mai înțelepți decât fii luminii"*** (Luca 16,8), este un cuvânt care se potrivește așa de mult nouă. Pentru că de obicei când auzim: „Unui om bogat i-a rodit țarina" sau „Era odată un om bogat care se îmbrăca în porfiră și în vison" credem că Evanghelia cu parabola nu se referă la noi, ci se referă la alții. Dar fiecare dintre noi este mai bogat decât cineva, fiecare avem ceva în plus. Nu suntem putred de bogați, asta-i drept, dar suntem bogați, așa că Evanghelia se referă și la noi, la fiecare. Constatăm, deci, că această Evanghelie este foarte potrivită pentru noi, deoarece nu investim aproape nimic în ceva în care merită investit.

Într-un oraș, întotdeauna era așezat ca rege peste ținutul respectivei țări un om străin ales de popor. Nu conta cum arăta, ce făcea, îndată îi dădeau tot ce are nevoie un rege, i se închinau, îi dădeau cinstire, îi aduceau daruri. Numai că s-a observat că în fiecare an era ales un alt rege. Până când s-a găsit unul și a studiat ce se întâmplă. După un an, ca ei să nu se lipească de materie, de ceea ce este trecător, populația avea rânduială să-i ducă pe o insulă pe toți acești regi și acolo trăiau ca vai de ei. Aflând asta acesta, pe când era rege, a umplut corăbiile de alimente, de toate câte are nevoie omul pentru a trăi și nu numai. Și când i-a venit sorocul după un an, obișnuiau să-l și dezbrace, îl puneau în corabie în pielea goală și așa au făcut și cu el. Numai că atunci când a ajuns pe insulă, acolo îl așteptau toate câte el își pregătise.

Și aceasta este o pildă, una foarte educativă. Noi trimitem sau nu dincolo ce avem nevoie? Și de ce avem nevoie dincolo? Avem nevoie de fapte bune, ele ne vor însoți, ele ne vor sprijini. Așadar, pentru lumea de dincolo, avem nevoie de fapte bune, pe care trebuie să le facem în viața aceasta. Pentru că urmează să fim dezbrăcați și din regi ce suntem - pentru că omul este regele creației, cununa creației lui Dumnezeu - o să ajungem niște exilați. Dar nu va fi rău de noi, dacă ne-am pregătit.

Am zis că ce este bine nu luăm și ce este rău imediat luăm. Dacă și Occidentul are ceva bun, și nu poate să nu aibă ceva bun, am luat foarte puțin din acest bun, sau deloc. Dar Occidentul are ceva foarte rău, are moralitate fără Dumnezeu, care de fapt nu este moralitate. Oamenii fac binele de dragul binelui, mai puțin în relația cu Dumnezeu. Noi spunem că **pentru mântuire avem nevoie de credință dreaptă, lucrarea faptelor bune și conlucrarea cu harul sfințitor al lui Dumnezeu. Asta este foarte important, dacă nu înțelegem acestea viața noastră nu are sens**. Occidentul are o lege liberă. Unele legi sunt aspre, altele sunt libere, aproape că nu sunt legi. Unele legi la ei numai ocrotesc, nu și pedepsesc. **Ați văzut câtă discuție a fost pentru legalizarea homosexualității?.... Mai înainte fusese cu avorturile. Apoi românii s-au gândit să importe ideea și practica de bordel.**

Ei bine, pe acestea le-am importat. Urmează să mai discute ceva, apoi importăm altceva, o altă mizerie a Occidentului. În primul rând, căsătoria de probă. Oamenii pot trăi cununați sau necununați. Cei care sunt necununați noi spunem că trăiesc în concubinaj. Dar căsătoria de probă nu este concubinaj, ci este o declarație în fața primarului că voi, băiat și fată, pe o perioadă de 2 luni sau 2 ani sau 4 ani, veți trăi împreună pentru a vă proba, să vedeți dacă vă înțelegeți unul cu altul, dacă vă potriviți. **Aceste lucruri nu sunt permise de morala creștină. Aceste lucruri distrug neamul românesc.** Pentru noi este important că facem parte dintr-un neam, pentru că la judecată vom fi chemați fiecare în neamul lui. Românii din America nu vor fi judecați cu americanii. În valea lui Iosafat, zice proorocul, se vor aduna neamurile. Adunându-se aceste neamuri, **Dumnezeu va judeca fiecare neam în parte și pe fiecare om în neamul lui. Și atunci pentru noi este important și neamul, nu suntem indiferenți ce se întâmplă cu neamul nostru**.

Poate întreabă cineva: „Ce să facem dacă lucrurile stau așa?" Să fim împotrivă. Să nu ne așteptăm la succes, nu vom fi acceptați, creștinii n-au fost niciodată acceptați. **Eu nu sunt din lumea aceasta, a spus Mântuitorul, iar voi nu faceți ale lumii. Trăiți în lume, dar nu faceți ale lumii. Poporul lui Dumnezeu este un popor ales. Cine intră în poporul lui Dumnezeu trebuie să lucreze cele ale lui Dumnezeu, altfel el singur se dă afară**.

Și deci noi nu vom fi ascultați. Trăim niște vremuri în care noi, creștinii, o să ne mântuim foarte ușor. Pentru că vremurile pe care le cunoaștem din istorie și din Viețile Sfinților au trecut și au cerut sânge. Iată, l-am serbat pe Sfântul Ierarh Nicolae, iată am serbat-o pe Sfânta Varvara. Ea a trebuit să verse sânge pentru credința creștină, chiar tatăl ei a omorât-o. Există o sfântă numită Eufrasia care a fost prinsă de un soldat și acesta voia să o violeze. Și ea îi spunea:

„Nu se poate, eu sunt mireasa lui Hristos." Însă el nu voia să asculte, nu voia să audă. Atunci ea i-a zis:

„Știu o plantă, dacă te acoperi cu ea nu te va vătăma nici suliță, nici sabie, nici o armă."

A început să se preocupe soldatul de ideea asta, totuși nu era o mică problemă. La vremea aceea, în afară de platoșă și scut nu se putea apăra de lovituri. Și a zis:

„Bine! Adu-mi-o!...." Ea s-a dus în grădină, a adunat niște buruieni și a zis:

„Asta este." „Și cum voi proba eu dacă este adevărat ce-mi spui tu?" „Eu voi pune pe grumazul meu, pe ceafa mea, planta aceasta,

și tu o să lovești cu sabia. Și o să vezi că nu se întâmplă nimic!..." Și, lovind,... i-a tăiat capul. Va să zică, o fetiță a recurs la un șiretlic, a devenit și muceniță, numai și numai ca să nu-și piardă fecioria.

Ce vremuri trăim noi astăzi!... Foarte ieftin fetele noastre se vând, foarte repede cedează, foarte repede găsesc scuze, foarte repede își pierd fecioria. Dacă nu cea fizică, cea psihică. Sfânta Filofteia a preferat moartea decât să nu facă voia lui Dumnezeu. Astăzi nu se mai cere sânge, astăzi se rezolvă repede. Puțină abstinență, puțin post, puțină rugăciune, seriozitate, și gata, intrăm în Împărăția lui Dumnezeu. Că la Liturghie și la celelalte Sfinte Taine se spune „Binecuvântată este Împărăția". Cu alte cuvinte, noi trăim în Împărăția Cerurilor, nu urmează, trăim deja. Fiecare din noi poate să știe, să simtă, dacă trăiește sau nu trăiește.

Tot din Viețile Sfinților știm că într-o vreme, creștinii, după fiecare Sfântă Liturghie - și Sfânta Liturghie era zilnică - mâncau împreună. Noi lucrul acesta nu-l mai facem, decât o dată pe an la hramul bisericii. Ba mai mult, creștinii leneși vin la preot și-i propun: „Părinte, să facem pachete." Și fac niște pachete bogate, cu multă cheltuială și la ușa bisericii primești pachetul și te duci tot acasă și tot singur. Nici măcar o dată pe an nu mâncăm împreună, căci și dacă am mânca o dată pe an tot n-ar fi mult.

Noi zicem că trebuie să ajutăm pe cel sărac, și bine zicem. Dar putem de la Liturghie să ne invităm unul pe altul la masă. Dacă se unesc 4 familii, înseamnă că fiecare face de mâncare o dată pe lună. Dacă se unesc 8, o dată la două luni, dacă se unesc 12 ar însemna o dată la trei luni. Măcar în posturi să facem lucrul acesta, sau cel puțin iarna, sau cel puțin vara, nici nu-mi dau seama când este mai bine. Asta ar însemna unitate, dar din păcate am pierdut și asta. Și atunci ce vom face, vom rezista acestui val? Și răspunsul tuturor duhovnicilor pe care i-am cunoscut a fost: „Numai prin Sfânta Liturghie!" Asta înseamnă că la Sfânta Liturghie te duci pregătit, cu rugăciunile făcute, dacă este cazul și ai ajuns la concluzia aceasta te și împărtășești, după care poți rezista.

Nu este important să știi, ci să reziști. Nu trebuie să știm toate amănuntele, ai singura informație necesară, ți se spune că așa sigur reziști - prin Sfânta Liturghie. Și după aceea li se va face oamenilor foame de adevăr, de moralitate, de echilibru și se vor întoarce la credință. Problema este: mai au la ce să se întoarcă?

Observați că există această „luptă" continuă între ortodocși, catolici, greco-catolici, baptiști, evangheliști, protestanți, neo-protestanți, luterani, musulmani, etc. Suntem noi, Biserica Ortodoxă, pregătiți să-i primim pe toți aceștia dacă peste noapte se hotărăsc și spun „Bine, venim la voi, prezentați-ne Ortodoxia"? Dar dacă vin așa mulți nu poți să le prezinți Ortodoxia printr-un preot sau doi, și Ortodoxia nu se prezintă numai prin preoți, se prezintă prin tot. Sigur că o să avem ce să le arătăm - mănăstiri, biserici, Liturghie - dar așa, o trăire deosebită, o viață anume, ceva care să miște, să uimească, putem să arătăm? Dacă da, este bine. Dacă nu, ne facem vinovați de această incapacitate de a prezenta ceea ce avem. Și atunci credem că fiecare ar putea să facă aceste lucruri, să le simtă, să se miște sufletul lui.

Observați că vorbim mult, citim mult, expunem mult și slavă Domnului, avem ce. Când intru într-o librărie ortodoxă, mă înfricoșez de câte cărți s-au tipărit, enorm de multe, peste așteptări, mai multe decât avem nevoie - omul nu are nevoie de atâtea cărți câte s-au tipărit. Știți, călugării în pustie ce au? Icoana Maicii Domnului cu Pruncul în brațe, rogojina, un scaun, cărămida pe post de pernă și Psaltirea. Va să zică nu-i nevoie de atâtea; totuși pentru noi ar fi nevoie, dar nu chiar de atâtea, oricum nu reușim să le citim pe toate. Toate vor sta mărturie la Împăratul Ceresc, mărturie prezentată de diavol că am avut de unde să ne informăm despre

Împărăția Cerurilor și n-am făcut-o, sau dacă am făcut-o n-am urmat-o.

Rezistând în puține, vom rezista și în multe. Aici a scris clar evanghelistul ce era și medic, om de știință, avem încredere în precizia cu care a notat cuvintele Mântuitorului: *„Cel ce este credincios în foarte puțin, în mult este credincios; și cel ce este nedrept în foarte puțin, și în multe este nedrept" (*Luca 16,10.*).* Când eram seminarist, acum 30 de ani, cineva m-a întrebat dacă altcineva făcuse bine că se urcase în tramvai și din pricina aglomerației nu putuse composta biletul. Când a coborât a rupt biletul. Asta însemna că această persoană a ținut să fie dreaptă într-o problemă așa de mică. Altul ar fi spus că și așa ne fură statul și și-ar fi găsit vreo scuză ca să țină biletul. Deci, se mângâie într-un fel. Cu asemenea creștini nu putem să facem cale luminoasă prin tumultul vieții actuale, ci numai cu creștini credincioși în puține, ca să fie și în multe.

Ați văzut că un director, dacă este inteligent, în momentul în care simte că cineva poate mai mult, îl mută de acolo, dincolo prin toate secțiile - acesta nici nu știe ce să mai creadă, atât de mult este mutat - și la un moment dat îl face director adjunct. De ce? Pentru că trebuie să treacă prin foarte multe ca să cunoască. Așa și noi, în aceste lucruri mici trebuie să căpătăm experiență și așa vom rezista. Altfel nu vom rezista. Vă declarați și dumneavoastră împotriva căsătoriei de probă. Și atât? Mai trebuie! Trebuie să ne sfătuim fetele, trebuie să conștientizăm tinerii noștri - **dar de când sunt copii, că acum este târziu** - că haina Bisericii nu poate fi terfelită, și atunci vom avea de-a face cu oameni integri, cu copii sănătoși, inteligenți, cu o generație care duce mai departe tradiția de veacuri a poporului nostru român.

Din păcate, aceste lucruri nu ne scuză, nu ne înalță decât în măsura în care ne prezentăm la înălțime. Noi spunem că suntem creștini de 2000 de ani, pe când ungurii sunt de 1000 de ani și rușii tot de 1000 de ani. Să fim serioși: suntem creștini fiecare de la botezul nostru propriu și putem să facem caz de asta în măsura în care ne înșirăm și noi în șirul acesta de ctitori și voievozi și oameni serioși din România. Dacă nu, nu are importanță nici că ne-a încreștinat Sfântul Andrei, nici că a venit Sfântul Pavel pe aici. Importanța unui fapt se vede din rodirea acelui fapt. Se adunau creștinii pe sub pământ, zideau altare și făceau Sfânta Liturghie. Și în loc de microfoane, din 50 în 50 de metri, prin văgăunile alea, stăteau cei cu voce mai puternică cu mâinile la gură și transmiteau pe o lungime de km întregi ce se citea din Evanghelie sau din Scrisorile Sf. Pavel. De aceea și noi astăzi cântăm Apostolul și Evanghelia, adică lungim cuvintele în amintirea acelor momente. Iar astăzi, cu microfoane, mergem la biserică doar 4,3% din ortodocși. Infim! Am pierdut așa de mult!...

Azi am stat la slujba de dimineață, într-o biserică unde a slujit un episcop. Și mă uitam că episcopul era așa asaltat de mulțime, încât nu mai înainta. A fost nevoie să se ducă un preot să facă semn să mai înainteze lumea. Dar imaginea nu-i asta, imaginea este alta. Pentru că aceștia erau 4,3%. Pe noi ne interesează unde sunt 95,7%. Și înțeleg, unii sunt la serviciu, alții prin altă parte, alții au probleme, dar restul? Restul sunt la iarbă verde, dacă este prea frig pentru iarbă verde sunt la schi, alții sunt la cafea. Aceștia nu mai sunt creștini, nu ne mai putem mândri cu asemenea creștini, aceasta este o batjocură. O să întrebați acum la cine mă refer. Mă refer la aceia pe care dumneavoastră îi cunoașteți că nu merg la biserică, nu se spovedesc, nu au dragoste, că se bat cu pumnul în piept că au credința cea adevărată, dar când este s-o aplice, nu aplică nimic.

Sfântul Pavel, într-una din epistolele către Corinteni, ne spune să nu ne ducem la tribunalele civile cu pricinile noastre, ci să rezolvăm între noi problema. La ora actuală, 40% din cei care au primit pământuri sau au probleme cu moștenirile sunt la tribunale. Și sunt creștini! Unii stau neîmpărtășiți de 14 ani, unii nu se mai spovedesc, că tot au promis că se îndreaptă și nu s-au îndreptat, unii au dreptate și unii n-au. Dar și cei care au dreptate și cei care n-au, fiind creștini, ar trebui să rezolve ei problema. **Așadar, aplicarea practică a creștinismului aproape că nu există**.

Ați văzut, Sfântul Spiridon, dacă ați ajuns să citiți întâmplarea cu berbecii? El era și episcop și păstor. Și au venit noaptea hoții la turmă și dimineața i-a găsit tremurând și neputând să se miște. Și i-a întrebat: „Ce-i cu voi aici?" Ei au început să plângă și au zis: „Preasfințite, am venit azi noapte la furat și n-am putut să ne mai mișcăm din loc, a venit îngerul Domnului și aici ne-a încremenit și am tremurat toată noaptea." Atunci el s-a rugat pentru ei și li s-au desfăcut picioarele de pământ și le-a spus: „Mergeți în pace!" Dar după o vreme i-a chemat înapoi. Ei s-au speriat că s-au gândit că-i va da pe mâna autorităților. Atunci Sfântul Spiridon a luat un berbec și le-a zis: „Luați și voi un berbec. Parcă prea v-ați ostenit toată noaptea și nu v-ați ales cu nimic, luați și voi și tăiați-l și mâncați-l." Și ei au început să plângă, n-au mai tăiat niciun berbec, nu l-au mai părăsit pe Sfântul Spiridon toată viața. Avem noi puterea în zilele noastre să facem așa? „Părinte, dacă prindem pe vreunul că fură ceva de la noi, îl izbim de nu se vede." Nu mai zic de „Sunăm la poliție, zbierăm, țipăm, îl dăm în judecată, ne certăm, nu mai vorbim cu el, îi furăm și noi ceva, îi aruncăm ceva peste gard, etc." Vedeți marea diferență între adevărații creștini și noi, care nu facem așa? Cu ce ne deosebim de păgâni?

Întrebări și răspunsuri

Î-1. Care sunt efectele căsătoriei de probă? Și cum am putea să le anihilăm?

R-1. Efectele nu le putem anihila. Problema este cum să nu se întâmple, deci să nu existe oameni care să gândească așa. Dar părinții preferă asta. „Să vedem dacă copiii noștri se potrivesc, dacă nu se potrivesc, măcar să nu mai cheltuim bani pe divorț!" Ceea ce nu este adevărat, pentru că ce nu este legătură nu este lucrare. Copii nu vor face, totul este anapoda. Cineva zice să vorbim de căsătoria de probă în sensul creștin. Nu există sensul creștin al căsătoriei de probă, există altceva, pregătirea căsătoriei, care nu presupune o căsătorie de probă. Și asta se numește prietenie. Trebuie să insistăm mult pe prietenie, pe perioada aceasta de prietenie, care are bucuria ei, frumusețea ei.

Î-2. Cum putem trăi creștinește în duh filocalic astăzi?

R-2. Nu știu asta, este prea pretențios pentru mine asta, duh filocalic. Părintele Teofil de la Mânăstirea Sâmbăta a vorbit mult pe tema aceasta.

Î-3. Găsim timpul necesar în noianul grijilor și problemelor care ne frământă?

R-3. Grijile și problemele nu există, noi ni le facem. Sau dacă există, trebuie să le trecem, nu trebuie să acapareze viața noastră. Ia analizați puțin, cine-și face problema, nu omul însuși? Sigur că mai vin și necazuri și este normal. Omul se complică. De ce călugărilor li se pretinde să n-aibă nimic? Pentru că astea aduc griji. „Dar n-avem noi copii, soț, soție, cu ce existăm dacă nu ne îngrijim?" Ne îngrijim, dar nu facem din asta un dumnezeu, ci facem un instrument de a exista pentru a-L lăuda pe Dumnezeu.

Î-4. Care credeți că sunt avantajele căsătoriei de probă, dacă sunt?

R-4. Nu sunt avantaje, par a fi avantaje. Nu sunt, dacă ar fi fost, Dumnezeu ne lăsa și aceasta.

Î-5. Care sunt riscurile pe care și le asumă tinerii care se căsătoresc de probă?

R-5. Riscul este pierderea frumuseții începutului unei căsnicii consfințite prin Taina Nunții.

Î-6. Definiți cât mai simplu adevărata căsătorie creștină.

R-6. Nu se poate cât mai simplu. Un complex n-ai cum să-l definești simplu. Căsătoria este un complex pentru că fiecare om este un unicat. Un om nu seamănă cu altul, nici la suflet, nici la corp, nici la față. Este greu de definit. Dar spunem și noi că este bine să fim normali. Normalitatea este cea care pune amprenta pe viața noastră, mai ales pe viața de om căsătorit. Nu ni se cere mult, ni se cere să fim normali. Ni se cere să ne ținem de jurământul pe care l-am făcut cu mâna pe Sfânta Evanghelie și pe Sfânta Cruce.

Î-7. Ce să facem pentru o rugăciune mai profundă dacă ne năvălesc obligațiile familiei?

R-7. Ne rugăm așa cum se poate, pentru că și împlinirea obligațiilor este tot o rugăciune, o suplinim prin rugăciunea minții.

Î-8. Care este canonul în cazul avortului?

R-8. În afară de lacrimile pocăinței nu există nici un canon. Să construiască cineva 20 de biserici și 400 de orfelinate și 500.000 de azile pentru bătrâni, nu-l iartă Dumnezeu dacă a ucis un copil. Să mănânce un om numai pământ până la moartea lui, nu-l iartă Dumnezeu pentru avort. **Să plângă un om pentru păcatul lui, să aibă lacrimi de pocăință - Dumnezeu îl iartă imediat. Ca să primească însă lacrimile de pocăință, omul trebuie să pună copil în loc. Nu există alt canon. De botezat nu poți boteza că ai ucis, poți boteza doar copilul pe care-l salvezi tu de la avort,**

pe acela îl poți boteza. Asta este, așezarea unui copil în loc; poți să te aduci în starea în care să zici: „**Acesta este copilul care este viu, pentru că eu m-am luptat nopți întregi cu mama lui să nu facă avort. Am întors-o de 14 ori de pe drum, am fost în anticamera medicului, acolo am convins-o, s-a întors, apoi s-a dus din nou, am oprit-o și până la urmă nu l-a avortat. Acesta este copilul care s-a născut pentru că eu am insistat." De aici încolo începe canonul.**

Î-9. Care sunt principalele cauze pentru care femeile nu au voie să slujească la altar?

R-9. În tradiția Bisericii nu există asta. Călugărițele pot intra în altar datorită vieții lor. Dar pot intra în altar numai pentru anumite lucruri și în anumite momente. O femeie este o preoteasă a iubirii și îi este de ajuns ei titlul acesta. Protestanții din Germania și din Occident în general sunt foarte supărați pentru faptul că au fost hirotonite și femei. S-au supărat și n-au mai mers la slujbe, au început să-și vândă bisericile. Femeile sunt mai fine la față, la corp, mai atrăgătoare, iar bărbații sunt mai slabi, dacă ar vedea o femeie în altar nu le-ar conveni, de-aia și stau femeile mai în spate, că bărbații sunt cam slabi la ochi. Și de-aceea și greșesc preoții care așează în stânga și în dreapta femeile și bărbații. Observați că ce este sfânt nu păstrăm, dar ce nu este sfânt păstrăm. Spre exemplu, o regulă ca asta n-o păstrăm, dar la 9 martie, de ziua Sfinților Mucenici, la țară oamenii fac un foc și trec prin foc. În Vrancea iau mortul și-l trec și pe el prin foc. În Apuseni, imediat ce moare omul îl acoperă cu o pânză, dacă are coșciugul făcut îl pun și în coșciug și până a treia zi când pornesc cu el la groapă o țin tot pălincă-mâncare, pălincă-mâncare, pălincă, pălincă, pălincă. Și mai varsă puțin din pahar și spune „Dumnezeu să-l ierte!" Un obicei tragic, interesant, dar nepotrivit.

Î-10. Vă rog să ne spuneți dacă este corect ca după sfințirea unei biserici să intre credincioșii, și mai ales femei, în Sfântul Altar, așa cum se întâmplă.

R-10. Eu am întrebat lucrul acesta, dacă intră atunci, de ce nu intră și după? Și nu mi s-a spus decât că atunci episcopul are voie să facă un pogorământ. Nu mi se pare potrivit, dar n-am găsit scris nici că trebuie, nici că nu trebuie. Este inexplicabil, așa cum este inexplicabil pentru care motiv citim la lăuză rugăciunea „Doamne Dumnezeul nostru, curățește pe roaba aceasta a Ta de toată întinăciunea și fă-o vrednică să intre în biserica slavei Tale." În condițiile în care o femeie a născut, avem de-a face cu cel mai sfânt moment. De ce o considerăm spurcată, nu știu.

Î-11. Cum credeți că ar trebui să ne comportăm cu un băiat deosebit, cu suflet mare, pe care nu reușim să-l convingem de păcatul pe care-l putem săvârși?

R-11. Trebuie să ne purtăm foarte frumos, dacă are suflet mare trebuie să fii foarte amabilă cu el, pentru că altfel îl pierzi. Orice este permis, până la păcat. Dumnezeu permite tot până la păcat; și păcatul permite, dar după aceea îl osândește.

Î-12. Logodna se poate face separat de cununie? Ce diferență este între una și alta?

R-12. Logodna se poate face separat de cununie, dar este o problemă. În cazul unui viitor preot, dacă îi moare logodnica, dacă este distanță mare între logodnă și cununie, atunci nu se mai poate hirotoni, pentru că deja are o promisiune. Ar fi bine să se facă așa, mai înainte, dacă am fi oameni serioși. Pentru că atunci ești și tu mai liniștit, trăiești momentele logodnei. Acum se obișnuiește ca logodna să se facă împreună cu cununia, în biserică.

Î-13. Poate fi logodna un fel de căsătorie de probă în sens creștin?

R-13. Poate, dacă asta vreți. Ar trebui însă să dureze un an, doi ani. Este foarte greu să se facă asta pentru că îi intră în cap fetei, sau și băiatului, că este ceva serios logodna și că pot trăi împreună pentru că deja li s-a făcut jumătate de cununie. Și ca să nu riscăm asta, noi le facem împreună.

Î-14. Am avut încredere în cineva și m-a costat. Acum nu mă pot împăca cu gândul acesta. Ce să fac?

R-14. Încet, încet trebuie să te împaci cu gândul. Ai greșit având încredere - poate n-ai greșit. Lasă așa. Domnul a dat, Domnul a luat, bine că nu te-ai fript mai rău. Dumnezeu îți va da altceva.

Î-15. În privința grijilor care apar în viață, cât trebuie să ne lăsăm în voia lui Dumnezeu și cât trebuie să ne zbatem noi?

Î-15. Noi acționăm și Dumnezeu sprijină.

Î-16. Cum știm care este momentul în care să ne lăsăm în voia lui Dumnezeu?

R-16. Momentul este că te lași în voia lui Dumnezeu de la începutul rezolvării, tu doar acționezi. „Doamne, ajută-mă!" și lucrezi. De exemplu, dacă vrei să obții o autorizație ca să-ți faci o casă, spui „Doamne, ajută-mă!" și te duci la primărie. „Doamne, luminează-l pe primar să-mi dea hârtia asta". Dar dacă zici „Doamne, ajută-mă să obțin autorizația" și tu nu ieși din casă...

Î-17. Există educarea prin campanii mass-media: anti-drog, anti-alcool, însă nu am văzut campanii anti-avort, anti-concepționale, etc. Ce se poate face?

R-17. Să facem și noi campanii!.., dar este foarte greu să faci. Nu e ușor să faci!...

Î-18. Care este avocatul din oficiu al copilului nenăscut? Cum este recunoscut egal cu copilul născut?

R-18. Nu este recunoscut. Tot ce nu se naște nu este recunoscut. Cine își omoară copilul în burtă nu este pedepsit. Cine își omoară copilul în timp ce se naște, și nu se mai naște, nu este pedepsit, a fost un caz prin 1992. Dar cine omoară copilul la 2 secunde după ce se naște este pedepsit.

Î-19. Cum mă sfătuiți să procedez în cazul unei relații cu o persoană din străinătate? Suntem împreună de 6 luni. El este de religie musulmană, ne vedem o dată pe lună, pentru 5-6 zile, când vine el prin România. El îmi cunoaște familia, eu n-am avut ocazia să-i cunosc părinții. Însă înainte de a lua o hotărâre pentru căsătorie aș dori să încerc o căsătorie de probă. Este o relație bazată pe sentimente, nu există interese materiale.

R-19. Tot ce spui este foarte interesant și foarte frumos, dar foarte riscant. Din multe motive. Primul motiv, nu știi ce familie are. Al doilea este că nu știi ce apucături are. A treia problemă este că nu te vei putea cununa religios niciodată cu el, religios-creștin. Pentru că Biserica Ortodoxă cunună ortodocși cu ortodocși, Biserica romano-catolică cunună catolici cu catolici și așa mai departe. O să nașteți copii din necununie. În general musulmanii nu renunță la starea lor, la religia lor. Acesta este un aspect. Unii pot fi poligami. Dar și dacă este nu ai de unde să știi, pentru că nu o să spună. Nu este bine să ai de-a face cu el. Dar dacă-l iubești... ne-ai întrebat prea târziu. Noi n-avem nimic cu religia lui, nici în comun, nici împotrivă. N-avem nimic nici cu el, dar în momentul în care se bagă problema pe terenul nostru, atunci ne pronunțăm.

Î-20. Este normal ca tinerilor după ce au căzut în păcat să li se pună cununia pe cap? Ce semnificații au aceste cununii?

R-20. Nu-i normal. Au semnificația de a încununa lupta lor și câștigul războiului purtat. Dar preoții nu fac așa. Neaplicând lucrul acesta, nu procedează pedagogic.

Î-21. Ce se poate face pentru o persoană care trăiește într-o căsătorie de probă, este conștientă că nu este bine, dar nu renunță la acest mod de conviețuire?

R-21. Păi, n-are cum să mai renunțe singură, trebuie să renunțe împreună, pentru că amândoi au semnat. Și dacă nu au semnat, nu este căsătorie de probă, este numai concubinaj. Concubinajul nu se face în fața primarului, nu se declară, este o ilegalitate, dar căsătoria de probă este legalizată. Și dacă nu merge, dai o declarație, mai plătești niște taxe.

Î-22. Se mai poate trăi în vremurile de astăzi o prietenie cu adevărat creștină? Cam ce implică aceasta și până la ce perioadă de timp poate ajunge?

R-22. Perioada de timp nu este așa limitată, poate dura între 40 și 60 de ani. Dar în vederea căsătoriei ea nu trebuie să dureze mai mult de 4 ani, 6 ani, 8 ani și mai puțin dacă ești mai deștept și sesizezi mai ușor lucrurile.

Î-23. Cum explicați numărul crescut de divorțuri din ultima vreme?

R-23. Nefiind credință, nefiind la bază Hristos, este firesc să se întâmple divorțuri, și încă multe.

Î-24. De ce doi oameni care s-au iubit la început foarte mult și și-au jurat credință reciprocă în fața lui Dumnezeu ajung după câțiva ani să se despartă?

R-24. Pentru că sunt proști. După ce juri, după ce trăiești cu el, după una și alta, te desparți. Este tipul omului prost, care nu poate sau nu vrea să se adapteze la celălalt.

Î-25. Căsătoria trebuie precedată de o logodnă care după unii presupune o viață intimă. Sunteți de acord cu această concepție?

R-25. Nu. Doar după unii presupune o viață intimă.

Î-26. De ce băieții din ziua de azi sar de etapa prieteniei adevărate?

R-26. Pentru că fetele nu știu să conducă prietenia la starea de prietenie adevărată.

Î-27. Deși România are o populație majoritar creștină, sunt adoptate legi care sunt împotriva legilor creștine și asta fără ca populația să ia atitudine.

R-27. Cine a votat Constituția înseamnă că este de acord cu felul în care noi vrem să ne integrăm în Uniunea Europeană. Nu a spus reclama așa: „Votând Constituția, votați intrarea în Uniunea Europeană?" Și apoi mergem la mormântul Părintelui Cleopa și-l admirăm. De ce să-l mai admirăm? El a spus să ne ferească Dumnezeu de NATO și UE. Au urlat ziarele, s-a făcut public ceea ce a zis el, s-a comentat pozitiv și negativ, și creștinii ortodocși și neortodocși - populația țării - a mers tot cum a vrut ea. Și totuși, necunoștința nu ne scuză.

Apoi, populația este ortodoxă, dar statul nu este ortodox și nici măcar creștin. Noi nu avem stat creștin, noi avem populație creștină.

Î-28. Cum poate un călugăr să reziste ispitelor sexuale pe parcursul întregii vieți?

R-28. Un călugăr care postește și se roagă, are mintea la Dumnezeu și face ascultare, n-are probleme sexuale. Și dacă le are, le depășește. Unul care n-a înțeles pe ce lume trăiește și n-a înțeles ce-i cu chemarea lui, are probleme.

Î-29. Ierarhii Bisericii au afirmat la TV că trebuie să votăm?

R-29. Treaba lor ce au afirmat ei, problema este ce ați făcut dumneavoastră. Să nu-mi spuneți acum că dacă ei ziceau „nu", dumneavoastră-i ascultați. Sau dacă ziceau „da", îi ascultați. Ei au zis niște lucruri mai la început, acum ce să mai zică?! Acum tăvălugul este pornit, ce să mai zică? Nu mai au ce zice... Și dacă zic, la ce folosește? Spre exemplu, Sfântul Sinod s-a pronunțat împotriva avortului. Ziarele în 1994: *„Sfântul Sinod al Bisericii Ortodoxe Române, care nu are copii, vrea copii!"* Titlu mare... Lovire puternică în capul Bisericii, în președintele Sinodului, în noi, în preoți, în Biserică în general, destabilizare, nebunie, creștini care n-au cum să se conducă fără cap (bineînțeles, pentru că relația există); preoți compromiși într-un fel sau altul, pe drept, pe nedrept, este speculată toată povestea; creștinii orbi, n-au văzut asta. Iar acum, unde sunt fotoliile din parlament? Nu sunt! Noi, înainte de război, aveam 27 de fotolii goale. Pe aceste 27 de fotolii Biserica trimitea una, două sau chiar și 27, de persoane pregătite în problema discutată în ziua respectivă. Spre exemplu, dacă se discuta o problemă economică, o lege, Biserica trimitea anumite persoane, specializate. Dacă se discuta o problemă istorică, cum ar fi fixarea zilei naționale, se trimiteau istorici, nu neapărat preoți. Ei mergeau și susțineau cauza Bisericii. Unde sunt fotoliile? Nu le avem. Dacă n-avem fotolii, degeaba avem 1, 2, 3, 4 preoți prin parlament, că ei nu ne reprezintă, ei sunt cu un partid sau altul sau, în general, sunt independenți. Ei, de obicei, nu fac mare lucru. Lucrurile sunt pierdute.

Î-30. De unde știm noi că lacrimile cu care plângem uneori în fața lui Dumnezeu sunt de pocăință și nu din alte motive?

R-30. Le simți. Tu stabilești. Tu știi.

Î-31. Copiii botezați de același naș au voie să se căsătorească?

R-31. Nu au voie pentru că sunt frați, mai frați decât frații. Trebuie să spunem că prin Moldova există „nebunia" asta cu mulți nași. Vă dați seama că de la mulți nași ce fel de încuscriri se fac; mulți nași, trebuie să alergi 400 km ca să găsești unul cu care nu ești rudă.

Î-32. De ce în momentul citirii Sfintei Evanghelii se stă în genunchi și preotul ne spune să stăm drepți?

R-32. Prima dată ni se spune să fim drepți în cugetare, în înțelegere. Ar trebui să stăm în picioare, dar, din respect pentru ce se citește, noi stăm în genunchi.

Î-33. Cum poți afla ce cale să alegi: căsătoria sau monahismul?

R-33. Te încerci; faci o probă; aici este permisă proba. Te culci pe la ora 9 seara, te trezești pe la 11, faci miezonoptica, utrenia și alte canoane și rugăciuni până la ora 3. De la 3 la 5 dormi, apoi faci rugăciunile de dimineață și altele. La 8 mergi la Liturghie, la 9.30 termini. Vii acasă, faci mâncare, faci 1000 de metanii. Aștepți pe cei din casă cu mâncarea. Te duci și sapi, culegi fructe, mai faci un acatist. Și seara o iei cu același program de la capăt. Dacă reziști în ritmul acesta, este bine. Dacă nu, nu ești bun. Dacă reziști în ritmul acesta mai adaugi ceva: îți pui o haină jerpelită pe tine și ieși pe stradă, eventual cu un papuc da și cu unul nu. După ce faci asta o să-ți auzi pe stradă fel și fel de vorbe și dacă nu simți nimic împotriva celor care te jignesc, ești foarte bun de călugăr.

Î-34. Ce spuneți despre o soacră care-și obligă nora la avort?

R-34. Să spunem că n-are cum s-o oblige pentru că nu-i voie să trăiască nora cu soacra.

Î-35. Cum îmi pot ajuta colegii să fie credincioși?

R-35. Lași, așa, câte o cărticică uitată pe ici, pe acolo. Prin discuții cu ei...

Î-36. Am divorțat legal, ne-am împăcat. Am păstrat cununia religioasă... Datorită severității lucrurilor trăim în păcat pentru că nu ne-am cununat din nou la starea civilă?

R-36. Nu. Nu vă mai cununați, că nu sunteți serioși. Dacă erați serioși, nu divorțați. Conviețuiți așa. Dar încercați să respectați Taina Cununiei. Țineți jurământul acesta. Țineți-l pe acesta.

Î-37. Este păcat ca o femeie să poarte pantaloni?

R-37. Depinde ce scop urmărește. Dacă se poate să nu purtăm, este foarte bine; înseamnă că nu ne masculinizăm. Pentru că un bărbat care poartă basma 20 de ani nu mai are caractere de bărbat și nu mai este atractiv. O fată care poartă pantaloni vreo 15 ani își pierde feminitatea și nu mai este „acostată" de niciunul și-apoi se plânge că nu se mai mărită.

Î-38. Ați afirmat că la judecată vom fi judecați după neamuri. Atunci din ce neamuri vor face parte părinții și copiii aflați din neamuri diferite?

R-38. Foarte interesantă întrebarea! Se pot face căsătorii între un ortodox și un catolic? Înainte de slujba cununiei există o învățătură pentru preotul care-i cunună. Acolo zice că nu. Interesant este că astăzi se fac. Nu știm ce să mai credem.... Bănuiesc că intervine o chestiune unde nu trebuie să facem compromis. Putem să ne respectăm unii pe alții, dar la capitolul acesta trebuie să vedem cum este. Dacă intervine un conflict de idei, nu este bine. Spre exemplu: este bună Ortodoxia? Este. Este bun catolicismul? Tu răspunzi: Este bun! Amândoi zicem la fel. Atunci unde ne cununăm: la catolici sau la ortodocși? La catolici. Atunci de ce nu vrei să te mai cununi și la ortodocși? Bine, la ortodocși. Atunci de ce mai vrei să te cununi la catolici?

DESPRE ALEGEREA ZILEI CUNUNIEI

Întrebări și răspunsuri

Î-1. Ce înseamnă: „În păcate m-a născut maica mea?"

R-1. Înseamnă că există un atavism pe care Botezul îl anulează. Sunt mari discuții despre păcatul strămoșesc... adică: moștenim păcatul strămoșesc,.... sau consecințele păcatului?... asta e o altă temă de Conferință!....

Î-2. Când prietenia riscă să devină căsătorie de probă?

R-2. Atunci riscă: te pronunți sau nu te pronunți pentru a alege aceasta?

Î-3. Anticoncepționalele, steriletul inclusiv, sunt avortive?

R-3. Da, tinerii, băieți și fete, nu știu nimic despre asta. Treaba lor. De ce nu știu? Ce este greu de aflat? Nu este greu nimic: 4.000.000 de spermatozoizi care pătrund prin colul uterin, 200.000 care ajung în trompe, cel mai viguros dintre ei - asta citim la anatomie în clasa a VIII-a - fecundează singurul ovul secretat de ovar. Și asta înseamnă concepția. 7 zile migrează în uter, 7 zile luptă să nideze, adică să se lipească de peretele uterului. 7+7 înseamnă 14; 14+14 este 28 - ciclul lunar al unei femei. Iar omul este om din secunda conceperii, dar dacă nu nidează în 14 zile moare. Steriletul produce toxicitate și nu lasă oul să nideze; dacă nu nidează moare. Deci în loc să îl omori la două luni jumătate, îl omori la 14 zile; este o crimă mai devreme, nu este altceva. Același lucru se întâmplă cu toxicitatea pe cale sangvină, cu pilulele. Dacă nu credeți, întrebați! Mergeți la medic și-l întrebați, este obligat să vă explice. Dacă vă spune altceva luați o cruce și o icoană cu dumneavoastră, puneți mâna pe ele și spuneți: mai explicați odată, domnule doctor! Unii medici și unii farmaciști neagă evidența, dar cu mâinile pe cruce nu o mai neagă. Spuneți așa: ziceți, domnule doctor, pe sănătatea și viața copiilor dumneavoastră, spuneți adevărul? Și o să vedeți că nu mai spun minciuni.

Î-4. Sunt animalele de casă, din ce în ce mai multe în zilele noastre, un substitut pentru a nu crește copii?

R-4. Omul încearcă să-și umple golul de a iubi către animale. Este un păcat. Nu este un păcat că îngrijești de animale, este păcat că nu îngrijești și de oameni, dacă pui animalul înaintea omului. **Este un păcat când pe animal nu-l tratezi ca pe un animal**.

Î-5. Ce s-ar fi întâmplat dacă toți Sfinții Părinți ai Bisericii ar fi fost duși de val?

R-5. Care val? În momentul în care Sfântul Ioan Gură de Aur s-a opus împărătesei, împărăteasa Bizanțului l-a exilat și acolo a murit. Ba mai mult, a murit și caterisit, Sfântul a cărui Liturghie o facem noi de atâtea ori pe an. Sfântul care singur poartă supranumele de „Gură de Aur" - așa de frumos predica. Iar Sfântul Ioan Botezătorul s-a opus imoralității stăpânirii pentru că a mustrat-o pe regină. Până nu i-a tăiat capul, ea nu s-a lăsat.

Î-6. Dacă cei doi tineri care vor să se căsătorească nu au unde să stea, ce ar trebui să facă dacă nu au posibilități financiare? Va trebui ca cei doi să stea la părinții fetei sau ai băiatului?

R-6. Nici la ai fetei, nici la ai băiatului. Trebuie rezolvată cumva problema: sau la ai fetei sau la ai băiatului, dar total separat! Primii doi ani trebuie petrecuți separat! Nu petreci separat, te frigi; până se formează personalitatea de o parte și de alta, apar probleme, este o psihologie întreagă.

Î-7. Ce putem face împotriva legalizării prostituției, în afară de strângerea de semnături?

R-7. Nimic! Rugăciune! De ce nu vă luați mașina și mergeți pe șoseaua națională și cum dați de una din fetele astea o luați în mașină și îi deschideți Biblia și altele și îi spui: „Uite ce scrie aici, că nu ai ce să faci"; Întoarceți și o aduceți în satul de unde este ea.

Î-8. Dumneavoastră când v-ați căsătorit?

R-8. La 21 ani. În ce zi m-am căsătorit? M-am cununat duminica.

Î-9. De ce mai sunt hirotoniți preoții, dacă înainte de căsătorie au avut o viață intimă?

R-9. Nu știu! Dar de unde știi că au avut o viață intimă? Cu cine au avut o viață intimă? Nu trebuie făcut așa, este adevărat. Așa părinți, așa copii! Numai că nu plouă niciodată cu preoți, preoții sunt fiii poporului. De obicei, poporul are regele pe care-l merită și preoții pe care-i merită. Dar și preotul are enoriașii pe care-i merită.

Î-10. Dacă doi tineri necăsătoriți botează împreună un copil, se mai pot căsători?

R-10. Da. De ce nu? Că au devenit părinții copilului? Că botează împreună? Stau unul lângă altul, doar numai unul poate să țină în brațe copilul, nu? Ei pot boteza împreună, dar numai unul e naș.

Î-11. Dacă de la facerea lumii au trecut mai bine de 7.000 de ani, cum explicăm existența dinozaurilor sau a erelor glaciare?

R-11. Savanții adevărați se ocupă cu altceva, nu cu ere și cu miliarde de ani. **Observați că știința merge pe o teorie și deodată sare - cum sărea acul de la picup - la altă teorie. Spre exemplu, viața a apărut din hazard. Apoi, peste vreo 200 de ani, spun că viața a apărut din mișcare. După aceea, viața a apărut din lumină. Dar lumina din ce a apărut? Și așa mai departe**.

Știința cercetează și asta nu ne împiedică pe noi cu nimic să credem în Scripturi. **Noi nu avem nevoie de explicații. Noi credem așa: cel care crede teoria apariției vieții istorisită în Scripturi, nu are nevoie să facă legătura cu ce spune știința despre aceasta**. Implicarea profesorilor de biologie în școli este că iau seama la incitările elevilor: „Domnule profesor, dar la religie noi n-am învățat așa". Profesorul ar trebui să spună: „La religie ați învățat teoria creaționistă, iar la știință învățăm o altă teorie despre care **Darwin a zis așa: «teorii ca ale mele și ca ale altora au mai fost și vor mai fi, dar niciuna mai adevărată decât cea din Cartea Facerii» ". Așa a zis Darwin în încheierea lucrării sale numită „Chimia"** (lucrare în limba franceză încă netradusă în românește).

Î-12. În condițiile de față, cum ar trebui să decurgă într-o familie creștină relațiile sexuale, când unul din soți nu rezistă acelor restricții impuse de canoane și propune acele metode anticoncepționale?

R-12. Dacă nu lași lucrurile să curgă, în primul rând nu mai este iubire. În al doilea rând, dacă stai cu frică - ori rămân gravidă, ori nu rămân gravidă - este cumplit. Lasă lucrurile să curgă și Dumnezeu le învârte. El, nu tu!...

Î-13. Căsătoria mixtă este interzisă de Biserică?

R-13. Este interzisă. Ea este permisă dacă creștinismul te-a prins așa. Spre exemplu: suntem doi păgâni, căsătoriți unul cu altul în forma în care suntem. Unul trece la creștinism. Biserica nu-l desparte de soțul care n-a trecut la creștinism. Aceea se numește căsătorie mixtă.

Î-14. Ce pot face în cazul în care nu sunt acceptată de familia viitorului soț, adică de soacră, ea apelând la vrăjitori pentru a mă îndepărta de el?

R-14. Dacă ești bine spovedită și nu lipsești de la Liturghie, atunci n-o să aibă soacra putere asupra ta.

Î-15. Dacă cineva a divorțat și s-a întâlnit cu altcineva și s-au hotărât să se căsătorească, dar fără a merge la primărie pentru a lua certificatul de căsătorie, aduce preotul și le face o cununie religioasă, ortodoxă. Este primită acea cununie fără actul atestat de primărie?

R-15. Dacă nu sunt alte opreliști, atunci este primită. În general, acest lucru se practică când sunt probleme de moștenire, etc. Dar au cam trecut vremurile acelea. Acesta ar fi un aspect. Celălalt aspect este că pentru noi, preoții, nu este indicat să facem asemenea cununii pentru că, totuși, cununia civilă mai antrenează în seriozitate pe cei doi. Plus că poate fi o piedică. Spre exemplu, la divorț până cauți bani pentru taxe, onorariu la avocat, până cauți martori, până faci ce faci, poate te răzgândești și te împaci. Dar dacă nu ești cununat civil... **Oamenii serioși nu au nevoie de căsătoria civilă. Însă, ce vom face cu moștenitorii?** Nu știm. Și atunci, dacă nu există un caz de mare excepție, este bine să ne cununăm și civil. **Preotul care face cununia religioasă fără cununia civilă este pedepsit aspru.**

Î-16. Ce credeți despre mama purtătoare, despre fecundarea în vitro în scop medical?

R-16. Nu este bine asta, ci este împotriva legii lui Dumnezeu. Fecundarea în vitro presupune fecundarea a 10 ovule de către 10 spermatozoizi; se aleg dintre ei 3 (cei mai viguroși), **7 se îngheață** (inclusiv pentru experiențe sau suport de creme de față – aspect ce a creat un imens scandal mondial)**, după care cei 3 sunt injectați în uterul mamei și nidează sau nu nidează. În funcție de asta medicul întreabă: câți copii vrei să ai? Tu spui: 2, 3 sau 1. Dacă vrei numai unul, pe ceilalți doi îi chiuretează. Există riscul ca pentru a avea tu un copil să fie omorâți 9. Atunci mai bine nu mai ai; dacă naști un copil pe sângele altor 9, nu vreau! Asta este fecundarea "i*n vitro*"; nu *"in utro",* ci *"in vitro"* - în afară. Acestea sunt problemele Bisericii.**

DREPTUL LA VIAȚĂ AL FIECĂRUI OM

Dumnezeu, cum știm, nu împarte oamenii în buni, răi, drepți, păcătoși, bogați, săraci, împărați și ostași, îi împarte altfel: oameni care vor să se mântuiască și oameni care nu vor să se mântuiască. În această categorie sunt și aceia care sunt indiferenți sau în necunoștință de cauză. Dar ce vină are x sau y, care habar n-au avut. Cu atâtea biserici cu turle care arătă spre cer, cu atâția preoți, cu atâta discuție în presă, cu atâta tradiție, cu atâta sânge călcat în picioare de noi - pentru că nu știm unde nu este sângele moșilor și strămoșilor noștri - cu atâta „nor de mărturii", cum zice Sf. Apostol Pavel, nu avem voie să nu știm. Cu atâta tehnică ce ne pune la dispoziție în amănunt totul - cu aparatură NASA - s-au realizat fotografii ale copilului în pântecele mamei, nu ecografii. Tot cu această aparatură s-a studiat în pântece pulsul, activitatea electrică, activitatea magnetică a omului în primele zile, în a 9-a zi, într-a 12-a zi, într-a 14-a, la o săptămână, la cinci săptămâni, la cinci luni, totul se cunoaște. Și atunci nu putem să facem nici ce face strutul și nici ce face unul sau altul când încearcă să se ascundă. **Noi creștinii știm cu precizie din Sf. Scriptură că *urziți am fost din pântecele maicii noastre.*** De o vreme, știința vine și ne pune toate acestea în față ca o evidență. Noi nu avem nevoie de dovezi, pentru că știința se ocupă cu dovezile, cu argumentele, cu cercetarea. Ce ne descoperă Sf. Scriptură? Cu totul altceva și în alt fel decât ne descoperă știința. **Scopul religiei este să ne unească pe noi cu Dumnezeu, să reușească în noi ceea ce Dumnezeu din iubire ne-a dăruit**. Aceasta este religia din punctul nostru de vedere creștin. **Să avem în vedere că nu mai avem voie să nu știm, pentru că ignoranța este condamnabilă. Este o temă și actuală, deci arzătoare - dreptul la viață, viața ca un drept, viața ca libertate**.

În lume, între culte, între religii, niciuna nu este mai largă decât creștinismul, iar în ce privește ortodoxia, este izbitor de îngăduitoare, tolerantă, înțelegătoare a situației în care se află fiecare, etc. Zadarnic ne condamnă unul și altul că vedem doar înainte, că suntem mai mult mistici decât practici. **Ortodoxia este și mistică și ascetică și practică, teoretizează, dar și aplică și de toate**. Aceasta face Ortodoxia, cel puțin principiile Ortodoxiei. Dacă sunt ortodocși care nu aplică acele principii, atunci nu este vina Ortodoxiei, nu este vina Bisericii, mai ales că în concepția noastră Biserica este infailibilă, adică nu poate greși; prin Biserică înțelegem instituția divino-umană întemeiată de Iisus Hristos pe Cruce în chip nevăzut și la Rusalii în chip văzut, Biserica fiind formată din totalitatea celor botezați care participă la viața bisericii. **Biserica nu e aici sau acolo, nu e dincolo sau în partea cealaltă, Biserica este acolo unde cei botezați recunosc și practică chemarea lui Hristos**. În asemenea condiții vedem clar că avem de discutat problemele Bisericii. Și care sînt problemele Bisericii? Problemele Bisericii sunt toate problemele. Problema săracilor, problema bogaților, problema înarmărilor, problema ostașilor români în Irak, problema atomică, totul, absolut totul intră în preocuparea Bisericii. Cum? - răspunsul este într-un mod aparte pentru fiecare. Armata e problema Bisericii, sateliții artificiali sunt problema Bisericii, topirea ghețarilor e problema Bisericii, efectul de seră e problema Bisericii, **nu în sensul cercetării, ci în sensul consecințelor**. Pentru că dacă, biserica administrativă, ar fi reușit să controleze toate acestea, la ora actuală nu am fi în această stare de alertă continuă. E-urile din alimente sunt problema Bisericii, legumele și fructele modificate genetic sunt problema Bisericii, pentru că Biserica își dorește ca membrii ei să fie sănătoși, integri, liberi, cu mintea sănătoasă pentru rugăciune și faptă bună. De aceea, e problema Bisericii. Totul trebuie cercetat de Biserică, adică de noi. E adevărat că Biserica are preoți, are ierarhi, este organizată, o consecință a istoriei ș.a.m.d., asta e altă situație de care nu vrem acum să ne ocupăm. Atât vrem să spunem; că toate sunt ale Bisericii. Fecundarea în vitro, este problema Bisericii. De ce? Pentru că Biserica apreciază în urma comunicărilor științifice dacă este un aspect moral sau nu. Avortul este o problemă a Bisericii. **Noi, preoții, cununăm, înmormântăm și facem alte servicii religioase medicilor criminali, care omoară noapte de noapte, zi de zi, uneori și când sunt de gardă și când nu sunt în gardă și când sunt liberi acasă. Își lasă ziua liberă sau concediul, vin și omoară. Dacă v-am convins de lucrul acesta, înseamnă că împreună putem să discutăm despre marile probleme ale Bisericii, mai precis despre marile nenorociri ale lumii, care sunt rezultatul nenașterii. Aceasta a provocat în subsol războiul din Kosovo, deoarece cu două sute de ani în urmă, într-un război pe care musulmanii l-au avut cu creștinii, creștinii erau 98% și musulmanii 2%. Expresia musulmanilor, atunci, la cuvintele de dispreț ale ortodocșilor, au fost: ne-ați bătut voi acum, dar va veni vremea să vă batem și noi. Cum, voi, 2%, o să ne bateți pe noi, 98%? Și răspunsul musulmanilor a fost: vă vom bate în pat. Și creștinii au râs. Și râsul lor s-a prelungit până când americanii au scris pe bombele pe care le lansau „Paști fericit". În urma tuturor intervențiilor internaționale, până și în ziua de Paști bombardamentele au continuat. Și le-a înghețat creștinilor ortodocși zâmbetul și rânjetul, pentru că n-au mai născut și procentul după 400 de ani s-a inversat și a apărut din nou conflictul. Și așa a fost. Nenașterea anulează bucuria, adică, nu este copil, nu va fi nepot, nu este copil, nu e bucuria botezului; nu e copil, nu e bucuria primei zile de școală; nu e copil, nu e preocuparea și bucuria succesului la treaptă, capacitate, bacalaureat, intrare la facultate, etc. Nu e naș-**

tere, nu e nuntă, nu e satisfacție, nu sunt lacrimi de bucurie la biserică, la cununie, când părinții își aduc copiii la Sf. Altar, îi predau nașilor și preotul săvârșește Sf. Taină a Cununiei. Nu ai bucuria de a fi bunic. Iată câte bucurii se pierd. Apoi vine osânda. Obișnuim în mod greșit, noi, preoții, să facem o teologie, o pastorație a fricii. Adică ne așezăm în fața oamenilor și îi înfricoșăm și spunem: iadul e așa, se întâmplă așa, o să fie așa; în mod greșit facem asta. Dar ar trebui să facem o pastorație a iubirii. Să prezentăm iubirea lui Dumnezeu pentru noi. Dar cum s-o facem, pentru că orice cuvânt scoatem este acuzator. **Întrucât așa ne-a iubit Dumnezeu pe noi, încât pe Unicul Său Fiu L-a trimis, s-a întrupat în Sfânta Fecioară Maria și a mântuit neamul omenesc, răscumpărându-l cu scump sângele Său. Așa a făcut Dumnezeu pentru noi**. Ce facem noi? Răspunsul nostru este sabie scoasă. Închipuiți-vă în vremea trecută pe cineva care scotea pistolul în fața lui Ceaușescu. Închipuiți-vă! Dar nu numai că îl scotea, îl și îndrepta spre el. Eu am cunoscut un pușcăriaș care în fiecare toamnă făcea câte o năzbâtie, fura ceva ca să ia două, trei luni condamnare pentru că îi era foarte greu să treacă iarna. N-avea casă, n-avea masă, n-avea nevastă, n-avea familie și, cum dădea puțin bruma, el făcea o prostie și îl închidea până aproape de Paști. Apoi iar venea și petrecea primăvara, vara, acasă în sat, că n-avea casă, apoi iar mai făcea ceva și tot așa. Deacum era bătrân. Lunile adunate au însumat 19 ani de pușcărie. Numai că miliția la un moment dat a sesizat șiretlicul și nu prea îl mai arestau, era ultracunoscut. Și atunci el a încercat să facă un lucru mai deosebit, că doar, doar l-or lua. S-a dus în Gara de Sud – Ploiești și a dat jos un tablou de aproape 4 metri înălțime și 1,5 în lățime al președintelui de atunci, Ceaușescu. L-a dat jos de acolo și l-au arestat și l-au condamnat 19 ani, alți 19. Și a dat Dumnezeu și a venit decembrie 1989 și l-am întrebat: „De ce ai luat atâția ani?" Și a zis: *„Părinte, nici n-a discutat* *nimeni cu mine, nici nu m-a întrebat nimeni nimic"*. L-au condamnat direct. Deci, când afectăm superiorul, conducătorul, iată ce se întâmplă, aici pe pământ. **Dar când scoatem sabia la Dumnezeu, ce se întâmplă? Adică sabia înseamnă revolta noastră, opoziția noastră la iubirea lui Dumnezeu. Și iată cum scoatem noi sabia. Ca să se nască un copil, avem nevoie de trei. Avem nevoie de soț, de soție și de Dumnezeu. Copii nu se fac în doi, se fac în trei. Ce trebuie să facă soțul, ce trebuie să facă soția știm. Dar Dumnezeu ce trebuie să facă? Trebuie să sădească sufletul creat de El Însuși, în momentul concepției, în momentul zămislirii. Că nu există trup fără suflet sau suflet fără trup și nu există nici o cutie undeva, unde sunt sufletele și Dumnezeu mai ia un suflet, îl sădește, îl creează în momentul concepției. Asta înseamnă că Dumnezeu participă, *„Tatăl Meu lucrează și Eu lucrez, Tatăl Meu pururea lucrează și Eu lucrez"* zice Mântuitorul Hristos. Ori noi ne opunem. Cum ne opunem? Prin toate metodele, prin tot ce s-a inventat mai rău: prezervativ, diafragmă, spermicide, acestea sunt contraceptive, sau avortive: sterilet, pilule, pilula de a doua zi, pilula din prima zi ș.a.m.d... Opoziție. Dumnezeu stă pregătit să creeze un suflet și noi îl refuzăm. Există un sfânt cu numele Vlasie care era călugăr cu 1400 ani în urmă. În vechime, călugării duceau viața lor uneori chiar în mijlocul satului, alteori la marginea satului, alteori în oraș. Și azi sunt ceva mânăstiri prin oraș, că doar nu contează unde-i mănăstirea, contează unde-i mintea. Ce făcea acest călugăr? Își făcea rugăciunile de seară, dimineața își făcea pravila, apoi tăia lemne și din tăiatul lemnelor sau alte nevoi ale unor oameni își lua banii și seara cu banii câștigați se ducea și închiria o femeie și o cameră. Unde? La bordel, că și atunci erau unii nebuni care înființau bordeluri ca și astăzi. Azi așa, mâine așa, oamenii s-au scandalizat, preoții din oraș**

l-au condamnat, a ajuns la urechile episcopului. Scandal, mustrări, nu s-a putut face nimic cu el și după 30-40 de ani, cât or fi trecut anii aceștia, a murit. Probabil rudele sau mănăstirea unde era închinoviat l-au îngropat și au făcut un parastas cu o pomană, o împărțire de mâncare... și au constatat uimiți că erau acolo peste două sute de femei pe care nu le văzuse nimeni niciodată. Și au întrebat:

„Cine sunteți voi, de ce sunteți așa multe și ați venit la înmormântare?" **Și-au zis:**

„Noi suntem foste prostituate".

„Păi cum?"

Noi suntem salvate, de el, cel pe care l-am îngropat.

„Cum?"

„Venea la bordel, ne plătea pe noi, cum se făcea acolo, apoi începea în cameră să se roage și ne vorbea Cuvântul lui Dumnezeu".

Oare, dacă acum 1400 de ani s-a putut, azi n-am putea face și noi asta? Poate deja în minte avem prostituatele de pe stradă. Dar nu pentru acelea avem noi marea grijă, căci acelea sunt puține. Noi avem mare grijă și marea strângere de inimă pentru problema soțiilor noastre care se prostituează. Dar cum se prostituează? Păi, cum se prostituează fetele la bordel. Ce este la bordel? La bordel există mai multe femei care sunt controlate de medic (în Olanda e o stradă întreagă...). E dezastru acolo... Și iată, Dumnezeu, în iubirea Lui, tot ne ține. Și acolo există un medic, și acolo există un control și bărbații merg și săvârșesc cu o femeie necunoscută un lucru lăsat de Dumnezeu, dar ei îl săvârșesc în afara cununiei. Bărbații noștri ce săvârșesc? Același lucru cu propria lor nevastă. Da, merg la biserică, unii se și spovedesc, alții se și împărtășesc. Numai că folosesc prezervativul, folosesc pilulele, folosesc pastiluțele, nu știu ce mai fac, nu știu ce fel de calendar mai țin și atunci înseamnă că se prostituează. E cam dur cuvântul, știu, dar trebuie să vorbim pe față, că asta e tema: libertatea noastră în viață dăruită de Dumnezeu. Care e diferența între libertate și libertinaj? Care e diferența dintre o trăire obișnuită conjugală și dezmăț? Ce se vede, e clar că e dezmăț. Eu nu vorbesc de vreo vedetă, eu vorbesc de femeile cinstite acum, restul priviți în stradă și nu trebuie să aducem în discuție nimic, pentru că lucrurile sunt evidente. **Teologia ne-a învățat, dar n-am luat aminte, acum ne învață și știința, că omul e om din secunda concepției, și că în prima zi are o înfățișare care devine tot mai complexă în săptămânile următoare. Aceasta înseamnă că Dumnezeu ne are în planul Său, înseamnă că avem de-a face cu o prezență, cu un corp independent, care cel mult după 14 zile e dependent de mâncare. Și rămâne întrebarea: înțelegem noi că femeia nu are drept asupra copilului și nici asupra corpului ei? Auzim adesea câte o femeie care zice că face ce vrea cu corpul ei. Bine, să facă ce vrea cu corpul ei, dar de ce face ce vrea cu corpul altuia, adică cu copilul zămislit într-însa. Și atunci femeia are așa zisa libertate, falsa libertate de a omorî copilul. Atunci ce mai vorbim noi despre dreptul la viață? Ce rost are să mai vorbim despre drepturi, dacă nu vorbim despre obligații?** Eu știu cine a venit la această conferință. La conferință au venit numai oameni serioși, oameni dispuși să jertfească puțin din timpul lor ca să înțeleagă și, mai precis, să ducă mai departe cuvânt. Stați pe o bancă, întâlniți o persoană străină sau o prietenă, sau o colegă de serviciu și îi spuneți că ați auzit că femeile care înghit pilule se prostituează. O să primiți reacția. Și îi dați explicația aceasta și spuneți că femeile nu sunt butoane. Femeile sunt ființe create de Dumnezeu și dotate cu suflet viu cugetător, spre veselia, ajutorul bărbatului. Ele sunt din punctul acesta de vedere egale cu bărbatul și din alt punct de vedere sunt superioare bărbatului. **Dar trebuie să nu se prostitueze. Dacă se prostituează, capătă un dispreț**. De aceea, păcat că au ajuns într-o asemenea stare de decădere după ce Hristos le-a înălțat la starea binemeritată pentru care au fost create. Lucru precis, câți copii o să naștem până la urmă? **O să se nască și întrebarea asta. Ce o să mai facem cu copiii? Avem deja doi, avem deja șase, avem deja opt, ce să mai facem cu copii? Ce să facem? Să nu facem nimic, să lăsăm lucrurile să curgă**. Ați văzut Dunărea că a fost modificată în regimul comunist, cursul ei a fost modificat. Și acum un an a luat-o razna. A luat-o razna prin vechiul ei curs. Deși erau acolo niște sate, le-a zdrobit. De ce? Pentru că trebuie lăsată să curgă cum ea și-a făcut făgașul. Vrea cineva să adâncească Dunărea? S-o adâncească, dar să nu umble la malurile ei. La țărm să nu umblăm. Ce ne deranjează pe noi la Mureș? Că se adâncește, că sapă? Nu. **Ne deranjează dacă iese din maluri. N-avem voie să ieșim din albia noastră**. Dumnezeu ne-a lăsat într-o albie largă, să nu ieșim. Care e învățătura Bisericii? Aceasta s-o urmăm. Vrem să fim comozi, atunci să nu ne însurăm. Vrem să ducem un alt fel de viață, atunci să nu ne mărităm. Vrem să luăm Crucea, atunci s-o luăm. Ați văzut ce scandal iese, la televizor, (dar și noi condamnăm) când o călugăriță sau un călugăr o ia razna. Ați văzut ce scandal apare și suntem foarte supărați. De ce? Pentru că în mintea noastră un călugăr este înger în trup. Ați văzut cu câtă nostalgie, dragoste, alergăm la mănăstire în momentele noastre mai deosebite. Avem și preotul de parohie. O dată la cinci ani sau nu știu când ne ducem la mănăstire și într-o anumită situație avem parcă o nădejde mai mare. De ce? Pentru că acolo închinarea, jertfa e mai mare. Călugării au făcut o jertfă mai mare, au renunțat mai mult decât noi. Se naște scandal și din cauza abaterilor noastre, ale celor căsătoriți, care nu ne ținem de jurământ. **Un călugăr, când își calcă jurământul, imediat este judecat de societate, imediat condamnat**. Dar noi, când o să avem aceste mustrări, când o să facem scandal cu noi înșine? Dumneavoastră păstrați la vedere bunul simț. Observați că a dispărut și bunul simț? Observați că abordarea care se face la serviciu, pe stradă e lipsită de bunul simț? Observați îmbrăcămintea copiilor, s-a născut o modă lipsită de bun simț. S-a născut o modă la fete, una la băieți, trebuie să arate așa și așa și moda modifică. Nu modifică numai hainele, nu modifică numai corpul, aceasta nu ar fi mare pericol, prin acesta se urmărește într-un mod pus la punct modificarea interiorului, configurarea interioară. Și la noi era una încă superioară, deosebită.

Câți părinți nu se împrumută în bancă să ia calculator copiilor? De ce? Pentru că au nevoie, pentru că se cere la școală. Se cere accesul la informații. Ar fi partea bună a lucrurilor. Câți părinți nu fac această mare greșeală, necontrolând și având copilul lor acces la tot. Și își fac copiii robi unui sistem, de unde nu-i mai pot scoate. Încă n-am pierdut tot, încă ar mai fi putere să ne revenim. Dar pentru aceasta ar trebui să ne socotim noi, pe fiecare, apți să mutăm lumea, să determinăm moralitatea, să începem relația noastră cu Dumnezeu, cum El a dorit-o și o dorește, relația de iubire. Acum mă gândesc că am vorbit prea sobru, dar așa a fost tema. Am venit aici, ne simțim bine, ne ducem acasă, ne simțim bine și acasă, deschidem Acatistierul, ne facem acatistul de la canon sau cel luat de noi din dragoste, rugăciuni de seară, unii sunt la Liturghie zilnic, alții numai Duminica. Bucurii peste bucurii, mai mici, mai mari, sunt și necazuri, dar e ceva care totuși ne ține, ne satisface foamea noastră sufletească. În timp ce noi ne rugăm, în timp ce noi mâncăm, în timp ce noi facem milostenie și ajutăm pe cineva, aproapele nostru este ucis, este omorât, este zdrobit. La Cluj, o doamnă doctor a pus la o clasă de-a IX-a un CD cu un avort chirurgical (nu acesta pe care îl tot vedeți prin ecograf, ci unul pe viu) și o fată a leșinat. Și-a pierdut dreptul de liberă practică pentru doi ani. De ce? Văzând fata filmulețul acesta s-a speriat și a leșinat. De ce să nu conștientizăm copiii de ceea ce fac părinții lor? De ce să nu-i conștientizăm de ceea ce vor face și ei dacă vor merge în această destrăbălare? E bine să facem lucrul acesta. Acum statistica s-a oprit la decembrie, sunt aproape 18 milioane de avorturi din 1990 încoace în aproape 19 ani, asta e groaznic. Sunt foarte multe avorturi până în 14 zile, prin sterilete și pilule și aceasta este enorm. Și celelalte câte s-au săvârșit, sunt atâția copii care au fost evitați să se nască, în schimb construim, facem credite, facem și biserici, e foarte bine, chiar ne și implicăm în aspecte sociale, spitale, azile, se săvârșește Sf. Liturghie, **toate bune, un singur lucru rău - românii nu mai vor să nască. Și cei care nasc, adună în jurul lor un fel de aură neînțeleasă, până ajung sa fie tratați cu tot disprețul**.

Vă felicit că sunteți serioși și nașteți copii, care puteți naște, care nu, măcar să-i naștem duhovnicește, măcar să încurajăm pe cei care au făcut avorturi, să facă adevăratul canon: să salveze un copil de la avort, apoi să-l boteze. Să nu botezăm copil salvat de-a gata. Am voie să botez numai copilul pe care eu, cu sudoare, noapte, zi, cu promisiuni, cu bani, cu ce am putut eu, am determinat mama să nu facă avort și dacă îmi dă voie îl și botez ca naș, dacă nu-mi dă voie, treaba ei. Dumnezeu ia seama că eu am insistat și datorită mie mama a renunțat la avort. Acesta este adevăratul canon. Și lumânări aprinse e bine, dar după. Și îmbrăcatul copiilor și milostenie, ulterior. După ce salvezi copilul, după ce pui copil în loc, plus că după aceea rămâne la mila lui Dumnezeu, că nu știm cum cotează Dumnezeu lucrurile.

Întrebări și răspunsuri

Î-1. Ce trebuie să facă o femeie din punct de vedere duhovnicesc în timpul sarcinii, cum să se comporte soțul cu soția sa în această perioadă?

R-1. Părintele Arsenie Boca are câteva afirmații dezvoltate în adevărate predici despre lucrul acesta. El încearcă să demonstreze ce se întâmplă sub aspect științific. Eu am întrebat ceva despre afirmațiile lui pe un genetician, i-am arătat și desenele și a zis: **Părinte, pentru ziua de astăzi nu e ceva extraordinar, dar pentru data când el a făcut aceste constatări, este ceva de vis, aproape nu pot să cred că afirmațiile acestea au fost făcute în 1946. „Mi-a zis asta cineva care era expert, doctor în genetică**. Și acolo puteți citi foarte multe lucruri despre asta.

O femeie trebuie să știe în timpul sarcinii că copilul trage din ea comportament, moralitate..., totul. De aceea copilul se zbate în burtă când mama e supărată, de aceea dansează când mama e bucuroasă. Dar trebuie să mai știm că nu numai în timpul sarcinii copilul trage din mamă, ci și după, ani de zile, uneori până la moarte, alteori mai puțin intens, până pe la 21-24 de ani. Dar să mai știm încă un lucru, copilul trage și din tată, deși nu e în burta lui. Trebuie să știm că există o legătură a copilului cu părinții. Și atunci tatăl trebuie să aibă un anumit comportament pentru că dezmățul tatălui trece la copil, nu ca o moștenire, ci ca o consecință. Și să știm că atunci când suntem imorali, nedrepți, se răsfrânge și asupra copiilor. Și să știm noi, copiii, că trebuie să luptăm foarte mult cu noi prin Spovedanie, Liturghie și celelalte pentru a anula nu moștenirea (pentru că nu putem asta și nu ar fi drept să spunem că moștenim și gata, nu mai avem ce face), dar să anulăm consecința.

Î-2. Ce părere aveți despre metoda calendarului?

R-2. Cred că nu e lăsată de Dumnezeu, iar femeia e folosită ca un buton: da, nu. Acum da, acum nu; femeia nu e așa. E un dispreț la adresa femeii.

Î-3. Este mai bine ca o femeie care nu reușește să țină sarcina să apeleze la o metodă contraceptivă care nu are efect avortiv?

R-3. Abstinența. Aceasta e foarte bună și atât. Dar de unde știi că pe acesta poți să-l ții, sau nu poți să-l ții? Trebuie să îndepărtezi cauzele, acestea sunt de natură duhovnicească, de natură medicală. Metoda contraceptivă nu e soluția.

Î-4. Dacă soțul nu mai vrea copii, ce să facă soția?

R-4. Dacă soțul este prins în adulter de către soție, soția nu are voie să-l lase. Dar dacă soțul o silește la avort sau este împotriva nașterii de copii, atunci femeia poate să divorțeze. Încurajăm divorțul? Nu, descurajăm prostituția. Pentru că, să știți, la prima amenințare soțul începe să se gândească. **Când te-ai căsătorit cu soțul tău, ce ai stabilit cu el? Nu prea ai stabilit nimic... Și, în timp, a venit o altă stare de fapt, o altă gândire. Dumnezeu ți-a luminat mintea prin cineva, printr-o carte, a lucrat Dumnezeu în tine și acum trebuie să lucrăm și noi cu soțul nostru. Că noi l-am luat așa pe soțul nostru, nu ni l-a băgat nimeni pe gât, noi l-am dorit, am stat de vorbă, am gândit, am cerut acordul părinților, am apelat la nași, la preot, ne-am spovedit. Vedeți, e mare lucru să alegi un soț cum trebuie, după anumite principii**.

Î-5. Ce poate face un copil abuzat sexual la opt ani de ambii părinți, unul cu fapta, unul cu vorba?

R-5. Ce poate face? Trebuie protejat copilul acesta în vreun fel și avem de acum cine să-l protejeze. Biserica și instituțiile statului.

Î-6. Ce părere aveți despre soții care se înfrânează de la legăturile conjugale cu scopul de a nu avea copii?

R-6. Am o părere foarte bună dacă fac asta 28 de zile, dar dacă fac altfel înseamnă că aplică o metodă care supără pe Dumnezeu. Am părerea, împărtășesc părerea Bisericii că de fapt avem de-a face cu **un om care dorește numai plăcerea, nu și fructul plăcerii și asta se numește bordel. Care e scopul bordelului? Este satisfacerea poftelor sexuale. Care e diferența între bordel și**

patul conjugal? Diferența e că patul conjugal este expresia, finalizarea, manifestarea iubirii. Asta e marea diferență. Drept pentru care suntem împotriva bordelului.

Î-7. E păcat ca într-o familie la care din cauza vârstei nu se mai pot concepe prunci să existe relații sexuale?

R-7. Ca să răspund la această întrebare trebuie să știm care este scopul principal și prim al căsătoriei și dumneavoastră trebuie să vă pronunțați. Care-i scopul căsătoriei? Tu zici că nașterea de copii, aici se spune că desăvârșirea soților împreună. Dacă scopul prim ar fi nașterea de copii, atunci relațiile sexuale ar fi păcat în conjunctura descrisă aici. Dar dacă scopul principal este împlinirea, atunci nu mai este păcat. Să știți că Dumnezeu prin Sfinții Părinți, chiar și prin canoanele sinoadelor ecumenice și locale nu s-au amestecat prea mult. Au lăsat la latitudinea celor doi, au considerat pe cei doi ca unicate. Familia nu este stereotip, familia este unică și atunci aceste probleme se rezolvă în mod diferit la fiecare din miliardele de familii existente până acum în istorie în mod diferit, în mod personalizat.

Î-8. Ce reprezintă păcatul folosirii prezervativului, cât e de grav?

R-8. Reprezintă păcatul lui Onan, pentru care Dumnezeu a poruncit să fir omorât. Prezervativul, pentru prima dată, într-o anumită formă, a fost folosit de Onan și Dumnezeu l-a omorât. Iar pe Cain nu l-a omorât, când acesta l-a omorât pe Abel. Deci e un păcat grav, mai mare decât crima. Când Cain și alții au făcut crimă, Dumnezeu nu i-a omorât, a așteptat întoarcerea lor, mustrarea lor de conștiință și celelalte.

Î-9. Există o legătură între nașterea copiilor trupești și cei duhovnicești? Sfântul Apostol Pavel spune în Epistola către Galateni: *"O, copiii mei, pentru care sufăr iarăși durerile nașterii, până ce Hristos va lua chip în voi!"* Vorbiți-ne despre acest verset.

R-9. Naşterea trupească este la oameni în dureri. Sf. Apostol Pavel zice că și nașterea duhovnicească este în dureri. Și, deși l-ai născut, în sensul că l-ai atras, l-ai format, durerile nu încetează până când nu se naște deplin. Și nașterea deplină este atunci când Hristos ia chip în noi, zice Sf. Apostol. Vedeți, noi vedem raiul și iadul precum ne-au fost prezentate acestea și nici n-avem cum să le comparăm altfel, căci chiar Sf. Pavel zice: când am fost în duh am văzut lucruri nevăzute, neauzite și la inima omului nesuite. E foarte greu să folosim cuvinte, ceva material; pentru a explica lucrurile nemateriale și atunci spunem: raiul este o grădină cu flori în care toți sunt mulțumiți, toți slăvesc pe Dumnezeu; e bine să ne închipuim așa; avem vedenii ale sfinților. **Ce trebuie să știm însă este faptul că raiul înseamnă prezența lui Dumnezeu. Spunem că iadul înseamnă absența lui Dumnezeu, se zice că doar o clipă dacă Dumnezeu ar privi în iad, iadul s-ar preface în rai. Dacă ne-am spovedit, dacă ne-am împărtășit cu Hristos, în lumea cealaltă îl vom recunoaște pe Hristos și Hristos se va recunoaște pe El Însuși în noi, iar dacă nu, nu. "Iar dacă nu", acesta e iadul. Am fost noi la privegherile sfinților? Am fost. Atunci ne vom întâlni cu aceștia, cu Sf. Gheorghe, cu Sf. Dimitrie, cu toți sfinții pe care noi i-am cinstit. Și noi îi vom recunoaște. De unde? Din viața citită, din rugăciunea făcută către ei. Dar și ei ne vor recunoaște, pentru că ei au primit rugăciunile noastre. În forma în care noi am reușit, mai cu multă inimă, mai cu multă concentrare, mai fără, cum am reușit, iar dacă nu, nu. Și atunci acela e iadul, este starea de nemulțumire. Și atunci intervine un foc foarte puternic, numit focul conștiinței, nematerialnic, care arde, acela este iadul**. Așa trebuie să avem în vedere ce înseamnă a lua Hristos chip în noi. Pentru că termenii sunt doi, „chip" și „asemănare". Rațiunea, sentimentul și voința în contextul acesta, ca însușiri ale sufletului, înseamnă chipul lui

Dumnezeu în noi, iar asemănarea, cum știți, înseamnă posibilitatea și tendința noastră de a ne desăvârși.

Î-10. Ce ne puteți spune despre avortul terapeutic recomandat de medici în cazul în care mama suferă de exemplu de boli cardiace și medicii nu sunt siguri că sarcina poate fi dusă?

R-10. În primul rând, medicii nu sunt siguri că o duce la termen sau nu. Nu sunt siguri nici că o duce, nu sunt siguri nici că nu o duce. Un medic sincer spune asta. Un medic sincer spune constatarea lui științifică și apoi ridică mâinile și zice: Dumnezeu!.... Că nu știe. Medicul ne spune: ce copil sănătos aveți în burtă, cum mișcă, ia uite-l aici pe monitor, apoi peste două luni ne spune: sarcina este oprită în evoluție, copilul a murit. Deci, după cum vedeți, medicul poate să spună așa și așa. Cum spune? Cum vede. Dar cum va fi, medicul nu poate să spună, dacă e sincer. El spune ce copil frumos aveți în burtă, ce copil sănătos, nu-i nici o problemă și când te duci iar peste două săptămâni, „a murit". Și atunci ce să facem, să credem ce zice medicul sau nu? Noi nu credem ce zice medicul decât în ceea ce știe ca știință, aici nu ne amestecăm. Dar, pentru viitorul copilului, noi pe medic nu-l credem. Iată, un medic de la Focșani a zis:

Mergi și fă avort pentru că copilul tău din burtă nu are cap. Eu am primit telefon și mi s-a zis: „Părinte, copilul meu din burtă nu are cap." „De unde știi tu că nu are cap?" „Păi, am fost la ecografie." „Și?" „E nevoie de confirmare la un ecograf color de mare rezoluție." Și am reușit să facem aceasta. Primesc alt telefon: „Părinte, copilul nu are cap". „Și ce ți-a zis să faci?" „A zis să-l avortez". „În câte luni ești?" „În opt". „Dacă ești în opt luni și-l avortezi, ce se întâmplă?" „Doctorul zice că e bine să nu se nască, că o să trăiască numai două ore". „Și se va întâmpla ceva?" „Nu". „Atunci, lasă-l să se nască, botează-l și moare. De ce să-l omori la opt luni tu, mai lasă-l să mai trăiască câteva zile, se naște, n-are cap... și o să moară! Dar cum o să moară copilul? Botezat. De ce să-l omori tu?....

Și așa a dat Dumnezeu și a ascultat și au trecut doi ani. Am întâlnit undeva familia asta, (istoria e mai lungă), și au zis: „Părinte, iată copilul". „Bravo, să vă trăiască, cine sunteți voi?" „Noi suntem cei de la Focșani". „Ziceați că nu are cap?" „Părinte, i-a crescut cap". „Cum i-a crescut cap?" „Nu știu nici medicii". Și mi-au arătat înregistrarea imaginii alb-negru, mi-a arătat copilul care avea (la cât e de mare copilul la opt luni) capul cât o măslină. Vă dați seama, era microcefal. După aceea mi-au arătat color și tot așa era confirmarea și medicii au dat explicația că e posibil să-i fi crescut capul. Cum arăta copilul? Copilul avea fruntea mai mare, luminoasă. Copil normal. Așa că nu e problema noastră ce se întâmplă în burtă. Dacă am putea interveni, să o facem. Ați văzut poate o fotografie în momentul în care un medic a făcut o operație la șira spinării sau la terminația acesteia, a făcut o operație în uter și copilul l-a apucat de mână și l-a și strâns un pic pe chirurg când l-a operat. În uter, când se fac operațiile, vă dați seama ce tehnică trebuie să fie și asta, copilul se naște... e greu de făcut operația aceasta. Medicul are rolul lui, nu să constate că e bine să omori copilul pentru că mama are nu știu ce boală. Dar mama nu are nicio boală și eu văd că mama moare. Zilnic se dau vești din astea triste, a murit mama. Păi, cum a murit, a avut ceva? N-a avut nimic. Păi, de ce nu i-a făcut cezariană? Nu i-a făcut, că nu avea nimic. Așa că mame sănătoase mor, mame bolnave nu mor, cardiace nu mor, mame fără nici o problemă la inimă mor. Nu este problema noastră, e problema lui Dumnezeu. Avort terapeutic. Ce înseamnă avort terapeutic? Să scapi pe unul, să-l omori pe altul? Nu este terapeutic. Să nu credeți că toate merg așa. La Fieni, am primit același telefon și copilul a murit. Dar l-a botezat. Voia lui Dumnezeu,... ce să facem?... La Focșani s-a întâmplat altfel.

Î-11. Ce să fac dacă m-am îndrăgostit de o persoană care o să se căsătorească peste trei luni cu altcineva, este aceasta iubire sau înșelare?

R-11. Este îndrăgostire, nu e iubire. Acum, dacă îl iubești cu adevărat, dacă vrei să ajungi să-l iubești, trebuie să-l lași în pace, asta e iubirea. Ce să facem, dacă te-ai îndrăgostit două zile mai târziu. Ce putem face?

Î-12. Poate să fie o femeie mai mare decât bărbatul într-o căsătorie și dacă da, care este diferența de vârstă permisă?

R-12. Nu există diferență de vârstă permisă și nepermisă. E nepermisă atunci când se numește imposibilitate de vârstă, adică trebuie să fie o distanță de vârstă care să nu creeze confuzie. Așa am fost pus eu într-o situație și am scos-o la capăt profitând de faptul că o persoană nu știa deloc grecește, iar eu știam puțin. Și m-am bucurat, bine că nu știe deloc. Am spus: soția mea, fata mea, băiatul meu, domnul cutare și, când am prezentat-o pe doamna, altă femeie, m-am încurcat și n-am mai zis repede, n-am mai nimerit și grecoaica a zis - „și soția dânsului". Numai că eu am tradus: „vă întreabă dacă sunteți fiica dânsului". Și am ieșit din situația asta cu bine, i-a făcut mare plăcere, că a fost confundată cu o fiică. N-arăta chiar ca o fiică, dar i-a plăcut. Nu poți să te căsătorești și să faci confuzii, adică soțul tău să aibă două luni peste vârsta tatălui tău. Asta nu e bine. Sau soția ta să fie mai mică decât nepoata ta. Asta nu e permis, nu e normal. Biserica nu vine să spună, vezi până aici și până aici. **Biserica vine și spune: fii cu cap, lucrează cu cap, pentru asta ești cununa creației.** Am văzut că e recomandat să nu fie o diferență mai mare de patru ani, dar sunt recomandări, nu legi. Ce este peste opt ani este riscul tău. Eu am văzut și diferențe de 19 și 20 de ani și mergea căsnicia bine, dar a fost alegerea lor și riscul lor. E cam greu așa.

Î-13. Am un prieten care a fost abuzat sexual de tată și frate și acum e și gay. Vrea să fie normal, dar nu reușește, cum să facă?

R-13. E mult de lucru cu el, trebuie Spovedanie, discuție, înțelegere, trebuie creată o anumită ambianță, să fie scos dintr-un mediu, introdus în altul și nu e ușor. Oricum, se începe cu duhovnicia, cu aspectele de Spovedanie.

Î-14. O colegă de-a mea a aflat că de câteva zile este însărcinată. Mai demult a făcut un tratament injectabil cu antibiotice și nu știa că e însărcinată. Da, nu e bine ce a făcut, dar ce să facem acum? Este oare copilul în pericol să se nască cu malformații? Ce să facă?

R-14. E în pericol, dar știm noi că se naște cu malformații? Nu știm. Medicul poate să zică: Ba da, cu siguranță!... Ei bine, dacă cu siguranță se naște cu malformație, atunci lasă-l să se nască!... Și dacă nu se naște cu malformații tu, medicule, care ai făcut această afirmație, oferă te rog copilului casa ta și toată averea ta și lasă-te de meserie!. Nu putem pune copiii la ruletă, sufletele nu se pot pune la ruletă... Sigur că medicul spune: ai grijă, uită-te așa, nu trebuie așa, da nu poate să spună: avortează pentru că se naște cu malformații. Că așa a făcut și Hitler: când a găsit oameni cu malformații a omorât pe mulți, până la urmă a ajuns și a adus nenorociri multor popoare și a creat ideea aceea cu rasa ariană, ș.a.m.d... Nu putem spune: ”acesta are malformații”. Dacă le are, îl omori? Nu se poate!...

Î-15. Cum o poți convinge să nu facă avort? Este o credincioasă căldicică.

R-15. Ei, chiar așa căldicică, dacă noi o informăm, încet, îi explicăm... ar trebui să avem câteva cazuri, să-i spunem, uite, vezi, n-a fost așa, în cazul acesta, poate reușim.

Î-16. În cazul în care o femeie are o sarcină extrauterină, e păcat dacă se face avort?

R-16. Dacă are o sarcină extrauterină, de obicei află că e extrauterină când deja copilul e mort și spre putrefacție. Cu aparatura asta modernă află și înainte. Nu are rost să omorâm copilul pentru că nu știm cum migrează copilul, e discutabil și asta. **Asta ar trebui să fie continuă alertă, să nu omori tu copilul**. Eu nu înțeleg de ce medicii nu se luptă să ia copilul din extrauterin, să-l pună în intrauterin. Nu înțeleg de ce trebuie în continuu să chiureteze când pot să facă altfel. Pot spune că încă nu e tehnica. Poate, dar pentru altceva este tehnică? Greu cu medicina, pentru că **medicii sunt cei mai controversați oameni, după ei vin preoții. De ce? Pentru că scoate copilul la naștere și tot cu mâna aia omoară alt copil. Același om. Mâna lui e în același timp sfântă și diabolică.**

Î-17. Ce pot face părinții care nu pot dobândi copii?

R-17. Să se roage, să se trateze și să nu facă in vitro. Întrebarea e ce nu pot face. Fecundarea in vitro și inseminare artificială să nu facă. Să știe de ce nu, să consulte medicul, să urmeze un tratament, dar acestea să nu le facă. Dumnezeu știe ce și cum.

Î-18. Părinte, câți copii aveți? Spuneți-ne câteva cuvinte despre ei.

R-18. Mie îmi place să spun că am doi băieți și o fată, doi băieți și un băiat, pentru că dacă spun că am cinci băieți și o fată atunci se zice: a tot insistat până a ieșit și o fată. Dar dacă spun doi băieți și o fată, doi băieți și un băiat, atunci nu mai sunt sub suspiciune. Oricum, șase copii e un început. Și opt copii e un început și Părintele Mihoc are mai mulți. **Nu contează câți copii ai, contează câți omori, contează câți dai Bisericii, nu neapărat să se facă preoți, Bisericii în sensul slujirii Bisericii**. Să fie un inginer care își vede de meserie, să fie un medic care nu omoară, să fie un cioban care are o gândire sănătoasă despre brânza sănătoasă, nu contează ce, contează să nu omori. Nu contează câți copii ai, contează câți omori, câți eviți și **ce faci cu aceia pe care îi ai, dacă i-ai născut spre iad sau spre rai, aceasta e problema**.

Î-19. Cine săvârșește păcatul lui Onan, dacă se spovedește are voie să se împărtășească?

R-19. Depinde, de câte ori l-a săvârșit, cum l-a săvârșit, dacă-i vorba de prezervativ, dacă nu-i vorba de prezervativ, aceasta o stabilește duhovnicul și **contează dacă vrea să se lase de păcatul acesta sau nu**.

Î-20. Aș dori să întreb în numele altor femei pe care le cunosc, care-și doresc copii și din cauza avorturilor pe care le-au făcut nu rămân însărcinate, ce pot face?

R-20. Da, medicii trebuie dați în judecată pentru că n-au anunțat femeile înainte de consecințele avortului. Aceia trebuie dați în judecată, dar nu e lege. Medicul care nu spune femeii efectele secundare ale avortului și o pune să iscălească cum că a luat la cunoștință trebuie băgat în pușcărie. Dar încă nu e legea aceasta.

Î-21. Mai pot, cu ajutorul lui Dumnezeu, să aibă copii dacă se întorc la rugăciune?

R-21. Să se întoarcă la rugăciune și să lase la voia lui Dumnezeu. Negocierea mi se pare cam îndrăzneață. Omori, apoi vrei copii. Dumnezeu știe ce-ți va da.

Î-22. De doi ani și jumătate discut cu un băiat. Îmi pierdusem fecioria, am numai regrete și remușcări. Vreau să vă reamintesc că nu am relații intime și că nu îmi doresc. Îmi doresc să mă căsătoresc la biserică pentru a primi binecuvântarea lui Dumnezeu și pentru a avea copii. Recent mi s-a făcut o ecografie și medicul m-a depistat cu chist. Mi s-a făcut trimitere la endocrinologie unde m-a întrebat dacă iau antibaby, iar eu i-am răspuns că nu și nu am de gând. Medicul îmi spusese, probabil voi face un tratament hormonal pe baze naturiste, anticoncepționale. Dați-mi un răspuns dacă e bine să iau așa ceva.

R-22. Problema nu e simplă. Poți să iei pentru că pilula antibaby, anticoncepționalul respectiv, care este avortiv, n-are cui provoca avort. Deci din punctul acesta de vedere, poți să iei. Dar tot medicul trebuie să-ți spună efectele secundare ale acestei pilule și el trebuie să stabilească dacă să iei sau nu. Din punct de vedere moral poți să iei, dar din punct de vedere medical, medicul stabilește și se pare că lucrurile nu stau așa bine.

Î-23. Preacucernice Părinte, prin ce se poate înlătura păcatul onaniei?

R-23. Prin metanie, rugăciune, meditație, gândire, documentare, Spovedanie, etc. Se poate. Acest păcat face mari ravagii; apare la tineret și continuă apoi și la adulți. La ce poate să ducă acest păcat? Păi, dacă noi am pierdut ritmul vârstei căsătoriei, sigur că ajungem la acest păcat. Sigur. Dacă noi ne căsătorim în funcție de cum terminăm sau nu terminăm facultatea, dacă avem casă sau nu avem casă, e gata zestrea, nu-i gata zestrea, ne-am luat mașină, nu ne-am luat mașină, dacă ne luăm după acestea, iată că ajungem la păcate. Care păcate? Păcate care slăbesc corpul și ucid sufletul. Cu sufletul ne mai descurcăm, Spovedanie, îndreptare, Dumnezeu e milostiv. Ce faci cu consecința asupra corpului? Bine, dacă nu găsești un medic nebun, care la Craiova. A zis: eu recomand masturbarea începând cu 11 ani, apoi din când în când o recomand și celor căsătoriți. Am văzut pentru prima dată ortodocși reacționând. S-au ridicat în picioare, au fluierat și au plecat. M-au lăsat singur cu doctorița acolo, săraca era uimită și am spus: doamnă, trebuia să studiați în fața cui vă aflați.

Părinte, uitați, am citit într-un tratat...

Da,...dar, vedeți cine e auditoriul. Am rămas cu ea acolo, am mai vorbit și ...gata. Dar, mi-a plăcut: pentru prima dată oamenii au luat atitudine; ortodocșii noștri nu sunt obișnuiți cu ieșirea în stradă, se întâmplă toate nenorocirile și ortodocsul e cuminte...

Î-24. Părinte, ce se întâmplă cu copii fecundați in vitro, clonați, ei primesc sufletul sau vor deveni niște monștri în lume?

R-24. Noi nu avem dovezi că vor deveni niște monștri în lume. Noi vedem, simțim că au suflet. De ce? Pentru că omul n-a vrut, Dumnezeu a vrut, omul a vrut anapoda, a forțat mâna lui Dumnezeu. Fecundarea "in vitro" înseamnă crimă, se omoară cel puțin șapte copii, trei se injectează în uter, după aceea se chiuretează o parte, în funcție de câți copii dorește mama, etc.

Î-25. Dacă, atunci când eram în clasa a VI-a, am aflat că o fată vrea să facă avort și n-am încercat destul s-o opresc, ce să fac, e și păcatul meu?

R-25. Este și păcatul tău. Erai prea mică, e adevărat, acela e trecut, întrebarea e cum determini acuma o fată să nu facă avort.

Î-26. Am citit că o persoană care se căsătorește și nu mai e virgină face un păcat de moarte.

R-26. Nu face un păcat de moarte, face un păcat grav, jignitor la relația Biserică-Hristos, unde soția e Biserica, iar soțul e Hristos. E jignirea aceasta care se aduce, acela e păcat.

Î-27. Spovedirea păcatului permite căsătoria, sau doar se iartă păcatul, dar căsătoria e tot interzisă?

R-27. Căsătoria nu e interzisă, păcatul se iartă prin canon, problema e ce faci cu soțul. Trebuie să fii sinceră și să-i spui, dacă cine a scris aici e o fată, dacă e un băiat, atunci trebuie să știi că nu trebuie să știe soția ta, să-ți știe istoria. De ce? Pentru că nu folosește. Dacă folosește spun, dacă nu folosește... nu spun. În cazul acesta nu folosește. Problema nu e ce ai făcut, folosești spovedania și metodele de iertare lăsate de Dumnezeu, dar problema rămâne, ce vei face? Cum vei gândi?

Î-28. În situația în care se descoperă malformații copilului, este permis să se facă avort? De ce femeile care suferă un avort spontan sunt oprite de la Sf. Împărtășanie?

R-28. Biserica le oprește numai un an pentru că totuși avortul spontan poate fi rezultatul unui comportament, al unui păcat al tău, nu știm care. Și atunci Biserica face această mică opreliște, de un an, în timp ce pentru un avort voit face între 18 și 24 de ani oprire la împărtășanie, oprire cu canon. Oprirea de la împărtășanie nu are nicio valoare, dacă tu nu faci canon. De aceea și anii de oprire la împărtășanie se reduc în funcție de ce fel de canon faci tu.

Î-29. Care e poziția Bisericii față de inseminarea in vitro?... Ce pot face părinții care nu pot avea copii?... Cum percepe copilul prezența tatălui dinainte de naștere?

R-29. Cum o percepe e mai greu de explicat. Dar s-a descoperit acum că e important copilul, s-a reafirmat, s-a cercetat științific. Copilul trebuie să se nască, se spală, se spală și mama pe piept și se așează copilul pe mamă. Nu cum se făcea până acuma: se duce într-un salon special, i se dă glucoză, iar a doua zi se arată mamei și i se dă sân. Acum copilul se așează pe pieptul mamei, între două și șase minute, găsește sânul și suge. Dar nu trebuie ajutat, așa recomandă medicii acum. Într-un pat alăturat, tatăl este și el dezinfectat și i se pune și lui după aceea copilul, (deja sătul), pe piept și copilul începe să-și simtă tatăl. Așa se face acum. Recent, la un congres, s-a comunicat aceasta, s-a făcut un studiu amplu, și se face în acest mod. Nu toți medicii fac așa, dar toți vor face, că așa e bine. Așa se făcea și înainte, întrebați moașele.

Î-30. Anticoncepționalele și steriletul au efect avortiv?

R-30. Ele nu lasă copilul să se lipească de uter, deci oprește nidarea și în a 14-a zi moare. Independența alimentară a copilului este de 14 zile.

Î-31. Cum poate să împace o femeie nașterea de prunci cu cariera?

R-31. Asta e problema. Am întâlnit o profesoară universitară, o doamnă de o anumită ținută așa, fizică, morală, intelectuală și ne-am împrietenit și am spus de față cu soțul ei:

„Nu aveți copii?"

„Nu avem, părinte."

„Nu vreți să vă ajut, să vă recomand, să vă tratați?"

„Nu, zice, nu avem nevoie de tratament, nu vreau să fac copii."

„De ce?"

„Pentru că sunt profesoară universitară."

„Bine, sunteți în continuare, faceți copilul."

„Cum, părinte, să apar eu în fața studenților gravidă?"

„Ei, așa, cum apar toate femeile gravide." „Și dacă aș trece peste asta, ce fac după ce nasc, n-o să vin la cursuri."

„N-o să veniți o vreme la cursuri."

„Nu, asta nu." Și acum stau și mă gândesc: e bine la femeia asta că i-a ajutat Dumnezeu și a intrat la liceu, a intrat la facultate, a făcut doctoratul, a ajuns să predea cursuri în fața studenților, e bine? Nu e bine, cred că nu e bine. Din moment ce ea are această gândire într-un cap cu atâta minte.

Î-32. E bine ca un tânăr să-și întemeieze o familie în timp ce studiază?

R-32. Nu prea e bine, dar e recomandat, decât să o ia razna. Nu prea e bine, că-i mai greu, dar, decât să o ia razna și să facă păcate, mai bine așa.

Î-33. Se poate face ceva pentru a se abroga legea cu privire la avorturi?

R-33. Se poate face, dar nu asta trebuie acum. Ar trebui făcute numai cele prevăzute de lege.

În primul rând, medicul ar trebui să pună în toată clinica materiale informative privind avortul. Doi, trebuie să se facă un afiș pe care să scrie: în acest cabinet se omoară oameni. Și al treilea afiș pe care să scrie: omul e om din secunda conceperii, avortul este o crimă legalizată. Acesta este primul pas, dacă noi reușim asta, apoi trecem la abrogarea legii, că nu e problema legii, aici este problema Bisericii, adică a noastră. Pe mine m-a întrebat un medic: părinte ia vino încoace!... Și mi-a deschis un registru mare unde erau înscrise femeile care făceau avort:

Cine sunt ele? Și zic:

Care au făcut avorturi.

Ei, matale ai botezat, ai cununat, spovedești, împărtășești, faci molitfele, faci sfeștanie, de ce ajung la mine? Și așa este. Cum ajung femeile noastre, creștinele noastre, botezate, cununate, cum ajung la avort? Cum? Este un preot care a stat de vorbă cu tânăra posibilă familie să-i explice asta? Sunt foarte mulți preoți în România care o fac, dar sunt și mulți care n-o fac. Dumneavoastră, când ați făcut aranjamentele căsătoriei, ce-i dau fetei, ce-i dau băiatului, ați pus și problema asta? Măi, voi o să faceți copii sau nu? Păi, o să facem. Aveți grijă. Se creează o întrebare, se naște o discuție. Apoi se zice: „ei, atunci mai veniți pe la noi, să ne mai gândim dacă vă dăm fata, dacă aveți gândirea asta așa slăbuță față de viitor". Vedeți, așa se poartă o discuție. Dar imediat, nu avem noi vreme acum, s-ar ridica cineva și ar zice: părinte, nu mai sunt vremurile vechi. Așa e, dar nu vedeți în ce hal am ajuns, dacă nu mai respectăm vremurile vechi? Nu vedeți că avem tot mai puțină tangență cu nora noastră, cu ginerele nostru, cu băiatul nostru, cu nepoțelul? Nu vedeți că au început bătrânii să-și facă parastase de vii, nu știu dacă aici se obișnuiește. Nu se întâmplă aici? Ei, înseamnă că încă e treaba bună. Pe la noi mai vin, și eu le spun: „Pomelnicul acesta mi l-ai amestecat, e de vii". Ei spun: „Nu, părinte, pomeniți-l!". „Cine e aici?" „Eu și soțul". „Dar voi sunteți vii". „Suntem vii, dar ne facem parastase acum, că nu știm dacă mai are cine să ni le facă". „Cum nu știi, dacă ai șase copii, dacă ai patru, dacă ai doi sau câți ai tu?" „Părinte, am, dar știu eu cum... nu observați, nu mai judecă bine copiii acum". Vedeți, am ajuns într-un stadiu rău, grav.

Î-34. Pentru educația copiilor sunt răspunzători numai părinții?

R-34. În primul rând părinții, apoi preotul, învățătorul, și într-o oarecare măsură, vecinii, rudele. E greu să te iei de copilul altuia pe stradă, înainte era altceva, acum e greu.

Î-35. Părinte, o mamă își poate vătăma copilul din pricina dragostei fără discernământ?

R-35. Sigur, îl poate zdrobi, îl termină.

Î-36. Părinte, e corect ca la botez să se dea pruncilor două prenume?

R-36. Nu e corect, dar, ce să facem, dacă părinții nu sunt zdraveni la cap. Ce să le facem? Istoria noastră e plină de un nume și acum vrem două nume! De ce? Are 2 suflete?

Î-37. Ar trebui să ne îngrijorăm de lipsa spațiului vital dacă toate familiile ar da naștere la mulți copii?

R-37. Nu ar trebui, pentru că japonezii au făcut un studiu care sună astfel: pământul poate suporta alimentar și în general aspectele vitale, cam de șase ori populația actuală și ei au făcut studiul când populația pământului era de cinci miliarde. Acum suntem șase miliarde și jumătate. Deci, până la 30 de miliarde nu ne facem probleme. După aceea mai vedem cum facem cu resursele. Dar atâtea portocale și atâta grâu se aruncă în mare, încât nu trebuie să ne facem probleme. De ce să ne facem probleme, acestea nu sunt problemele noastre, astea sunt problemele lui Dumnezeu. Problemele noastre

sunt altele, nu spațiul vital, nu mâncarea. Problema noastră este cum să moștenim împărăția cerurilor; căutând-o, toate celelalte se adaugă nouă, dacă crezi. Noi spunem: credem. Întrebarea este: într-o anumită situație fiind puși, mai credem? Atunci mai vedem. Ne aruncăm noi în mâinile lui Dumnezeu? Știți istoria aceea că era un circar care mergea pe sârmă și la un moment dat a făcut o demonstrație peste o cascadă. A legat o sârmă între maluri, a întins-o, a luat o roabă de construcții și pe sârma aceea a mers deasupra cascadei și s-a și întors. A mai mers o dată și încă o dată și a început să se adune multă lume. A început să întrebe: „Credeți voi că mă mai duc odată?" Toți au zis: „Credem". S-a mai dus odată. Apoi a pus un pietroi, și a zis: „Credeți că mă duc și cu pietroiul acesta și mă întorc?" Toți au zis: „Credem". A luat mai multe pietre până când a umplut roaba și a traversat cu ea plină. La un moment dat se întoarce, răstoarnă roaba și spune: „Vii tu în roabă să te duc și să te aduc?" Și răspunsul n-a fost da, n-a fost nu. În câteva secunde oamenii au plecat la casele lor. Așa că oamenii credeau cât nu erau în situație. **Deci noi credem, dar cum credem? Vedeți că noi ne punem problema mâncării, noi nu ne punem problema rezistenței noastre ca neam, ca popor creștin, ne punem problema mâncării. Problema mâncării este serioasă? Da, este. Dar nu aceasta este prima**.

Î-38. Cum se poate convinge un medic ginecolog să renunțe la avorturi?

R-38. Îi spunem numai două vorbe. „Domnule doctor, aveți copii?" „Da". „Au copiii dumneavoastră viitor dacă au mâncat pâine din banii câștigați de pe avorturi?" Și dacă el zice da, atunci e altă treabă. Dar să știți că nu spune da. Ori vă dă afară, ori vă scuipă, ori cheamă poliția. Aveți grijă, nu vă pierdeți! Realizați cine sunteți! Sunteți fiecare o valoare! Valorați mai mult decât tot pământul, decât toate mașinăriile, aurăriile, bogățiile, decât tot universul. Universul se cutremură de un suflet. **Nu uitați cine sunteți. Dacă am uitat, suntem pierduți**. Și vedeți că în toate timpurile au fost nenorociri. Nu e ce trebuie astăzi, totuși nu-i ca pe vremea lui Nero. Nu-i ce trebuie astăzi, recunoaștem, nu se face de ajuns, nu ne rugăm de ajuns, totuși avem atâtea cărți, avem de unde porni. Nu suntem noi preoții excepționali, totuși avem Liturghie. N-o să întrebe nimeni poștașul când vine cu scrisoarea: „Poștașule, am auzit că ai o concubină, eu nu primesc scrisoarea de la tine". Primești scrisoarea, nu te interesează poștașul. Să ne folosim. Trăim niște vremuri deosebite, dar și niște vremuri favorabile. **Cine rezistă a câștigat**. Dar cum să reziști cu televiziunea prin cablul? N-ai cum să reziști. Dacă poți, rezistă, dar e greu, e aproape imposibil de crezut. Puteți să faceți o demonstrație dacă vreți între dumneavoastră. Spuneți: eu am rezistat cu cablul. Eu am rezistat, pe mine nu mă afectează cablul acesta de televiziune..., Nu te afectează? Bine. Cum să nu te afecteze când preocuparea ta, dacă ești tânăr, sunt femeile goale, și dacă ești la 30-40 de ani, preocuparea sunt telenovelele și dacă ești mai în vârstă preocuparea ta este politica? **Cum să nu te afecteze când tu pierzi așa de mult timp în fața televizorului**. Statistica arată că acum un an românul în medie stătea opt ore la televizor. **Cum să nu te afecteze? Te afectează, te zdrobește, îți modifică gândirea în mod sigur. Suntem contra? De ce? Pentru că îmi taie accesul la împlinirea scopului. Normal, n-ar trebui să fim contra. Nu vedeți că noi spunem ceva de la altar, familia spune și ea ceva, televizorul spune altfel, școala spune și ea altfel, copilul se năucește, nu mai înțelege nimic.**

FAMILIA ÎN POST ȘI POSTUL ÎN FAMILIE

Să vorbim împreună despre post, să vorbim împreună despre familie și despre felul în care postul trebuie să facă parte din viața de familie și despre felul în care familia nu trebuie să evite postul.

Confuzia care se face în rândul slabilor creștini (să nu spun necreștinilor) este că:

Postul ar fi o abstinență de la mâncare sau o abținere de la anumite mâncăruri.

În primul rând, postul este ascultare de porunca lui Dumnezeu; pornind cu acest prim scop, putem să înțelegem urmarea postului, consecința postului și așa mai departe.

Orice altă pornire, în orice altă ordine, nu ne duce la înțelegerea postului; de aceea poporul român, în simplitatea înțelepciunii lui, a zis așa „Faptele, nu oala cu laptele". E foarte interesant cum a exprimat simplu ceva esențial. Trebuie să punctăm lucrul acesta: că postul este ascultare de porunca lui Dumnezeu, care a zis „Postiți și vă rugați", apoi postul este sănătate, rânduială și celelalte, dar în primul rând este ascultare.

Cum e și firesc să spunem, copiii nu au nevoie de post, pentru că trebuie să struneascä în ei ceva anume, cum noi avem nevoie de post ca să ne strunim un pic patimile; dar copiii au nevoie de post pentru viitorul lor,.. cu alte cuvinte, de la ce vârstă trebuie să postească copii? De la vârsta de la care un copil poate să postească și asta cel mai bine știe mama lui.

Cei vechi erau foarte aspri cu postul copiilor, din iubire pentru viitorul lor; niciodată un copil nu mânca de dulce, de frupt cum se spune în Moldova; ții mereu al doilea post, spre exemplu: dacă copilul se năștea în postul Sfintelor Paști, i se dădea să sugă, precum și în postul de la Sf. Petru și în postul Sf. Marii, de asemenea în postul Crăciunului era scutit de post, dar anul viitor postul Sfintelor Paşti îl ţinea.

Vă daţi seama ce asprime aveau părinţii pentru pruncii lor aşa de doriţi la vremea aceea. Din acest fel de asprime cu multă înţelepciune au ieşit temperamente controlabile şi caractere tari. Dacă ni se pare prea aspru, atunci noi, părinţii copiilor, suntem cei care le reglăm postul. Dar dacă le fixăm o vârstă, este greşit; dacă este bolnav, atunci să nu postească până la paisprezece ani, dar dacă nu este bolnav, nu are rost să punem o vârstă, să zicem, până la şapte ani; cum la fel de rău facem când spovedim copilul începând cu şapte ani; eu am cunoscut copii care trebuie spovediţi la doi ani şi jumătate pentru că îi duce mintea bine, sunt precoce, foarte inteligenţi şi bineînţeles că alunecă în toate părţile cu mintea. Pentru formarea personalităţii, ei trebuie spovediţi; sigur că n-o să avem prea mari surprize la auzirea păcatelor lor.

Familia în post şi postul în familie - am zis aşa pentru că folosim expresia „Intrăm în post". Noi pregătim postul folosindu-ne de înţelepciunea Sfinţilor Părinţi ai Bisericii. Astfel avem patru Duminici pregătitoare, patru săptămâni pregătitoare. În cazul postului Sfintelor Paşti avem lăsatul secului, intrăm în post *lipsindu-ne* mai întâi de carne apoi de celelalte alimente pe care le numim noi *de frupt*, după aceea primele două zile nu mâncăm nimic, că aşa zice rânduiala de Luni, Marţi şi Miercuri până la Liturghia Darurilor mai înainte sfinţite. Ne lipsim de bucuria Liturghiei Luni şi Marţi, căci în prima săptămână a postului acestea sunt zile aliturgice în care nu săvârşim Liturghia nici măcar a Darurilor mai înainte sfinţite. Biserica vine cu dezlegări în postul aspru al Sfintelor Patimi, două dezlegări: la 25 martie şi la Florii; sunt şi momente unde sunt dezlegări la vin şi la untdelemn. Unii spun: nu mai este nevoie de un post aspru pentru că nu se pot abţine din neputinţă sau din lipsă de voință și atunci fac din asta o lege și astfel denaturăm sensul postului și rânduiala postului.

În ultima săptămână ajungem să mâncăm icre în sâmbăta lui Lazăr. Sfinții Părinți au dezlegat la icre, dar nu la pește, numai a doua zi la pește, de Florii.

În săptămâna Patimilor, Luni, Marți, Miercuri nu se mănâncă nimic, abia Joi mâncăm la Sf. Liturghie a Sf. Vasile Cel Mare, apoi iar nu mâncăm Vineri și Sâmbătă și urmează minunata zi a Învierii. La mijlocul săptămânii Sf. Patimi, joi, dezlegăm la vin și untdelemn. Câtă înțelepciune au putut să aibă Sf. Părinți, câtă înțelegere față de corpul nostru doritor de plăcerea de a mânca atunci când își pune în gând să facă pe dos cum au făcut Adam și Eva în Rai.

Biserica vine apoi, așa cum știți, cu o săptămână întreagă de mâncare de frupt, Săptămâna Luminată, cum a venit și înainte de Postul mare cu o săptămână cu dezlegare la lactate și ouă, apoi în loc să mai ținem miercurea și vinerea, cum țineam înainte fără untdelemn, Biserica dă dezlegare la pește pe toată perioada până la Rusalii, iar lunea, care este o zi de post dezlegare și la carne. Iată cu câtă înțelepciune Biserica a înfrânt poftele și acum, după ce am biruit poftele și ne-am întărit prin luminata zi a Învierii, mâncarea nu își mai are efectul ei distructiv în lipsa voinței noastre. Astfel întăriți, nu mai este important ce mănânci.

Era un episcop în vremea biruințelor teribile ale tătarilor care, în conjunctura de atunci, se împrietenise cu un han tătar și a mers de câteva ori la el, își făcuseră vizite reciproce cu diplomație. Episcopul își întreținea această relație pentru că acesta stăpânea creștini pe care el îi păstorea. Pentru o neînțelegere au arestat acolo peste 500 de creștini și i-a și condamnat la moarte. Era Vinerea Patimilor și episcopul s-a întristat și s-a dus la el și a spus:

- Cum poți să faci o asemenea întristare în această zi în așteptarea Învierii Domnului, cum o să mănânc eu, cum o să stau la masă de Paști, când știu că 500 dintre credincioșii mei la data aceea vor fi morți pentru că tu i-ai condamnat la moarte. Orice au greșit, iartă-i și fă-mi bucuria aceasta.

- Sigur că da și mă bucur că ai venit la mine să stăm la masă.

Sigur că avea mâncăruri cu carne.

- Dar cum o să mănânc cu carne în Vinerea Patimilor, tu știi care este legea noastră vinerea în care obligatoriu avem post negru, ca și Sâmbăta Patimilor.

- Favor îți fac și îi iert pe toți și nu îi mai condamn și nu îi mai executăm dacă mănânci... Alege!... Dacă nu,... pleacă!...

Nu cred că este așa de greu de înțeles că episcopul s-a așezat la masă cu el și a mâncat puțină carne și a salvat 500 de creștini. Aceasta însemnă că dragostea, viața, este mai mare decât postul și postul este numai un instrument.

Exista un nebun pentru Hristos - Biserica noastră are și asemenea Sfinți de excepție - care l-a potolit o dată pe Ivan cel Groaznic, un țar foarte aspru și care ridicase problema că îl servise acesta o dată cu o bucată de carne și i-a zis: *„Mă crezi așa păgân, ca să mănânc eu carne în Postul Mare?”* Și i-a zis *„Tu nu mănânci carne de animal, tu mănânci carne de om!”.* În acel timp țarul hotărâse să fie distrus un oraș, dar pentru aceste cuvinte a plecat cu toata oastea și așa au scăpat cu toții, pentru cuvântul unuia care a avut curajul să îi spună.

Este important să postim mai mult de fapte decât de bucate și postul de bucate să fie numai un acces spre plinătatea postului de păcate. Făcând așa, noi nu vom mai mânca, cum obișnuim, carne de om.

Mâncarea de carne de om în mod obișnuit înseamnă a cleveti. Clevetirea este considerată mâncare de carne de om. Omul care clevetește mănâncă în mod frecvent carne de om, se abține de la carnea animală și de la altele, dar el clevetește.

Când enumerăm cele 24 de păcate ale celor 24 de vămi ale văzduhului, primul păcat la care trebuie să dăm seama este păcatul clevetirii. Multe altele se pot spune despre post, dar nu despre post vorbim noi, ci despre familia în post.

Perioada postului este o perioada de întristare pentru păcatele noastre, dar este în același timp o perioada de bucurie pentru că noi deja cunoaștem sfârșitul postului, încununarea postului, pentru că Hristos cel Răstignit nu poate fi niciodată separat de Hristos cel Înviat. De aceea noi suntem veseli, de aceea Mântuitorul ne sfătuiește: „Când postiți, nu fiți triști ca fățarnicii; că ei își smolesc fețele, ca să se arate oamenilor că postesc. Adevărat grăiesc vouă, și-au luat plata lor. Tu însă, când postești, unge capul tău și fața ta o spală, Ca să nu te arăți oamenilor că postești, ci Tatălui tău care este în ascuns și Tatăl tău, Care vede în ascuns, îți va răsplăti ție." (Matei 6, 16-18). Ar fi bine să facem acestea, dar să facem și altceva într-o lume nebună, să arătăm că postim ca să se mai postească, să se vadă mai ales că tinerii postesc. Aceasta ar trebui să arătăm astăzi, într-o lume care nu mai postește sau care postește după propriul cap: o săptamână la început și una la sfâșit sau postește după rânduiala proprie, nu după rânduiala Bisericii sau exagerează. Un om bolnav care postește și dăunează sănătății este un om care n-a înțeles nimic din sensul postului, ba mai mult, dacă moare se consideră și sinucidere; un om care lucrează într-un mediu toxic este un om care nu a înțeles nici viața, nici sensul vieții, nici sensul postului pentru că Biserica are prin preoții ei harul și prin puterea harului Sfântului Duh posibilitatea să dezlege. După ce un om a încălcat o poruncă sau a făcut un păcat, Biserica Ortodoxă nu își permite niciodată să dea dezlegare, dispensă, înainte. De ce? Pentru că nu înainte avem nevoie de dezlegare ci după, de aceea nu mergem înainte la preot și zicem „Părinte, dezleagă-mă să nu postesc, pentru că sunt bolnav", ci mergem la preot şi spunem: Nu am putut posti pentru că am fost bolnav; şi atunci preotul spune: ştii tu şi Dumnezeu ..., - şi nu îi pune nici măcar o oprelişte, spre a se împărtaşi pentru că nu a postit, dar a făcut alte multe lucruri în loc. Toate acestea nu sunt cerute de Dumnezeu în mod insistent. Avantajul postului este al nostru, nu al lui Dumnezeu. Nu aş putea să povestesc despre post fără să amintesc că şi ursul posteşte câte trei-patru luni şi tot urs rămâne şi şarpele mănâncă pământ toată iarna pe unde traieşte pentru că n-are altceva de mâncare şi primăvara tot şarpe veninos rămâne, nu-şi schimbă firea. Dar, ca urmare a postului în care ne aflăm, vom afla firea noastră schimbată în noaptea Învierii. Înseamnă ca am postit cu folos, deşi la începutul postului noi ne urăm unul altuia: „Post cu folos", „Îţi doresc post cu folos", aceasta înseamnă că există şi post fără folos şi nu trebuie să amintim prea mult de ce şi cum un post ar putea fi fără folos.

Se plâng nevestele că nu pot convinge pe soţii lor să postească, dar de când s-au mai editat cărţi cu mâncăruri de post mai multe neveste vin şi spun: *"este a patra săptămână în postul acesta în care soţul nu s-a prins că posteşte"* **- pentru că a făcut aşa diversitate de mâncăruri şi încă nu a sesizat pentru că dacă îi faci numai ciorba de fasole şi cartofi prăjiţi şi pe urmă ciorbă de cartof şi varză călită, atunci, fiind o fire mai slabă, fără voinţă, sigur că soţul (pe care l-ai luat poate chiar de la discotecă) nu vrea să postească, nu înţelege, eventual face scandal, după cum bine ştiţi. În schimb, copiii vor să postească, dar părinţii îi opresc să postească pentru că acest post al părinţilor nu este înţeles de ei înşişi ca să îl transmită şi copiilor lor. Ei ar dori, dar părinţilor li se bagă în cap de unii-de alţii că copiii au nevoie de proteine şi de altele ca să poată să înveţe. Ei le dau proteine destul de multe şi copiii tot n-au puteri, pentru ca sunt zdrobiţi în alte părţi.**

Bătrânii obișnuiau să strângă strachini și vase de dulce, de frupt, să le spele și să le urce în pod și le coborau pe celelalte și după aceea făceau la sfârșitul postului operația inversă; desigur că era o exagerare. Explicația este una singură, respectul pentru post; noi să nu facem așa, nu este nevoie, dar să înțelegem de ce o făceau ei. Sigur că o să întrebați despre viata intimă, de relațiile conjugale între soț și soție ce, cum, când, unde și de ce și pe măsura posibilităților să încercăm să răspundem. Dar înainte trebuie să știm următoarele: că Dumnezeu, prin Sfinții Părinți, sau prin gura Sfântului Pavel nu a dat legi, a pus numai jaloane ale postului; am auzit mai nou o expresie, că Sfinții Părinți „nu s-au băgat în patul conjugal"; de aceea trebuie multă înțelepciune, să nu existe multe exagerări, căci **Sf. Pavel spune foarte clar că „femeia nu este stăpână pe corpul ei și nici bărbatul pe al său..." și spune și mai clar că pentru o vreme (fără să fixeze exact pentru câtă vreme) „vă lipsiți unul de altul pentru rugăciune și iar să fiți împreună ca să nu vă ispitească satana."**

Desigur, admirăm asceții, admirăm abstinenții, dar cu înțelepciune. Fără ea, postul acesta nu are valoare; dacă postul acesta este încălcat deoarece am un soț care nu mă înțelege, care are o altă gândire, nu trebuie să renunțăm la postul de mâncare; nu îl putem ține azi, ținem mâine și dacă ar trebui să mâncăm în nu știu ce situație, să nu facem din asta un lucru dramatic. Adică, să nu cadă tavanul pe noi dacă am mâncat cu ulei undeva, asta se numește conștiință scrupuloasă, dacă este carne putem să mâncăm, dar dacă știm să refuzăm, o să fie și mai bine, pentru că dacă refuzi "pentru că eu postesc, nu mănânc" atunci degeaba mai postești. Dar dacă explici că "pentru păcatele mele trebuie să țin un post mai aspru și dacă vrei, uite, mănânc, dar dacă mă înțelegi, n-am să mănânc pentru că..." și îi spui acolo, în smerenia ta ce păcate, ce forme de păcate ai făcut tu și atunci acela își pune un semn de întrebare. Iată ce se întâmplă, pentru că, de obicei se zice altceva: ”Dar ce, ai omorât om la drumul mare? De ce postești atât?” Cine postește la tinerețe poate să postească și la bătrânețe; postul nu este nimic altceva decât ascultare de porunca lui Dumnezeu. Sunt lucruri care sar în ochi și există atâta exagerare încât se compromite, din păcate, ideea ortodoxă despre post. **Să dăm lui Dumnezeu făina tinereților ca Dumnezeu să ne primească cândva și tărâța bătrânețelor și neputințelor noastre. Când să postim? Acum! În copilărie, în tinerețe, în putere, nu când nu mai putem, nu la bătrânețe. La bătrânețe nici nu prea avem nevoie de post pentru strunirea patimilor, avem nevoie de post ca ascultare și atât.**

Dacă am vorbit despre familie în post, sigur că înțelegem ce înseamnă postul în familie. Postul în familie înseamnă disciplină. Se creează o disciplină, fără să vrei, nu pregătești oricum mâncare, dacă ții post nu muncești prea mult, dacă nu muncești prea mult, ai mai mult timp de rugăciune, dacă ții post mâncarea ce-o mănânci nu cere vin, cum cere friptura. Dacă nu e vin, nu e somn, dacă nu e somn, sunt metanii. Vedeți câtă legătură? Foarte multă legătură. Ca să știm de ce postim. Și nici nu postim ca alții, nu postim toată ziua și noaptea dezlegăm la tot felul de mâncăruri, noi postim cu multă dreaptă socoteală și încă o dată avantajul rămâne al nostru.

Calendarul cu toate dezlegările după Tipicul Sfântului Sava, e plin de pește, și de vin și de ulei, brânză, lapte, ouă...Dumnezeu ne înțelege în toate....

De acum trebuie să discutăm problemele noastre extinse, problemele Europei și dacă noi zicem „dar nu ne interesează”, răspunsul e „ne interesează întrucât noi, Biserica Ortodoxă, în Europa unită, suntem minoritari, noi, sârbii, bulgarii, grecii și ce mai sunt pe ici pe colo, (finlandezii), suntem minoritari și acum a venit vremea să vedem cum rezistăm ca minoritate și a venit vremea să oferim valorile noastre și, deși nu sunt apreciate, totuși trebuie să nu ne pierdem identitatea noastră și să putem oferi". Mie mi-a rânduit viața să trăiesc în aproape toate ipostazele. Spre exemplu, am, în 28 de ani, mai mult de 5 ani de dormit în mașină, dar am dormit o dată și într-un palat. Așa au fost situațiile. M-au chemat la o recepție și am întârziat și m-a culcat acolo, în palat. A fost foarte greu, în primul rând a fost foarte greu să mă sui în pat, că era mare, înalt, bombat. Am mâncat o dată cu părintele Cleopa rădăcini, dar am mâncat și varză fiartă 7-8 zile, la o recepție la ambasada poloneză. Am circulat și cu mașini deosebite și cu rable. Azi am venit cu o rablă. Se poate în toate felurile, dacă nu ți se urcă la cap. Calendarul e plin de oameni sus-puși cu multă înțelepciune, împărați, miniștri smeriți tocmai prin asta. **Să credem că fiecare dintre noi suntem destinați, predestinați împărăției cerurilor. Ortodoxia n-are învățătura predestinației decât în sensul ăsta, toți suntem pentru împărăția cerurilor, să nu pierdem nimic**.

Odată a venit la mine un neortodox și era Săptămâna Patimilor și după ce i-am dat de mâncare, am spus „Îmi pare rău că nu v-am tratat mai bine, pentru noi e post." Mi-a zis: „Dacă mă tratai altfel și vedeam că nu-ți respecți religia, nici nu mai veneam a doua oară".

Am făcut o vizită la un orfelinat de stat, un orfelinat cu copii cu probleme grave, copii de peste 18 ani, și directorul, văzând occidentali (erau italieni), s-a gândit să le prezinte ceva occidental. Ce anume? La etaj, o cameră cu afiș, „cameră de sex". Ăștia s-au luat cu mâinile de cap. El a crezut că italian, francez, englez înseamnă occidental și că occidental înseamnă drepturile acestor copii cu grave probleme psihomotorii, drepturile acestora la sex, așa scrie în normele actuale, dar așa a crezut potrivit să facă și să arate, ca român și creștin ortodox. Să nu ne prezentăm așa, deși legile mai fac fel de fel de compromisuri. Noi ne prezentăm așa cum suntem noi și dacă nu ne încadrăm, n-avem avantaj, dar nimeni nu ne va da în cap.

Întrebări și răspunsuri

Î-1. Părinte, ce să facem atunci când simțim că avem inima împietrită? Am avut o prietenă pe care am iubit-o mult, a trecut ceva timp de atunci, oare o să reușesc să mai iubesc vreodată din toată inima așa cum am iubit-o pe ea?

R-1. Păi, dacă zici așa, că ai îndoieli dacă o s-o mai iubești, înseamnă că n-ai iubit-o. Iubirea-i iubire, asta e, te-a supărat, de fapt s-a verificat iubirea. Înseamnă că n-ai iubit-o, te-a supărat, nu se știe dacă o mai iubești. Asta e proba, dacă după ce-ți dau palme încă mă mai iubești. Hristos a fost pălmuit, Sfântul Ștefan, Sfântul Pavel, toți când erau bătuți spuneau: „Iartă-le lor, că nu știu ce fac, iartă-le lor, Părinte, păcatul acesta". Aceea e iubire. Se vorbește undeva (la capitolul I, versetul 8, la Filipeni) despre al patrulea fel de iubire. Nu știu cum se numește în grecește, dar este o iubire din toate măruntaiele, zice Sfântul Pavel, din toate măruntaiele, din inimă, din plămâni, din mațe, din stomac, din tot ceea ce este înăuntru, așa se numește. Este *eros*, *este fileo și este agapi*, dar Sfântul Pavel vorbește de al patrulea fel, și al patrulea fel se identifică cu momentul în care le spune Mântuitorul Hristos „Când au însetat și au flămânzit, li s-a făcut milă de ei" sau pentru fiul văduvei din Iair, „făcându-i-se milă", nu făcându-i-se mila pe care o exprimăm noi, ci mergând cu iubirea până acolo. Una este să ai milă de un orb și alta e să ți se facă milă de el, adică să ajungi cu iubirea încât să te cutremuri în cele de mai lăuntru ale tale, din iubire pentru el. Problemă mare cu iubirea, dar postul poate conduce la iubire.

Î-2. Cum postește un preot dacă trebuie să se împărtășească la fiecare Sfântă Liturghie?

R-2. Nu trebuie să postească prea mult dacă reușește să facă Liturghia cu vrednicie. Poate ați citit multe despre vrednicia preotului la Sfânta Liturghie. Zice că un episcop, cu diaconii lui, au mers într-o parohie și au spus: „Chemați preotul, ca mâine să facă Liturghie". Au rămas acolo și preotul a slujit Liturghie și episcopul l-a văzut în foc, în strălucire ca de foc, așa ardea. Și atunci i-a zis acest episcop:

„Blagoslovește, părinte" și Răspunsul a fost

„Cum, eu, preot, să te blagoslovesc pe tine, episcop?". Episcopul i-a zis:

„Pentru că, iată, la Liturghie te-am văzut în foc, arzând, slujind arzând, cu atâta vrednicie". Preotul i-a răspuns:

„Se poate sluji și altfel?". Vă dați seama că el nu concepea să slujească altfel decât arzând pentru Hristos. E problemă mare dacă facem liturghii sau dacă facem Liturghie. Liturghii facem, Liturghie, nu știm. Probleme mari cu noi, preoții!... Și dvs. trebuie să ne ajutați să facem Liturghie, adică cu vrednicie să aducem mulțumire.

Î-3. Vă rog să comentați Mt. 26, 52-53: Mormintele s-au deschis și multe trupuri ale sfinților adormiți s-au sculat ieșind din morminte după învierea Lui, au plecat în cetatea sfântă și s-au arătat multora. Ce s-a întâmplat apoi cu acești morți în viață?

R-3. Au murit iarăși. Nu scrie acolo că s-au sculat peste 500, dintre care cei mai mulți, care dau mărturie, trăiesc până astăzi. Deci, învierea din morți nu presupune o trăire veșnică în cazul oamenilor, o trăire veșnică cu corpul, nu-i nici o problemă, înviezi, mori, secretul nu este să înviezi, secretul e să mori spre înviere. Nouă ni se pare așa, că moartea este un schelet cu coasă, dar nu este așa, moartea este ceva firesc, este o punte pe care trecem de aici dincolo, este o ușă prin care trecem dintr-o cameră în alta, aceasta este moartea. Nu vedeți câte atacuri sunt acum la capitolul Înviere? Cu mormântul lui Iisus,... cu nu știu cine,... cu nu știu cum,... foarte folositoare sunt acestea Bisericii, foarte folositoare... Știți de ce? Pentru că Biserica triumfă. Cu toate aceste blasfemii care au existat de 2000 de ani încoace și mai grav decât acum și de fapt ele se repetă, ele nu sunt ceva noutăți, ele se repetă. Salcâmul își bagă rădăcinile foarte adânc. Dacă tai salcâmul cu toporul, în jurul lui se face o pădure întreagă. Cine nu crede, să meargă să taie unul, dar în grădină la el, să vadă ce se întâmplă. Dar cu toporul, nu cu drujba. Nu știm de ce. Așa s-a întâmplat și cu creștinii: tăia unul, îi tăia capul la unul și se converteau alții și alții... Acum aceste atacuri nu duc decât la bine, adică se cerne. Aurul, cu cât îl topești mai mult, cu atât își mărește numărul, gradația asta, caratele. Vrei să faci din 18, 22, 24? Încă o dată, încă o dată îl arzi în foc. Deci noi avem continuu nevoie de a fi în topitoare. Unde ar fi problema? Problema e să nu cumva să nu fim aur, să fim chirpici, pentru că dacă te scuipă și ștergi, aurul strălucește de sub scuipat, dar dacă te scuipă și tu ești chirpic, lut, noroiul se face mai mare. De aceea trebuie să nu ne supărăm, nici nu trebuie să răspundem. Am văzut că unii încearcă să răspundă. Astea-s lucruri de doi bani. Și pe urmă, dacă Hristos a pățit-o, noi..., nu observați că preoții, de fiecare dată când sunt atacați, cer drept la replică? Dar politicienii la fel fac, drept la replică, treaba lor, politicieni..., preotul nu trebuie. Despre preoți trebuie să se scrie ca despre Hristos. Cu domnul demonilor scoate pe demoni și toate celelalte acuzații, inclusiv că a dărâmat templul. Preoții nu trebuie vorbiți de bine, să nu ne așteptăm la lucrul ăsta. Creștinii, dvs., nu vă așteptați să fiți vorbiți de bine sau lăudați sau apreciați. Când terminați facultatea, vă duceți să vă angajați, ce, vă așteptați să vă și angajeze? Nu. Sau când aveți tangențe cu o situație sau alta, așteptați să fie și rezolvată? Nu. Nu trebuie să așteptați, pentru că Însuși Hristos n-a obținut nimic. După trei ani și jumătate de propovăduire, după 33 de ani și jumătate de viață pământească, Hristos a urcat pe Golgota, singur și dacă n-a fost singur, a rămas singur. Mama Sa, Ioan, mai târziu Maria Magdalena,... restul,... toți au plecat. Apostolii, care au văzut minuni, ceilalți, etc, toți au plecat. Hristos n-a realizat nimic. Dar mormântul și Învierea au dat sens nerealizărilor Lui. Și care sunt cele mai numeroase obiecte de pe fața pământului? Crucile! Gândiți-vă câte cruci sunt în cimitir, în biserici, pe biserici și la gâturile oamenilor. Cele mai numeroase obiecte de pe fața pământului. Care cruce? Crucea batjocorită, obiect de tortură. Unde s-a dezvoltat pictura, muzica, sculptura, arhitectura mai mult decât în biserică? Și cine s-a preamărit în clădirile astea? Cel răstignit, mort și înviat.

Ei, aici este problemă, la felul în care noi, creștinii, ne raportăm la societate. Noi vrem societatea și să ne aprecieze și să ne lase să mergem la biserică și să postim și să avem tagență cu ea. Vechii creștini nu făceau așa. Ei aveau un scop precis: moștenirea împărăției cerurilor, împărăție care nu era din lumea aceasta.

Î-4. Vorbiți-ne puțin despre postul duhovnicesc, cum să ajungem la el.

R-4. Nu știu asta, e foarte greu. Ca să știi asta trebuie să ai experiență. Să ai o regulă. De ce sunt călugării apreciați? Pentru că ei au reguli. Dar și noi avem reguli, numai că ei le respectă și noi nu, noi nu prea respectăm regulile, jurămintele, promisiunile de la sfântul botez, de la cununie, nu prea le respectăm...De ce suntem supărați când vreun călugăr uneori o mai ia razna? Pentru că în ochii noștri ei erau cei ce respectau legile și atunci când unul care n-a avut chemare de mănăstire și greșește în vreun fel, nu ne convine, noi blamăm, - din cauza asta, din cauza regulilor. Așa că la postul duhovnicesc se ajunge începând cu respectarea regulilor.

Î-5. Cum ne putem păzi de înjurături?

R-5. În multe feluri, dar dacă nu ai reușit prin ce ai fost sfătuit până acum, trebuie să citești într-o carte unde eu am găsit că cineva s-a lăsat de înjurături așa: duhovnicul l-a sfătuit la fiecare înjurătură să smulgă un fir de păr. Și, în vreo câteva zile, cum el înjura des, într-o dimineață s-a spălat pe ochi, s-a uitat în oglindă și era aproape chel și atunci s-a dus enervat la duhovnic să-i schimbe canonul, duhovnicul a refuzat, până la urmă a găsit tot el soluția și n-a mai înjurat. I-a crescut părul la loc și gata.

A înjura este groaznic. Știți de ce este groaznic? Este opusul binecuvântării, deci a înjura înseamnă a face pe dos decât se luptă Biserica să facă. A înjura înseamnă a răsturna direcțiile pe care Dumnezeu le-a dat, a face invers..., Știți că noi suntem, după unguri, al doilea popor din lume care înjurăm de cele sfinte. Noi înjurăm de ce avem mai sfânt. Ultima împărtășanie se numește Grijanie, a muri grijit sau negrijit, de aceea ultima împărtășanie se numește Grijanie. Românul înjură de Grijanie, înjură de Precista, de Hristos, de Dumnezeu... groaznic!

Î-6. Ce comportament trebuie să aibă „prietena"?

R-6. Ar trebui să fie foarte sinceră. Că prietena și prietenul au luptă foarte mare să-și arate calitățile și să-și ascundă defectele. Ori secretul, dacă ai pus ochii pe ea să te căsătorești, **secretul este să cunoști cât poți să suporți defectele, nu cât poți să apreciezi calitățile**. Sigur că apreciezi calitățile, cine poate să zică: nu-mi place fata asta că știe să facă mâncare prea bine? Nu-mi place fata aceasta pentru că mie îmi plac ochii albaștri și ea îi are albaștri. Cine poate să zică? Nu zice nimeni. Întrebarea este: dacă n-are o mână, îți convine? Dacă-ți convine bine, dacă nu, nu. Dar dacă mestecă continuu gumă, îți convine? Nu-ți convine. Dacă nu-ți convine, vezi ce faci, poate o vindeci. Dacă n-o vindeci, "se vindecă" stomacul ei și te chinui toată viața. Orice om are probleme, are scăpări; nu păcate, asta e altă problemă, păcatele se rezolvă foarte ușor, păcatele se rezolvă la Spovedanie. **Defectele tale, problemele tale, temperamentul tău, caracterul pe care de acum ți l-ai format, astea-s problemele.** Și marea problemă e să n-aibă probleme psihice. Că alea sufletești se rezolvă, alea fizice se rezolvă. Spre exemplu, dacă n-are o trompă dintr-o operație, se rezolvă, te duci și-ți pune artificială. Au multe calități trompele astea artificiale. Unu: nu se înfundă niciodată, doi: nu rețin omul, - „zigot" îl numește știința - nu-l rețin în sarcină extrauterină. Deci asta se rezolvă. Altceva nu se rezolvă: dacă e așa bolnavă la cap și nu vrea să facă copii. Asta e altă problemă, nu se mai rezolvă, bolnăveala asta.

Î-7. Cum trebuie să fie un bun creștin, ce arme trebuie să aibă?

R-7. Creștinul trebuie să fie un om normal, asta greșim noi, că nu ne comportăm normal și nu socotim normalitatea o stare de fapt a noastră. Nu trebuie să fim extraordinari, trebuie să fim normali, adică ne trezim, ne spălăm pe față, citim rugăciunea, aprindem candela, mâncăm, plecăm. Mai ne rugăm cu rugăciunea minții, muncim, suntem serioși, ne întoarcem acasă, iar ne rugăm, iar mâncăm, ne culcăm, ne cumpărăm mașină, ne luăm nevastă, facem copii...

Î-8. Este bine să binecuvintezi pe cineva la plecare fără să fii preot, să spui binecuvântări arhierești?

R-8. O binecuvântare proprie episcopului este „pace tuturor", pe care o zice și preotul dacă episcopul i-a dat voie, când nu e el, când nu e episcopul de față. Când e episcopul de față, episcopul stă acolo în scaun și zice numai „Pace tuturor!" și „Harul Domnului să fie peste voi toți!..." și încă vreo câteva mai zice. Preotul zice mai multe și diaconul cel mai multe. Da, așa este.

De ce să dea binecuvântări arhierești dacă nu e arhiereu?

Am aflat un lucru extraordinar: un om, de aproape 50 de ani, trăiește într-un câmp, are 6-7 copii, cu două neveste, ele două surori. El e intelectual, ele au terminat inginerie nu știu de care și nu merg la biserică, nu nimic. Cresc copiii, nu-i dau la școală, trăiesc în câmp, are acolo un heleșteu de pește, au vaci, cultivă pământul, nu e musulman. A mai venit și televiziunea anii trecuți pe acolo, presa, a zis că „Singura mea grijă e să cresc copiii cărora le-am dat viață". "De la două neveste?" „Da". "Dar ele sunt surori..." - Adevărat." Nu suntem de acord cu imoralitatea acestei familii,... dar apreciem ce a reușit să facă pentru trai!....

O americancă a ascultat Liturghia noastră ortodoxă după o carte în engleză și concluzia a fost:: „Voi aveți pentru toți rugăciune, pentru ce ce călătoresc pe apă, prin aer, pe uscat, bolnavi, nebolnavi, mari, mici, conducători, răi, buni" și așa este, Biserica, în Liturghie, are pentru toți rugăciuni...

Î-9. Ce este psihicul, e legat de rațiune sau de suflet?

R-9. Nu e legat de rațiune. Psihicul nu este suflet, sufletul nu este psihic. Însușirile sufletului sunt: rațiunea, sentimentul, voința, pe care putem să le raportăm la psihic. Am văzut o emisiune la televizor în care unul mare de tot, la corp și la cap și la gândire, n-a putut să treacă peste psihic. A invitat pe șeful, pe decanul facultății de psihiatrie din România, pe șeful spitalului de psihiatrie din România și pe șeful spitalului de psihiatrie din Stockolm, tot român. Și în emisiune: „Iubiți telespectatori, în seara aceasta avem invitați pe (și i-a prezentat). Ei, domnilor invitați, cum facem, cum ne sfătuiți să vindecăm sufletul de bolile ce l-au cuprins". Ăștia, oameni cu cap, au încercat, în vreo 10-12 minute, să ducă discuția și să spună că ei se ocupă de psihic, nu de suflet. A sunat unul și l-a luat pe el tare și i-a spus: „Vorbiți, dom`le, despre psihic, nu despre suflet, că de suflet se ocupă teologia, nu știința"... Nu s-a putut, l-a obrăznicit și până la urmă doctorii au cedat și vreo două ore jumate au vorbit despre suflet, dar de fapt ei erau specialiști în psihic. Psihologia și psihiatria sunt de domeniul acesta. Deci, una-i sufletul, alta este psihicul.

Apropo de asta, cum vă spuneam înainte, bolile sufletești se vindecă de către duhovnic, de către Dumnezeu prin duhovnic. Bolile trupești se pot vindeca cu ajutorul lui Dumnezeu de către medici, bolile psihice se pot trata, uneori vindeca, uneori ameliora, dar niciodată vindeca, de către psihiatru. Niciodată. Dacă vedeți unul cu boală psihică, un nebun, vindecat, să știți că l-a vindecat Dumnezeu. Psihiatrul mărturisește că el nu poate, el ameliorează, el potolește, atât, el spune, știința spune „nu pot". Dar și preotul trebuie, duhovnicul trebuie să fie atent să nu spună că el poate să facă ceva pentru că el nu poate să amelioreze decât cu puterea lui Dumnezeu și nu știm dacă este dat lui să îl vindece cu puterea lui Dumnezeu și atunci medicul psihiatru vine cu rolul lui și cu puterea lui.

Î-10. Cum aș putea ajuta o prietenă care a fost diagnosticată cu schizofrenie afectivă? Toți cunoscuții au îndepărtat-o, iar unii, chiar preoți, spun despre ea că s-a îndrăcit.

R-10. Nu trebuie să ne jucăm cu cuvintele, îndrăcirea e îndrăcire, boala psihică e boala psihică. Confuzia nu e bună și nu ne face serviciu, ci ne dă deoparte și ne separă; nu trebuie, nu trebuie să ne amestecăm așa. Spovedania și Liturghia, indiscutabil, au rolul lor esențial în ameliorarea bolii, poate vindecare, dar nu putem veni cu pretenții că putem noi să facem.

Nu trebuie îndepărtată, trebuie ținută aproape, dar trebuie să faci ceva școală ca să știi cum să te comporți. Bine, te comporți cu iubire și atât, dar trebuie să știi să nu contrazici, trebuie să știi să primești, trebuie să știi când să vorbești, trebuie să știi când zici da, când zici nu..., sunt multe, e o știință întreagă.

Î-11. Există păcate mari și păcate mici? Ce trebuie să faci ca să ai curajul să te spovedești?

R-11. Nu există păcate mici și păcate mari, noi le categorisim ca mici și mari. Acela pe care îl consideri cel mai mic, el tot jignește pe Dumnezeu. Că-l jignești profund sau mai puțin, la Dumnezeu tot jignire este. Le categorisim însă în mari și mici după puterea pe care noi o mai putem avea în a face canon pentru ele. Spre exemplu, când fur spun că e un păcat mic pentru că pot să dau înapoi dublu, întreit, împătrit și mă pot vindeca, îmi cer iertare, mă căiesc și am rezolvat. Când fac un avort, e un păcat mare. Cum oare pot să ispășesc păcatul acesta? E greu, nu e imposibil, dar e foarte greu și de aceea îl numesc păcat mare. Când înjur, când blasfemiez, ce-o să fac ca să mă ierte Dumnezeu? E greu. Dacă omori omul, mai stăm de vorbă, dar dacă înjuri pe Dumnezeu ce vei face? De aceea e și considerat păcat contra Duhului Sfânt, pentru că nu mai am putere să fac atâta cât să contrabalansez ceea ce eu am făcut; atunci vine iertarea lui Dumnezeu. Sigur, prin mila Lui.

În 4 martie se serbează Sfântul Gherasim de la Iordan, viața lui o mai știți, cu leul, cu măgarii. Dar tot în patru martie noi serbăm un sfânt cu numele Iacob. Sfântul acesta este unic prin acceptarea lui în calendar de către Biserică. El a trăit o viață ascetică, pe malul unui râu, a câștigat darul lui Dumnezeu de a vindeca, de a face minuni și de a învia din morți. Și, ducându-se vestea, era cunoscut nu numai în ținut, ci în toată lumea; la un moment dat i s-a adus o fată, probabil avea 18 ani, 20... Era îndrăcită și părinții se temeau că n-o va primi, așa că, pur și simplu, au legat-o și la gură și la corp și au lăsat-o în fața chiliei lui. El, după câteva ore de rugăciune, ieșind, a văzut-o sau poate a și simțit cu duhul... Și s-a rugat și s-a rugat și s-a rugat și a vindecat-o de această boală sufletească ce se numește îndrăcire și s-a bucurat. Apoi, a zis: ”Ca să nu mă mândresc, am să păcătuiesc cu ea, după aceea am s-o trimit acasă și am să mă pocăiesc până la sfârșitul vieții ca să nu mă mândresc că am vindecat-o și că am darul acesta”. Și așa a făcut. Numai că după ce a făcut așa a izgonit-o și ea n-a plecat, îl tot tulbura la pocăința pe care a început el s-o practice pentru iertarea acestui păcat. Observați că el a căzut, sfânt fiind, un om care face minuni și înviază din morți este un sfânt, un sfânt în felul în care noi îl înțelegem ca sfânt, că de fapt fiecare din noi ar trebui să fim sfinți.

Ei bine, știți ce a făcut Sfântul ăsta? A luat topor sau ce-o fi avut el pe acolo, a tocat-o mărunt și a aruncat-o în râu. Stăm să ne gândim cum Biserica a acceptat apoi și l-a mai trecut și în calendar?

Dumnezeu l-a iertat pentru că a făcut pocăință și într-un moment de secetă, rugându-se, a venit ploaia. Și a cunoscut că Dumnezeu l-a iertat...

Altul a făcut aproape la fel și s-a căit ce s-a căit și după o perioadă de timp s-a dus la autorități și a spus: „Am omorât." „Ce ai omorât?" „Uite așa..." și datorită poziției lui vestite toți au spus: „Fii serios, părinte" și nimeni nu-l asculta, nimeni dintre autoritățile care trebuiau să-l pedepsească după mărturisire. Apoi a început să meargă pe la episcopi și pe la patriarhi și nici aceștia nu l-au crezut. Îl tratau bine și îl invitau să rămână. În final, a ajuns la patriarhul Alexandriei și acesta i-a spus: "Părinte, dacă ai făcut așa, du-te și căiește-te". S-a căit încă vreo 20 de ani; era o secetă mare și s-a rugat așa încât a venit ploaia și scrie acolo, în viața lui, că așa a cunoscut el că Dumnezeu l-a iertat.

Sigur că este un lucru care poate să dea de gândit, poate și scandaliza, dar noi să ne reamintim un singur lucru: că Biserica dă tot felul de exemple și unele scandalizează pe cei care sunt smintiți de felul lor, dar pe omul întreg la minte, la gândire, nu-l scandalizează. Așa că să le primim toate așa cum ni se predau nouă de către biserică și din exemplele date să nu înțelegem altceva. Dacă Dumnezeu l-a iertat pentru asemenea păcate înseamnă că **și pe**

noi ne va ierta pentru multele și gravele noastre păcate, dacă vom face căință.

Î-12. Postul este legat de rugăciune. Cum să ne rugăm?

R-12. Postul e legat de rugăciune, așa este. Cine postește fără să se roage face ulcer. Sfânta Maria Egipteanca a mâncat puțin, puține boabe de linte acolo și ceva apă, 47 ani. Cum n-a făcut ulcer? Pentru că a înlocuit ceea ce era pentru stomac cu rugăciunea, așa că trebuie să unim postul cu rugăciunea. Cum să ne rugăm? Ne rugăm simplu și sincer. Să ne rugăm după carte, dar să ne rugăm și-n mintea noastră, în simplitatea noastră. Eu recomand, spre exemplu, când cineva are o problemă să zică, dar în sine, nu tare, *"Doamne, învârte-le Tu, în folosul meu, cum crezi Tu că-i bine, vremelnic și veșnic. Doamne, învârte-le Tu!..".* Pot să stau de vorbă cu Dumnezeu cum vreau eu, dar în mine, eu cu Dumnezeu. Nu e bine să începem să facem rugăciuni din capul nostru, tare. Ne rugăm după carte, după ceaslov și apoi dacă vrem să stăm puțin de vorbă cu Dumnezeu în cuvinte mai accesibile nouă, mai simple, putem s-o facem. Dacă observați, lui Dumnezeu nu-i vorbim cu dvs., noi îi spunem "Tu, Doamne". De ce? Pentru că El este Tatăl nostru.

Î-13. La sfințirea casei a fost un preot bătrân. Fiind în post, s-a făcut și mâncare de post. Când preotul a fost întrebat dacă mănâncă de post, a răspuns că nu, că atunci când mergi undeva mănânci ce ți se dă, de postit postești acasă. Este acesta un post în sufletul tău?

R-13. Nu, nu a făcut bine preotul, pentru că nu aici se aplică cuvântul Mântuitorului. În primul rând, acolo erau două feluri de mâncăruri, el putea să le aleagă pe acelea de post. Dacă acolo era un singur fel de mâncare, tot mai exista câte ceva pe acolo. Există pâine pe o masă, sare, ardei, apă, mai există, nu trebuie neapărat să mănânci. Dar nici nu observă aceia ce mănânci tu. Și dacă zice

"Hai, serviți, cutare, cutare..." „Sigur, sigur, sigur." „Păi, n-ați servit nimic." „N-ați observat dvs., eu am mâncat aproape tot. A, iară zice, și mie mi s-a întâmplat la fel, credeam că cineva nu mănâncă, dar pe urmă mi-am dat seama că nu vedeam bine." Și atunci omul se mai potolește, nu te mai bate atâta la cap. Că nu-i vorba că mănânci, e vorba dacă smintești sau nu, e vorba dacă respecți sau nu. Probabil au vrut să-l verifice sau știu eu ce-o fi vrut?... Nu este așa important. Doar episcopul ăla a mâncat vinerea carne, numai că a avut un scop foarte nobil, aceea a fost sfințire de casă. Dar eu vinovat îl găsesc pe cel care a sfințit-o în post, pe proprietar. De ce nu a făcut sfințirea în dulce, dacă vrei să faci mâncare de dulce? De ce faci sfințire în post? Sfințirea unei case e bucurie. În post să nu avem bucurii, zice. Trebuia întârziată, amânată!... De aceea nici nu facem nunți în post. Nu din cauza mâncării, că putem face nunți cu mâncare de post, putem zice da, să facem nunți în post cu mâncare de post. Nu, nunta e bucurie, bucuria nu poate să fie în post. Bine, aici este o istorie întreagă, că nu putem să facem nici duminica nunți, pentru că e bucurie și bucuria noastră vine și năvălește peste bucuria Învierii, dar nu putem nici sâmbăta să facem, că pomenim morții și nu venim cu bucuria noastră peste întristare. Dar în post, lunea, miercurea, vinerea de ce nu facem? Și rămânem în admirație pentru țigani, care fac nunțile cum scrie la carte: marțea și joia. Așa se fac nunțile, dar noi ne-am depărtat mult, mult și le facem sâmbătă seara și punem o temelie casei noastre, pe care vom clădi multe etaje în viața noastră, cu copii, o temelie șubredă, care la cutremur va ceda, vor pica toate etajele. Nuntă sâmbăta! Zi de pomenire a morților, tu faci nuntă? La o nuntă vin 100-200 și 300 de persoane, niciuna din aceste persoane, cine știe, poate vreo excepție, va merge la biserică a doua zi.

Î-14. Preotul nu trebuie să-i cunune.

R-14. N-are preotul cum să nu-i cunune, pentru că are grijă credinciosul să se ducă la episcop și episcopul ar trebui să spună nu, dar episcopul spune așa: *"Dacă de preot n-asculți, dacă de protopop n-asculți, dacă de Noul Testament n-asculți, dacă de asta n-asculți, tu nu asculți de nimic, bine, cunună-te!..."* Sigur că ar trebui să existe această strânsoare. Am întâlnit de curând pe cineva în biroul unei Protoierii, care pleca definitiv în străinătate, vai, ce s-a mai tocmit...ca să facă nunta în post. Înseamnă că nunta nu s-a pus la punct, nu s-a consultat calendarul.... Sărbătorile... n-a fost de față preotul.... E greu să-l întristezi pe om, dar dacă pune temelia prost... Că de aici îți rămâne tot ție familia aia pe cap, lupți cu ea, vrea să-i faci rugăciuni, dezlegări, nu știu ce nu merge, nu știu ce s-a întâmplat. Păi, cum să nu se întâmple, dacă tu pui temelia prost?

Î-15. Care este diferența dintre un epileptic și un îndrăcit?

R-15. Epilepsia e de două feluri: una medicală și una drăcească. Acele epilepsii de care vorbește Noul Testament sunt din cele drăcești, acelea medicale sunt funcție de niște leziuni pe creier și se manifestă când crește luna pentru că atunci magnetismul ei este mai puternic și există reacții, de exemplu, cunosc pe cineva care, o noapte pe lună nu doarme, nu reușește. De ce? Pentru că are slăbiciunea aceasta, nu e epileptică persoana asta, dar nu reușește. De ce? Magnetismul e puternic. Așa cum mareele, fluxul, refluxul sunt rezultatul magnetismului lunii. Având sensibilitate, se manifestă această boală despre care spunem că este „omul lunatic". Asta este medicală, cealaltă din Noul Testament și nu numai, este drăcească. În momentul în care manifestările epileptice sunt însoțite de diverse, atunci e greu, e foarte greu să avem de-a face, dar avem pentru că nu sunt citite bine lepădările la botez de către preot, pentru că nașul și pentru că nașa nu ascultă ce zice preotul la lepădări în fața bisericii și nu spune Crezul și stâlcește cuvintele și așa mai departe. Și atunci copilul devine slăbuț de înger, asta e forma mai mică de manifestare, dar există și forma asta de care vorbesc. Sunt multe care concură la apariția acestor boli.

Î-16. Ce ne puteți spune despre preotul de la Tanacu?

R-16. În primul rând, nu-l cunosc personal. Părerile sunt împărțite, ca să-ți spui părerea trebuie să știi foarte multe lucruri și eu nu le știu. Dar am auzit că a făcut acolo o mănăstire care avea un lucru extraordinar: avea o curte pentru maici și o curte pentru vizitatori. Biserica era în curtea pentru vizitatori, în curtea pentru maici nu intra nici el. El avea chilia acolo, la vizitatori. Asta înseamnă că maicile nu erau tulburate de la rugăciune în perioada zilei. Asta-i foarte bine. De ce spun că-i foarte bine? Ca să fiți și dvs. foarte atenți cu vizitele la mănăstiri. În București sunt afișe peste afișe la toate bisericile. Sunt persoane, pensionare de acum, care organizează excursii, pelerinaje, cu 2, cu 3, cu 6 autocare la sfintele mănăstiri. În Moldova, în Ardeal, la mănăstiri mari, mici și așa mai departe. **Dacă lucrul acesta se face o dată e bine, dacă se face de două ori, bine, dar dacă se face o lege din asta, așa, cu pelerinajele, este foarte rău. Ți-ai trăit viața aiurea și în loc să stai acasă să te rogi, începi să cutreieri mănăstirile. Și ce faci tu acolo? Păi, - te rogi, - dormi, - mănânci. Dacă te rogi, e bine și dacă mănânci și dacă dormi, dar ca să mănânci trebuie să-ți prepare cineva. Câtă mâncare trebuie să faci pentru 60 de persoane? Dar pentru 120? "Păi, da, părinte, dar noi ducem pomelnice, noi ducem și cartofi și...". Duci, dar cine le prepară? Tu le prepari? Nu. Ajută cineva? Nu. Sau dacă ajută e complicat cu mâna altuia și atunci călugării, călugărițele sunt foarte ocupați cu primirea de musafiri și această primire de musafiri tulbură mănăstirea**. Azi așa, mâine așa, anul ăsta așa, anul celălalt așa, cunosc câteva maici, câțiva călugări care au plecat din mănăstire, la altă mănăstire și nici acolo nu s-au liniștit. În

Grecia, există Sfântul Munte, dar a existat și există și un loc numit Meteorele, cu niște stânci splendide, așa, cu mănăstiri sus, acolo te urcai greu. Peste 4000 de călugări locuiau în aceste șapte mănăstiri; cum s-a făcut turistice, cum au plecat toți la Sfântul Munte. Mai sunt doi-trei călugări sau într-o mănăstire sunt mai multe maici și atât. De ce? **La Sfântul Munte e altceva: dacă te duci, poți să stai numai trei zile într-o mănăstire, numai trei zile. Eu nu am fost, dar am auzit. Trei zile și gata. Dar în aceste trei zile faci și tu ce fac și călugării mănăstirii, mai puțin muncă, la muncă nu te pune. Dar nici n-au timp să muncească. Numai cât mergi la slujbe și cum slujbele durează cam 12 ore pe zi, atunci, da, așa da**. Dar nu te duci în mănăstire, tu ești belfer, ești obosit de pe drum, dormi bine, te scoli, te rogi, mănânci, iar mai dormi, te mai plimbi pe acolo prin mănăstire, ți-arăți gâturile, basmalele, nu știu ce... Săracii, călugărița sau călugărul, au plecat și ei de acasă să-și caute de suflet și tu...

Părintele acesta, înțeleg că a făcut asta, este foarte bine.

L-am văzut odată la televizor pe părintele, ba chiar de două ori. Părintele ăsta mi s-a părut că, pentru prima dată în fața camerelor de luat vederi (la televiziune marea problemă sunt reflectoarele, care te înnebunesc și cu căldură și cu lumină) a făcut față extraordinar, în sensul că a vorbit cursiv, coerent, a spus punctul lui de vedere, s-a apărat în felul lui, mai știu că n-a făcut propagandă mănăstirii, n-a vrut asfalt acolo, asta știu eu, mai știu că a fost acuzat de crimă și de nu mai știu ce, ce-a făcut pe acolo, dar în final l-au condamnat pentru privare de libertate și atât, nu de crimă. Înseamnă că altcineva a făcut crimă. Dar nu mai știu nimic, adică nu pot să mă pronunț, trebuie să știu foarte bine.

Nu cred că nu aș fi facut și eu la fel, dacă aveam o fată în halul ăla de manifestare și eu îi citeam rugăciuni. Doar eu am fost în spitale de psihiatrie și am văzut: acolo se leagă cu prosoape de mâini? Se leagă cu frânghii, dar frânghii, nu jucării. Așa au făcut și medicii. Maicile au ajutat-o, au învățat de la ei, de la asistente, cum se ține un om ca ăsta.

Ca să poți comenta asta în cunoștință de cauză, trebuie să luăm un bolnav care se manifestă așa și ziariștii și oricine să ne arate ei cum procedează. Ce ar trebui, însă, noi să știm este următorul fapt: că toată treaba a venit ca o mănușă pe situația pe care și-o doreau. De ce? Pentru că se tot aștepta un moment de compromis. Ce fel de moment? **Nu se suportă Biserica în sondaje, sus. Și cum să facem? Trebuie să le dăm în cap. Cum să le dăm în cap? Păi așa, hai să inventăm. Spre exemplu, unei mănăstiri, înainte de venirea comuniștilor, i s-au băgat în beci arme, mitraliere, muniție. Au venit, au făcut control și au plecat. Apoi s-au întors și au spus „am uitat să controlăm în beci". Au băgat 300 de maici la pușcărie, apoi le-au dat drumul, încet, încet, cu domiciliu forțat acasă.**

Reacțiile noastre la tot ceea ce s-a întâmplat, aproape că nu au existat. Ne-am rugat sau am condamnat?

Poate că stăm să ne rugăm, dar când se iveau probleme, călugării din pustiu veneau pe străzile Constantinopolului, Alexandriei sau Antiohiei, lămureau problema și se întorceau în pustiu. Asta era, se numea atitudine de durere pentru un mădular care suferă în corpul comun al Bisericii.

În schimb, sunt niște laici care apără foarte bine și au mult mai multă credibilitate pentru că dacă un preot spune ceva, răspunsul este: "Se pricepe, își face meseria", dar dacă unul care nu e cleric, nu e preot, e istoric, e geograf, e medic, spune ceva, oamenii iau seama: "Ia uite cum vorbește acesta de Dumnezeu" și ai mai multă credibilitate. De aceea soluția este la dvs.

Î-17. Cum poate un om cu voința slabă să și-o întărească?

R-17. Își dă palme, își dă palme și se rezolvă. Voință slabă înseamnă una din însușirile sufletului, cum am zis, cu problemă. Și observați că noi, cu rațiunea gândim, cu inima, cu sentimentul, analizăm, trecem prin filtrul acesta al iubirii și cu voința acționăm. În momentul în care nu este voință, înseamnă că nu acționăm sau acționăm slab sau uneori chiar prost. Atunci trebuie să fim atenți la capitolul acesta. E un fel de curaj, curajul este o virtute.

Î-18. Privitul la televizor, filme, știri, documentare este "de frupt"?

R-18. Nu este de frupt, dar nu e potrivit. Documentare, da, dacă vrem să vedem documentare, putem. Este un film acum, se numește Ostrovul, de vreo doi ani e scos, a mers până la Paris și s-a oprit acolo, că era prea ortodox. Poate fi văzut, nu dăunează. Dacă reușiți să nu vă uitați înseamnă că reușiți să vă controlați. E mare problemă cu cablul. Vă dați seama câte mii de ani s-a strofocat dracul cum să vorbească omului pe banii lui și la insistența lui și până la urmă a reușit. **Sfântul Cozma Etolul cu 253 de ani în urmă spunea că precum astăzi creștinii privesc cu multă atenție și dăruire de suflet la icoanele de pe perete, așa se va ivi dracul vorbind dintr-o cutie pe care oamenii o vor așeza la mare cinste. Cum zicea acesta acum 250 de ani ceea ce s-a întâmplat începând de acum 57 de ani? Televiziunea are 57 de ani vechime. Cum a putut să prevadă așa? Așa a spus. Sigur că cine vorbește contra televizorului este cotat ca înapoiat, nu-l duce capul, etc. Dar nu trebuie să ascultați ce vi se spune, încercați și priviți, vedeți ce priviți, cum priviți și pe urmă analizați dvs., analizați si vedeți dacă puteți să controlați. Dacă puteți, e bine. Televizorul e un lucru bun, dacă l-ai utiliza așa, dar cine reușește? Puteți să-mi arătați unul care reușește așa, să controleze el televizorul și nu televizorul pe el? Mai mult, mă informează și mă dezinformează.**

Î-19. Cum să ne comportăm cu cei care nu cred în Dumnezeu?

R-19. Cu milă. Tudor Arghezi a avut și el viața lui și îndoielile lui și frământările lui și are el pe acolo psalmii aceia și-s multe comentarii la tot ce a scris el. Și, crezând că-i face plăcere, a venit unul, un scriitor, nu știu de ce mână, dar oricum, era un scriitor care făcea parte din Uniunea Scriitorilor, a venit și i-a zis: „Maestre, mărturisesc că eu am îndoieli legate de existența lui Dumnezeu, scriitor fiind". Și Arghezi i-a răspuns așa, eu vă reproduc ce a zis Arghezi, dacă nu vă place, să-l condamnați pe Arghezi: „Atunci, în loc de scriitor de ce nu te-ai făcut căcănar?". Așa i-a zis Arghezi. De ce i-o fi zis așa, că, mă rog, cam trivial a vorbit? Pentru că ăștia sunt oameni de două parale, cum se numesc ăștia care nu cred, ce deștepți sunt ei încât au ajuns să nu creadă. Faptul în sine, că pun pe „nu" înainte. Și, de fapt, ei cred în Dumnezeu, dar cred într-un dumnezeu al lor, o filosofie anume și așa mai departe.

Eu aș avea mare preocupare pentru cei ce cred în Dumnezeu și cred fals în Dumnezeu și cred că Dumnezeu este un satrap, cu bici, care pedepsește. Nu e adevărat, Dumnezeu e iubire, nu poate să pedepsească, n-are cum. Nu că nu poate, nu e compatibilă pedeapsa cu iubirea.

Dumnezeul acela fals care a creat o lume de chin și una de fericire, nici asta nu e adevărat, pentru că eu mă voi întâlni în lumea de dincolo cu cei fericiți în măsura în care eu, pe pământ, i-am cunoscut. De cine vorbesc? De sfinți. Mă voi întâlni eu cu Sfântul Nicolae sau nu? Mă voi întâlni dacă i-am citit acatistul, i-am făcut vecernie, i-am făcut utrenia, m-am rugat, i-am citit viața, am admirat ce scrie în viața lui, atunci mă voi întâlni cu el. Și îl voi recunoaște, din icoană și el mă va recunoaște. Mă voi întâlni și cu Sfânta Ecaterina. Mărturisesc cei ce merg în străinătate, la lucru, că se întâlnesc pe acolo și așa, le dau lacrimile, se îmbrățișează:

„De unde ești? Eu te-am mai văzut pe tine." „Păi, sunt din satul vecin cu tine." „A, da." Și atunci întrebarea este: mă va recunoaște pe mine Hristos? **El mă va recunoaște în măsura în care eu am făcut, am permis lucrul ăsta, să mă fi cunoscut aici, ori eu nu i-am deschis inima. Dar eu Îl voi recunoaște pe El? Nu, n-am citit niciodată despre El, nu m-a interesat, nu m-a interesat jertfa cea fără de sânge, nu am profitat de darul, de puterea Lui, atunci eu nu mă voi întâlni cu El sau dacă mă voi întâlni, eu nu-l voi recunoaște. Și care va fi chinul? Acesta, că nu mă voi întâlni cu nimeni dintre cei fericiți. Cu cine mă voi întâlni eu? Cu prietenii mei: bețivii, curvarii, nenorociții, cei care înjură, mă voi întâlni cu medicul ce mi-a făcut avort, cu asistenta, cu măturăreasa de la ginecologie, o să mă întâlnesc cu ăștia, pentru că asta am făcut. Trebuie multă atenție**.

Î-20. Ati început să vorbiți despre viața intimă a soților în post. Vă rog să spuneți cum trebuie să postim. E păcat mare dacă te împreunezi cu soțul tău în post? Cât trebuie să trăim separați pentru a nu cădea în sminteală?

R-20. Numai faptul că începeți să puneți întrebări de timp arată că n-ați înțeles nimic. Cât, până când, cum? Astea nu sunt întrebări. Asta este cât ai înțeles tu și cât a înțeles el din ceea ce înseamnă post. Ai înțeles tu mai mult? Trebuie să te dai după măsura lui, care a înțeles mai puțin. A înțeles el mai mult? El trebuie să te înțeleagă pe tine, căci tu deocamdată atâta ai înțeles.

Era un patriarh al sârbilor, se numea Pavle. Patriarhul acesta avea un obicei și nu mergea niciodată cu mașina. Mergea cu autobuzul și cu trenul. Ca să cunoască lumea, își făcea și piața singur, își mai prepara și mâncare tot singur. Și într-o zi de vară, de august, trebuia să meargă la o sfințire de biserică aproape de malul mării și diaconul lui i-a spus: „Preafericite, mergem cu mașina, cu autobuzul nu este bine pentru că în autobuz, sunt persoane în șort, în sutiene, în chiloți și nu se cade ca noi, îmbrăcați călugări, patriarh, să mergem cu autobuzul sau cu trenul". Și patriarhul nu și nu și argumentul final a fost că *„Noi vom vedea și ei vor vedea ce avem fiecare în cap",* așa a zis patriarhul. Deci,... ce ai în cap, aia vezi. Înseamnă că el ajunsese la nivelul acela în care reușea să vadă omul om, indiferent că era dezbrăcat sau nedezbrăcat. Și atunci, revenind la problema aceasta, noi vom ține post sau nu... funcție de cât avem aici și anul acesta vom ține cât putem, vis-a-vis de relațiile soțului cu soția, anul următor mai mult sau mai puțin..., Oricine va zice, se va pronunța cu un număr de zile, de săptămâni, de luni, acela va greși. Acestea sunt regulile fiecărei familii, fiecărui om, pentru că omul este un unicat. Nu avem timp acum să vă prezint câteva cazuri, ca să vedeți dezastre în familii dintr-o proastă înțelegere a acestui aspect. Nu avem timp acum.

Î-21. La Spovedanie trebuie să pomenim și de visele erotice pe care le avem în somn?

R-21. Da, am avut un vis erotic și gata, nici nu-l mai descrii, nici nimic.

Î-22. Ce trebuie să facă o femeie când află că are o sarcină extrauterină?

R-22. Ce să facă? Să fie atentă până când sarcina pocnește de infecție și medicul va trebui să chiureteze un om mort. Sarcina extrauterină nu dă semne decât prin temperatură, infecție, nu? Din cauza infecției. După ce se întâmplă lucrul ăsta, fără ca noi să fim vinovați de chiuretajul respectiv, pentru că omul și așa era mort în burtă, atunci trebuie să ne punem întrebarea de ce s-a întâmplat așa. Și trebuie văzut dacă nu cumva păcate ale noastre, inclusiv relații sexuale în post, au generat asemenea situații. Trebuie să începem noi să ne analizăm.

Î-23. Ce facem atunci când pierdem un copil fără voie, copil din evoluție la 10 săptămâni? Unde merg aceste suflete?

R-23. Trebuie să ne gândim de ce s-a întâmplat așa... Sfinții Părinți spun că merg în locuri întunecoase. Cum or fi astea, nu știu. Nu la rău, nu la bine, nu în iad, nu în rai, ci așteptând mila lui Dumnezeu. Așa spun. Dar problema e: de ce s-a întâmplat așa? Știți că atunci când s-a născut un copil slăbănog în vremea lui Moise, l-au adus la Moise și Moise a zis: „Chemați pe tatăl lui". Și l-au chemat pe tatăl și a zis „Omorâți-l cu pietre!" și l-au omorât cu pietre și atât, fără nici un comentariu, așa s-a întâmplat atunci. De ce tatăl lui era vinovat? Da! Căci se culcase cu mama copilului când nu trebuia.

Î-24. Părinte, sunt o tânără domnișoară și doresc un sfat din partea sfinției voastre: unui băiat îi place de mine, cred, dar mie nu-mi place de el și se ține de mine. Cum ar trebui să procedez cu el?

R-24. Precis, trebuie să procedezi cu el precis. Îi tragi câteva palme și gata, îl sperii, îl scârbești și gata. Și zice: decât să mă țină numai în palme toată viața, mai bine o las în pace...

Cine a pus întrebarea e în sală, dar mai interesant ar fi dacă ar fi și el în sală. Dacă e în sală, trebuie să-i spunem să insiste altfel. Cum a insistat până acum, nu merge. Trebuie să modifice, vede el, nu știu cum, că nu știu ce a făcut până acum. E ceva ce n-a făcut. E, dacă te mai și rogi, dar vezi să nu fie de la Dumnezeu și tu să zici „Nu-mi place de tine". Prima condiție într-o căsătorie, aici e vorba numai de o prietenie, dar **nicio prietenie nu are voie să existe decât în perspectiva căsătoriei** până când ajungi la concluzia că de fapt nu vă potriviți, dar, iată, este în această perspectivă, nu de plăcere și gata. **Deci, prima condiție într-o căsătorie este ca cei doi să se placă. Dacă se plac, discutăm celelalte condiții, dacă nu se plac, nu are rost să le discutăm**. Trebuie să se placă, dar tare, tare de tot, nu așa, oricum. Adică să faci scandal; dacă locuiești la etaj să înnozi cearceafurile, cobori pe geam și te întâlnești cu el, dacă nu-ți dau voie părinții, vezi tu cum faci și mănânci bătaie și nu zici nimic, așa, dacă-ți place de el. Dacă nu-ți place de el sau de ea, nu-ți place. Nu e obligatoriu. Oricum, să reținem că toate fetele-s frumoase și toți băieții-s frumoși. Toți, toți și toate. Numai că, datorită ochiului meu, ochiului fiecăruia, o anumită categorie din sexul opus îmi place, cealaltă nu, dar datorită ochiului meu, nu datorită persoanelor. Deci, ochiul meu e format ca atare, nu persoana, persoanele sunt egale, nu poți să spui ăsta-i urât, ăsta-i frumos... Concursurile miss sunt niște jigniri la adresa femeilor. Cum poți să spui cea mai frumoasă din Europa? Nu există așa ceva, n-are cum să fie. Și care e a doua, a treia, a 17-a? Eu pe ce loc sunt? Când sunt creatura lui Dumnezeu, Dumnezeu a creat numai bine și frumos. Așa că schimbă tactica și continuă, n-o lăsa în pace până nu zice: da. Eu așa cred, dacă-ți place de ea. Iară tu trebuie să vezi de ce nu-ți place ție de el, ce s-a întâmplat, unde-i problema, la el sau la tine? Trebuie văzut.

Î-25. Este umorul o calitate pozitivă? Dacă da, între ce limite? Este râsul de frupt?

R-25. Există o foarte mare diferență între bucurie și veselie. Noi avem voie să fim bucuroși, dacă suntem veseli, trebuie să fim atenți cu limitele. Bucuria nu-i tot una cu veselia. Patericul și multe din cărțile noastre de istorie a vieților de sfinți arată lucruri foarte nostime. În sens pozitiv, dacă ne exprimăm așa, foarte mulți trăitori aveau un umor specific, extraordinar. **Spre exemplu, Sfântul Efrem Sirul s-a întâlnit cu o femeie și asta tot căuta la el cu privirea și el a făcut așa, pe seriosul și i-a spus: "Nu ți-e rușine să te tot uiți la mine?" „Dar unde să mă uit?" și el a tot continuat și a zis: "În pământ să te uiți" și ea a zis, și să-mi spuneți dacă ăsta nu-i umor: "Să te uiți tu în pământ, că din**

pământ ai fost făcut și eu să mă uit la tine, că din tine am fost făcută". Așa i-a răspuns femeia. Și zice: „Și s-a smerit Efrem pentru cuvântul femeii". Mie mi se pare că-i umor.

Dar ce ziceți de cei trei călugări care au primit un ou plată pentru un pomelnic și au spus: „Ce rost are să mai împărțim un ou? Să-l primească acela care va spune cel mai potrivit verset din Biblie cu momentul preparării oului". Au hotărât să-l prepare în cenușă, în jar, în foc, să-l coacă; primul a luat oul și a zis: *"Pământ ești și în pământ te vei întoarce"* și l-a aruncat jos, în cenușă, în pământ. Și s-a copt oul și al doilea, frigându-și degetele, a zis: *„Lazăre, vino afară!"* și l-a luat. Și în timp ce încerca să-l curețe și se tot frigea la degete, a terminat de curățat oul și a rămas oul fără coajă, al treilea i l-a smuls din mână, a căscat gura mare și a zis: *"Intră întru bucuria domnului tău"*. Nu e umor ăsta? Ăsta-i umor, ăsta e umor în limitele astea. Glumele cu persoane sfinte sunt interzise.

Ascultați un aspect care ne cutremură:

Se spune că Dumnezeu a împărțit terenurile popoarelor și românii au venit mai târziu și Dumnezeu n-a mai avut ce să dea românilor. Toți aveau țările lor, terenurile lor și românii nu mai aveau. Atunci Dumnezeu S-a întristat pentru asta. Și atunci Dumnezeu, în sfatul treimic, a zis: „Ție, popor român, o să-ți dau terenul oprit pentru Noi", știți că în Cartea Facerii se folosește pluralul, să facem om după chipul și asemănarea Noastră, folosirea pluralului pentru cele trei persoane ale Sfintei Treimi. Și a dat astfel terenul românilor pe care Dumnezeu îl oprise pentru El. Și așa este, teren, relief ca al țării noastre nu există, nu există în lume; există, Polonia e de vis, cu șesuri, Franța e frumoasă, jungla e frumoasă, dar nu există ce există la noi. De aceea noi trebuie să fim recunoscători că ne-am născut aici și nu putem să părăsim această țară cum

se obișnuiește. Țara n-o părăsești decât în azil politic, dar s-a dus asta, n-o părăsești decât pentru sănătate, dar te întorci; și pentru muncă, dar te întorci; pentru studii, dar sigur te întorci, dacă nu te întorci, nu e bine. De ce? Pentru că Dumnezeu a rânduit să te naști aici. Nu părăsești țara și te duci și-i slujești pe alții, te duci, aduci bani și vii aici, la pământul pe care ți l-a dat ție Dumnezeu după ce îl oprise pentru Sine.

Putem spune că e pământul dat nouă de Dumnezeu, de la El în mod direct.

Și altele, și altele.

Știți, călugărul acela care luase un ou în mănăstirea unde nu era voie să mănânci fiert sau prăjit sau pregătit la foc. Și a luat oul și s-a dus în pivniță și-l cocea la lumânare. Și azi așa, mâine așa, până l-a prins. Cineva, altul, l-a pârât la stareț, starețul a adunat toată obștea, l-au pândit și l-au întrebat: "De ce faci aceasta?" și răspusul lui: „Părinte stareț și fraților, să mă iertați că am căzut în păcatul acesta, neascultând de rânduiala mănăstirii, diavolul m-a ispitit și uite ce am făcut" iar diavolul a apărut acolo, undeva și a spus: „Nu e adevărat, nici nu mi-a trecut prin cap", asta apropo de cum face omul mai mult decât îi trece nici chiar diavolului prin cap. Și ăsta e umor. Întrebarea e: învățăm din umorul ăsta? Că astea sunt scrise. De ce s-au scris și mai ales de ce s-au păstrat? Păi, s-au păstrat ca să învățăm din ele.

Tot Sfântul Efrem Sirul zice, cu umor: "Bărbatule, ai grijă, ți-a fost creată femeia din coasta cea mai apropiată din inimă ca tu să o iubești. Ea n-a fost luată din călcâiul tău ca s-o calci în picioare." și pe urmă zice: "Femeie, ia seamă, ai fost creată din coasta apropiată inimii și ești partea fină a creației lui Dumnezeu, n-ai fost creată din călcâi, dar atenție, nici din capul lui, nu i te urca în cap". Tot umor. Învățăm din acest umor?

Că dacă învățăm, e un umor permis, dacă nu învățăm, este un umor nepermis.

Ați întrebat și despre râs. Unii susțin că Hristos n-a râs niciodată. Că a zâmbit cu bunătate.

Ce înseamnă râsul? Nu putem să fim posaci, cred că se referă la faptul acela în care râzi și ești vis-a-vis de moarte, poți muri din râs, este un râs fără socoteală, ăla nu-i permis, dar restul cred că e bine să mai și râdem.

Î-26. Poezia, ca stare sufletească, se înrudește cu rugăciunea?

R-26. Este un fel de rugăciune, nu știu cât se înrudește, este un fel.

Î-27. Lectura operelor literare contemporane și clasice este de folos sufletesc?

R-27. Depinde, dacă citești *Baltagul*, da. Dacă citești operele ăstora care au murit de ciroză, cred că nu. Dar nu știu dacă observați că cei care au murit de ciroză sunt la mare vogă astăzi. Au murit de atâta tutun și de atâta alcool și ei sunt acolo sus, cu lauri. Ne pare rău că au murit, dar n-ar trebui chiar așa. Să zicem că judecăm opera, nu pe cel care a produs-o pe ea, e mult de discutat aici. **Spre exemplu, e foarte apreciat Cioran, dar s-a constat că foarte multe cărți ale lui îndeamnă la sinucidere. Atunci nu mă mai interesează nici Cioran, nici opera lui contemporană și artistică. Așa am văzut un studiu făcut, trebuie să fim atenți, totuși, pe cine citim. Dacă un scriitor din ăsta mare vine și-l omoară pe tatăl meu, pentru opera lui eu să-l iubesc pe el? În ce fel? Îl iubesc iertându-l, dar nu apreciez nici ce-a făcut, nici opera lui. De aceea Dostoievski rămâne mare, de aceea Eminescu rămâne mare și toți ceilalți rămân mari peste veacuri. Pentru că viața lor a mers în concordanță cu scrisul.**

Î-28. Ce părere aveți despre ziua de 8 martie? Este o sărbătoare păgână? Sau dacă nu, care este originea ei?

R-28. Azi e 8 martie? A, mâine. Mâine va fi dezastru mare. Tot postul ținut până acum, mâine se dă peste cap. Femeile sunt invitate la restaurant și mănâncă de toate. Dacă nu le inviți, se invită ele. **Este o sărbătoare fixată pe la Copenhaga, prin 1938 (de precursoarea comunismului) și n-are nimic comun cu noi, cu creștinismul. Ca și sărbătoarea Sfântului Valentin, de asemenea n-are niciun punct comun. 1 martie parcă ar avea ceva, că avem mărțișorul cu alb, cu roșu, simbolul Învierii și simbolul vieții, să zicem că ar fi ceva, dar asta, nici pe departe. Greșeala noastră însă este alta: că duminica mironosițelor nu este declarată ziua femeilor creștine sau dacă e declarată, nu se serbează. Dar nu numai această sărbătoare poate să fie. Am putea să avem în ziua de 9 septembrie, ziua mamelor creștine, părinților creștini și așa mai departe**. Dar, dacă tot este la modă asta, să aducem onorurile femeii. Întrebarea este: femeia se coboară sau se urcă pe scara valorilor? Prețuiește sau nu prețuiește ce a făcut Hristos pentru ea, ridicând-o la nivelul firesc al stării ei. Femeia a fost creată egală cu bărbatul. Rămâne în egalitatea asta, dar rămâne la ținuta ei de persoană fină, așa cum a fost creată, sau nu? **Dacă începe să se dezbrace, n-a făcut nimic, înseamnă că n-a înțeles nimic din chemarea ei. Sunt unele de astea care se dezbracă, spun că fac artă. La teatru, în film încep să se dezbrace. Acum am auzit că se dezbracă și astea, prezentatoarele, încet, încet, se dezbracă**. Asta e mare nenorocire pentru femei, pentru că se înjosesc și, din păcate, bărbații generalizează, nu spun că asta e o femeie la locul ei și asta nu e. Nu, spun *femeile*, ceea ce e greșit, dar spun așa. Pentru ziua de mâine, dacă putem să facem ceva bun, să facem, dar nu călcând postul.

Să fim atenți și cu mâncărurile astea de post cu gust de dulce. Păcatul se numește *lemarhie*, adică am mâncat de post cu gust de dulce, cu gust de frupt. Asta e o prosteală, nu spun să nu mâncăm de nevoie, dacă ne ducem undeva și ce ne pune pe masă, aia mâncăm. Am fost la o pomană, a trebuit să și mănânc, la primul fel era salam de post, cașcaval de post, brânză de post, o felie de pâine cu pate de post, o roșie și patru măsline. **Cât de toxice, cât de chimizate sunt, asta nu știm, să cercetăm. Dar nu trebuie să cumpărăm noi din astea să avem ce mânca, dacă suntem puși în situație, bine, mâncăm, dacă nu, nu. Asta nu e treabă bună pentru că, ori te abții, ori nu te abții. Spre exemplu, care-i diferența dintre cartofi prăjiți cu mujdei de usturoi sau pui la grătar, în ceaun, cu mujdei de usturoi? Nu-i nicio diferență. Sau e? Nu e, am văzut că eu mănânc cu aceeași plăcere și cartofii de post cu mujdei și puiul. Și dacă nu e nicio diferență, înseamnă că pot să țin post**. Numai că, deja, nu prea e bine, dacă îmi place, nu e bine că-mi place. Știți, trebuie să nu prea îmi placă, cam acolo conduce postul. Dar până ajungem acolo, mâncăm și din astea așa. Grecii mănâncă toate vietățile de prin mare: calamari, caracatiță, scoici și altele. Dacă nu e dezlegare la untdelemn, îi pun așa în tigaie și spun "nu e dezlegare la untdelemn, nu le punem untdelemn" și le mănâncă. Poate e și clima acolo, poate e și sursa de alimentație așa, dacă ei mănâncă, e rânduiala lor. Dacă ne ducem la ei, să mâncăm și noi, dar în România să nu mâncăm, că la noi nu-i rânduiala așa.

DESPRE AVORT

Întrebări și răspunsuri

Î-1. Părinte Nicolae, vă solicităm să ne vorbiți despre avort și despre consecințele acestuia. Prima întrebare ar fi: în istoria

omenirii și în istoria poporului român femeile au făcut avorturi?

R-1. În vechime, femeile practicau avortul. Dar nu erau creștine, iar în vremurile acelea avortul era un accident, nu era o regulă, cum a devenit astăzi. În prezent se omoară mai mulți copii decât se nasc. O femeie naște un copil și omoară opt, naște trei și omoară douăzeci. Părintele Cleopa a descoperit cel mai mare număr de avorturi: cincizeci și cinci! De reținut că avorturile sunt provocate de femeile botezate, spovedite și cununate de noi. Adică avorturile le săvârșesc ortodocșii - astfel de oameni suntem noi! De regulă, ucid prunci nenăscuți acei oameni, atât bărbați cât și femei (căci bărbații sunt mai vinovați decât femeile), aflați sub o oarecare influență: de la vecini, de la cunoscuți, de la rude, de la televizor, de la cabinetul de planning familial, de oriunde, mai ales de la propria comoditate. Eu cred că înmulțirea avorturilor este un vârf de lance îndreptat împotriva poporului nostru și împotriva credinței noastre. **Pentru că, observați, tehnica avortului și celelalte tehnici opritoare de la viață vin din Occident. Înainte, această tehnică a împuținării neamului venea de la Istanbul. Turcii, prin tributul de copii pe care ni-l impuneau, au reușit să micșoreze neamul nostru**. Aici se încadreză și "Cazul Brancoveanu."

Î-2. Se știe și mereu ați spus la conferințele pe care le-ați ținut în țară, că românii au un număr extrem de mare de **avorturi în raport cu mărimea populației**. Se pare că sunt 15-16 milioane de avorturi oficiale în cei 16 ani de așa zisă libertate.

R-2. În cei 17 ani postdecembriști sunt înregistrate peste 17.200.000 de avorturi. Asta înseamnă aproape numărul populației rămase în țară. Daca ținem cont că din 22 milioane vreo 4 milioane de români au plecat peste graniță, rezultă că

au rămas 18 milioane, ceea ce înseamnă că au fost uciși atâția prunci câți oameni mai sunt acum în România.

Î-3. Oare de ce noi, popor ortodox, cu o veche tradiție a familiei, am ajuns în această situație incredibilă?

R-3. Să știți că nu contează numărul de copii născuți, ci numărul de copii crescuți, educați și destinați împărăției lui Dumnezeu, raiului. În schimb, se contabilizează numărul de avorturi. Nu este important câți copii ai, ci câți ai omorât. O femeie poate să nască un copil și atât. Poți avea 18 copii, dar să ucizi unul și, dintr-odată, intri în rândul criminalilor. Și nu crima în sine este problema cea mai gravă, ci lipsirea copilului de lumina dumnezeiescului botez. Crima este un rău cumplit, dar marele rău, nerezolvabil, rămâne lipsirea pruncului de botez.

Î-4. Revin la întrebarea de mai înainte: de ce se comit la noi în țară atât de multe avorturi?

R-4. Din două motive: lipsa de credință și comoditatea. Dacă am avea credință în Dumnezeu, nu am omorî chipul Lui în om. Este mai comod să scapi de un prunc sau să nu zămislești copii, decât să naști! **A naște un copil înseamnă să-l porți nouă luni în burtă, să faci unele tratamente, să iei calciu dacă este nevoie, să stai blocat în casă, apoi să-ți pierzi somnul, să depui efort de îngrijire și protejare a copilului născut.**

Î-5. Totuși, sunt alte popoare care dispun de comodități mai mari decât noi, prin prosperitate și nivel de trai, și nu sunt campioni mondiali la avorturi.

R-5. Nu sunt campioni la avorturi cu chiureta, pentru că asta mai și doare, dar sunt de departe campioni la prezervative și la anticoncepționale. Este un alt fel de a ucide. Opunerea la viață este mai grea decât eliminarea vieții. Prezervativul înseamnă a te opune vieții, a te opune momentului când

Dumnezeu vrea să sădească suflet într-un corp conceput de bărbat și femeie.

Î-6. Pilulele antibaby, anticoncepționalele, sunt tot otrăvuri ucigașe?

R-6. Da, pentru că ele nu sunt anticoncepționale, ci sunt avortive. Dacă ar fi anticoncepționale, ar conduce la alt fel de păcat, dar sunt avortive, omoară copilul până în 14 zile. Asta spune știința.

Î-7. Dacă la noi păcatul avortului are proporție de masă, catastrofală, oare nu în aceeași măsură ne apasă și pedepsele de sus? Cum vedeți dumneavoastră urmările acestei înmulțiri incredibile a pruncuciderilor?

R-7. Urmează pieirea! Dumnezeu privește și pe cei drepți și pe cei păcătoși la fel, plouă la fel peste toți, răsare soarele și-i luminează și-i încălzește fără deosebire pe credincioși și pe necredincioși. Dumnezeu ne privește ca pe un tot. La judecată vom veni cu neamul nostru, nu separat. Vom fi judecați ca persoane, dar în neamul nostru. Dacă un neam se opune lui Dumnezeu, luptă împotriva Lui, are ca viitor pieirea! Ar fi o nădejde ca poporul român să scape, dar este stăpânit de acest păcat îngrozitor. Un păcat așa de mare lângă tradiții așa de frumoase, lângă credința jertfelnică și mărturisitoare!...

Î-8. Un paradox?

R-8. Da. Suntem țara cu 543 de mănăstiri, cu peste 6.000 de călugări, țara cu cele mai multe Liturghii, țara cu cele mai multe biserici pe metru pătrat. Suntem țara cu oameni ce pot sta în genunchi nopți întregi, țara care, în anumite momente ale istoriei, a salvat Sfântul Munte prin danii, iar acum salvează Occidentul prin credință, țara în care toți oamenii luminați își pun nădejdea. Ei bine, țara aceasta trebuie distrusă, să rămână o suprafață cu păduri, cu iarba verde, cu auto-

străzi, un loc unde se face turism și atât. În biserici și mănăstiri se va admira arta, nu se va căuta Liturghia, ci spoiala, nu esența. Sunt și acum ghizi de mănăstiri care vorbesc exclusiv despre arta constructorilor și zugravilor de biserici, împuie capul pelerinilor cu istorie, fără să le spună nimic despre Liturghiile săvârșite acolo. Au existat chiar hotărâri de genul: „Nu mai slujim în biserica aceasta, că se afumă pictura". Dacă s-ar ridica din mormânt ctitorul bisericii și ar auzi așa ceva, imediat ar dărâma locașul. Ctitorul n-a pictat-o ca să nu se mai slujească, ci ca să fie Sfânta Liturghie continuu. În teologia rusească există o afirmație: la sfârșitul lumii toate bisericile se vor transforma din materie în imaterial și se vor ridica la cer, este vorba de bisericile în care s-a slujit Liturghia. Vă dați seama ce valoare liturgică mântuitoare are chiar și biserica de zid!...

În noaptea de Înviere, unii creștini vin la biserică la ora 12 și pleacă la 12,30. Rămân bisericile aproape goale și ei se duc la mici, la discoteci, la chefuri... Paștile are o importanță de jumătate de oră pentru ei. Nu-i condamn pe acei oameni, nu spun ca ei sunt mai păcătoși ca noi, dar ei n-au înțeles. Diferența dintre ei și cei 4,3% care stau în biserică este de voință. Noi deosebim oamenii în buni și răi, drepți și păcătoși, învățați și neînvățați. **Împărțirea nu este corectă. Oamenii se împart în două mari categorii: "<u>cei care vor</u>" și „<u>cei care nu vor"</u> . Nu înseamnă că cei care vor sunt sfinți, ci nădăjduiesc ca, la vrerea lor, Dumnezeu să pună mila Lui. Asta-i diferența, pentru asta există Biserica: un spital unde se tratează păcătoșii. Neînțelegerea Bisericii duce la sminteală. De ce este atacată Ortodoxia? Pentru că încearcă să facă voia lui Dumnezeu!....**

Î-9. Ce semnificație are faptul că mulțimi uriașe îi așteaptă pe fotbaliști și-i aplaudă?

R-9. Că Dumnezeul unor români este fotbalul, dar nu al tuturor românilor, ci numai al celor nepăsători de mântuirea sufletului lor (această categorie de oameni e numită de Hristos cu cuvântul greu ”nebuni”... precum se poate citi în Pilda Bogatului căruia i-a rodit țarina). **De data asta împărțim în ”zdraveni la cap” și în ”nebuni”. Cei zdraveni sunt oameni care vor să se mântuiască, iar nebunii sunt aceia care nu mai vor. Asta nu înseamnă că ei nu sunt oameni buni. Cunoaștem fiecare dintre noi oameni care nu vor să meargă la biserică, dar care sunt buni la inimă. Te ajută, îți dau, îți trec cu vederea, dar nu vor să vină la Dumnezeu. Au o limită, un baraj în suflet. Și nu-i permis să facă așa ceva, nu ne dau voie Eminescu, Iorga, Ștefan cel Mare, Mihai Viteazul, Brâncoveanu, Matei Basarab, Vasile Lupu. Aceștia ne interzic să ne comportăm astfel, ne rușinează pentru că scuipăm în obrazul lui Hristos. Știm acest lucru și îl știu și ei, pentru că avem religie în școli, dispunem de multe cărți. Eu, când intru într-o librărie, mă cutremur de ceea ce văd: constat câte cărți n-am citit, câte s-au scris și pot fi făcute cunoscute.**

Î-10. Părinte, poate fi înfiripată credința într-un suflet numai prin voință?

R-10. Nu numai prin „a vrea”, dar începe prin asta. Hristos a pus întrebarea: „Vrei să te faci sănătos?” unuia care zăcea de 38 de ani. Întrebarea aceasta „Vrei să fii sănătos?” îi pare aiurea, nelalocul ei. Dar Hristos a rostit-o. Fiindcă El pune accentul pe libertatea voinței omului.

Î-11. Totuși, dacă ar vrea poporul nostru, dacă ar proceda ca la Ninive, nu s-ar putea salva?

R-11. Ba da. Dar mai există această putere? Ce zice Sfânta Scriptură? Zice că în vremea din urmă se va lua harul, asta înseamnă că se va lua puterea de a vrea.

Î-12. Cum, vor fi lăsați oamenii sub ispitirea satanicească?

R-12. Este ceva care se sfârșește. Ai vrea să vrei și nu mai poți să vrei, așa se definește această sfârșeală. Femeile, de pildă, că ele sunt mai sensibile, în loc să rezolve problema avorturilor punând ceva în loc, fac pomelnice cu Ion și Ioana, Ion, Ioana, Ion, Ioana, umplând liste întregi cu aceste nume. Cineva a adus la biserică 62 astfel de nume. Și-au „botezat", numai ele știu cum, copiii avortați și au început să facă parastase pentru ei. Asta este altă nebunie!.. Deci cum să mai avem speranță?...

Î-13. Ce ar trebui să pună, de fapt, în loc?

R-13. Copii. Nu neapărat să nască, dacă nu mai pot, ci să acționeze împotriva avorturilor, să-i convingă pe alții să lase pruncii în viață. Or, noi, la două minute, comitem păcatul ăsta la nivel național. La trei minute auzim: „La vremurile acestea îl mai naști?" La patru minute se repetă tirada: „Nu ești zdravănă la cap! Să mai crești încă un copil?" După ce că suntem criminali, nenorociți și proști, continuăm să-i convingem și pe alții să omoare! În loc să sărim de gâtul ei, să o pupăm, să o lăudăm, să o încurajăm pe aceea care are sarcina, îi cerem să devină ucigașă. Ne-am tâmpit de tot. Dacă ar învia strămoșii noștri și i-am pune de o parte, iar pe oamenii de acum i-am așeza de cealaltă parte, nu s-ar recunoaște unii cu alții. Adevărul este că nu ne mai recunoaștem strămoșii, dar nici măcar semenii contemporani.

Î-14. Îmi amintesc din Pateric un cuvânt care spune că Dumnezeu îl lasă pe om să păcătuiască, să coboare în tunele întunecate, pentru ca sa aibă de unde se întoarce, pe genunchi și pe coate, înapoi la lumină.

R-14. De acord. Dar nu la sfârșitul lumii. Ceea ce spun Sfinții Părinți este valabil în toată istoria, însă **noi trăim acum ultimele vremuri, care nu se știe cât vor dura, trei mii de ani, trei ani**

sau trei zile, nu știm. La căderea Constantinopolului, Dumnezeu le-a mai dat ortodocșilor 20 de ani răgaz să-și revină. Cum? Timur Lenk, apărut din deșert, i-a învins pe turci, l-a prins pe Baiazid, care își propusese să dea ovăz calului pe altarul catedralei din Roma, l-a pus într-o cușcă și apoi l-a omorât. Astfel au primit grecii ortodocși un răstimp de 20 de ani, dar tot nebăgători de seamă au rămas și tot mândri... Părintele Nicodim Măndiță a vorbit mult despre cauzele căderii Constantinopolului, cetatea Ortodoxiei. Și la ora actuală încă se mai speră în revenirea Sfintei Sofia la statutul de catedrală ortodoxă, în condițiile în care orașul are acum 14 milioane de turci și 12 mii de ortodocși. În Istanbul, preoții, în afară de patriarh, n-au voie sa umble îmbrăcați în reverendă, decât dacă sunt turiști, dar și aceia riscă foarte mult. Acolo, astăzi, mitropoliții, episcopii, arhimandriții umblă în costum și cravată. Vă dați seama, de la 1453 până în 2006, nu s-a rezolvat problema cetății care a fost inima Ortodoxiei. De ce? Din cauza unor păcate grave pe care ortodocșii le-au săvârșit în capitala lor.

Î-15. Comparând păcatele, putem conchide că vom păți și noi ceea ce a suferit Constantinopolul?

R-15. Noi nu mai avem ce păți. Ce să pățim mai rău decât este? În momentul în care nu mai poți crește o găină în curtea ta, ca să ai cu ce te hrăni, ce poți păți mai rău?

Î-16. Totuși, purtăm o discuție duhovnicească și nu o putem încheia fără nicio speranță?

R-16. Într-adevăr, fără nicio speranță! Am nădejde, dacă mai am putere. Or, poporul nostru este vlăguit de lipsuri materiale, de sărăcie și, mai ales, de păcate și patimi. În al doilea rând, a produs preoți în care nu se mai bizuie, are și preoți buni, dar au rămas puțini, ce mai pot face aceștia! Eu prin preot bun înțeleg preotul care își dă interesul pentru hrănirea duhovnicească a credincioșilor. Apoi, dacă îi iei la bani mărunți pe cei 4,3% credincioși care vin la biserică, vei observa că mulți sunt cu mintea la interese, la alte lucruri, nu la Liturghie. Dacă mai există putere pentru a vrea o schimbare, scepticismul meu nu este valabil. Însă eu nu văd puterea, unde mai este, în ce constă ea?...

Î-17. În acest spectru întunecat, apocaliptic al discuției, vă întreb, **oare ce pedepse urmează să primim?**

R-17. Nimic. Nu mai urmează nicio pedeapsă. Cea mai mare pedeapsă este ca Dumnezeu să te lase la mintea ta. Dumnezeu nu pedepsește, El nu face rău. Pedeapsa este efectul acțiunii diavolești acolo unde Dumnezeu, cu lucrarea Lui, a fost izgonit de noi. De fapt, pedeapsa este lipsa lui Dumnezeu, absența protecției Sale. El este Atotbun și Atotdrept și dacă noi nu-L vrem, fiind liberi, atunci ne lasă la mintea noastră. Chiar dacă prin rațiune, sentiment și voință suntem ca El, ajungem la mâna diavolului și se întâmplă ceea ce vedem cu toții. Vă prezint în ton apocaliptic aceste lucruri, poate se conștientizează cineva și astfel poate să scape. Ce fel de oameni conștienți suntem? Predai religie 8 ani de zile, chiar 12 ani și vezi, la urmă, că rezultatul este zero. Asta fiindcă, în paralel cu educația de la școală, acasă și pe stradă, copilul află altceva, mereu altceva, contrar. Este posibil ca la o nuntă, intelectuali de primă mână, doctori, ingineri, profesori să fredoneze sau chiar să danseze manele?

Î-18. Părinte, cum credeți că sunt receptate ideile "Pro Vita" în societatea noastră?

R-18. "Pro Vita" a fost o noutate în societatea românească până nu demult. Acum nu mai este o noutate, nu mai este nici măcar o problemă nici în discuții, nici în apariții de presă, etc. **Pentru că cineva a știut să creeze probleme și omul nu mai are timp**

să se gândească la viață, la consecințele nenașterii, la consecințele avortului și mai ales la consecințele așa-ziselor anticoncepționale. Așa că "Pro Vita" nu este o noutate, dar nici ceva deja cultivat, ceva despre care oamenii să știe îndeajuns. Uneori se confundă "Pro Vita" românească cu o atitudine continuă a mișcării "Pro Vita" internaționale, care este agresivă, care blochează medicii, blochează clinicile, care se culcă la pământ, iar Poliția îi arestează - treabă care este interesantă, **dar nu este proprie românilor**.

Î-19. Cum pot ajunge ideile "Pro Vita" la populație? Mersul ideilor este zona elitei, elita se adaptează cu ideile. Și aș vrea să faceți aici referire la presă, la intelectuali și chiar la cler. Ideile ajung în presă, la televizor și ele sunt după aceea receptate, ascultate, respinse sau neauzite de mase.

R-19. În general, presa face jocul cuiva. Presa independentă este puțină. Presa vehiculează datele statistice, cel puțin din domeniul demografic, dar nu face nicio legătură între aceste date. Este clar că dacă îmbătrânirea populației se produce rapid, în curând noi nu vom mai avea oameni care să muncească. În ziarul "Curentul" am văzut un titlu: „Femeile sărace și neinformate fac copii mulți". În orice discuție pe care o avem, expunem cauzele avortului ca fiind necredința și comoditatea. Discuția întotdeauna se deschide afirmându-se făptul că se fac avorturi din cauza problemelor sociale: lipsuri financiare, lipsuri materiale. Dar, să știți că cei mai mulți patroni nu au deloc sau au numai 1-2 copii. De ce? Or, e vorba de necredință, ori de comoditate și dorința de a progresa. **Problema e că deși au bani, nu fac copii. O familie - tata, mama - pot da copilului școală, bani, mașină, casă, facultate, cont în bancă, etc. Însă nimeni nu-i poate da copilului viitor. Viitorul îl dă numai Dumnezeu. Și atunci este foarte important să știm că viitorul copilului nostru depinde de atitudi-**

nea noastră față de viață. Dar, din păcate, noi nu mai avem o atitudine față de viață, suntem contra vieții, contra nașterii, contra creației. Noi prin asta ne asemănăm cu Dumnezeu: prin procreație. Dacă am întrerupt asta, deja i-am spus lui Dumnezeu: „Stai în ale Tale!", ca și cum am putea limita acțiunea Lui.

Î-20. Ați avut discuții cu oameni politici. Cum sunt receptate aceste atitudini "Pro Vita" printre ei?

R-20. De exemplu, "Asociația Pro Vita" Sf. Brâncoveanu a făcut în trei rânduri scrisori președinților Iliescu și Constantinescu, propunându-le să se delimiteze de legea care permite avortul. Oamenii politici evită să-și exprime părerea, chiar dacă au o părere. Referitor la cler, e aceeași situație tristă. **Sunt preoți care spun: nu putem predica contra avortului prea mult, pentru că ne pierdem femeile din biserică.**

Î-21. Ce ar putea să facă preoții?

R-21. De tot ceea ce se întâmplă negativ în România este de vină preotul. Pentru că dacă preoții ar reuși să controleze aspectele morale, atunci aspectele financiare și materiale, binele ar veni de la sine și dacă preoții ar reuși în scaunul spovedaniei să determine un om să rămână om!...

Ginecologii, că pe ei îi atacăm în spitale când răspândim pliante, ne spun: „Creștinii voștri vin să facă avort! Voi i-ați botezat, voi i-ați cununat, voi i-ați spovedit și împărtășit, iar ei vin la noi să le facem avort!" În momentul acesta, ei au dreptate. Desigur, aceasta nu justifică crima lor, dar pune în evidență relația pe care noi nu o mai avem cu destul de mulți dintre credincioșii noștri.

Î-22. Preoții au de obicei mulți copii?

R-22. Nu contează câți copii ai, contează câți ai omorât. În general, la noi nu există o imagine bună a femeii cu mulți copii, din păcate... Un preot din Franța, când l-am întrebat câți copii are, a răspuns: „Șase copii cu o singură soție", pentru că în Franța este obișnuit ca oamenii cu mulți copii să-i aibă din 2-3-4 căsătorii.

Î-23. Ce-ar putea face organizațiile "Pro Vita" din România?

R-23. Pentru mileniul trei, este clar că ideea "Pro Vita" ar trebui să devină misiunea de căpetenie a Bisericii. De aici pleacă totul - de la naștere și nenaștere. În momentul în care se întâmplă o crimă, de ea este vinovată o persoană, de avorturi și de lipsa nașterilor se fac vinovate popoarele. Dacă se fac vinovate popoarele, Dumnezeu este silit să aplice dreptatea, în bunătatea Lui. Ați văzut filmul *"Cine leagănă copilul"*, unde se arată foarte clar ce se întâmplă cu memoria genetică a uterului? Savanți ruși și americani au făcut experimente, au încrucișat armăsarul cu zebra și zebroiul cu iapa și, după cinci ani, nu au reușit nimic. După alți cinci ani, iapa a fătat un mânz zebrat, iar zebra, un mânz nevărgat.

Î-24. Cum s-ar traduce acest experiment?

R-24. Sf. Apostol Pavel reia textul din Vechiul Testament și îl comentează, zicând că va lăsa omul pe tatăl și pe mama sa și se va uni cu femeia sa și vor fi amândoi un trup. Nu un suflet, ci un trup. Să înțelegem că aici avem de-a face, pe de o parte, cu o lucrare tainică și, pe de altă parte, cu o contopire. În ziare mai apare câte un scandal de genul: o femeie albă, căsătorită cu un soț alb, a născut un negru, iar ADN-ul arată că bebelușul îi aparține respectivului soț. Aceasta se numește științific TELEGONIE.

Problema este și de altă natură: dacă eu mă căsătoresc cu o fată care a avut relații sexuale cu unul-doi sau mai mulți bărbați, mi se va naște din ea un copil cu caracterele mele și cu caracterele celorlalți, ceea ce mie nu-mi convine. Atunci savanţii americani şi ruşi au ajuns la concluzia că ar fi bine să revenim la abstinenţă. **Sunt multe Asociaţii în Statele Unite şi Canada care militează pentru castitatea dinaintea căsătoriei".**

Iar aspectele genetice sunt cele care demonstrează imediat unde şi cum s-a greşit.

CUPRINS